LARS AMEND

WHY NOT?

**INSPIRATIONEN
FÜR EIN LEBEN OHNE
WENN UND ABER**

INHALT

Wie alles begann: Versunken im Leid — 5
Auftritt: Der Brainfucker — 6
Der 100 Millionen-Dollar-Klub — 14
Auch Superstars haben Vorbilder — 24
Über den Mut, sein eigenes Leben zu leben — 29
Wer an Wunder glaubt — 33
Früher hätte ich gedacht: Unmöglich! — 36

Der erste Schritt: Glaube an dich … ich tue es! — 43
Was ist der Unterschied zwischen Erfolg und Misserfolg? — 44
Bist du der Mensch, der du immer werden wolltest? — 49
Wenn es doch nur so einfach wäre — 52
Aller Anfang ist schwer! Warum eigentlich? — 56
Angsthase oder Abenteurer? — 62
Die 30-Tages-Challenge — 75

So findest du beste Freunde — 79
Niemand interessiert sich für dich! — 80
Einen Fremden ansprechen? — 84
Projekt: Meine Traumwelt — 88
Wie du ein Gespräch beginnst – und nicht verlieren kannst — 92

Nie mehr Single (wenn du es nicht willst) — 97
Sei einfach du selbst — 98
Warum das richtige Mindset entscheidend ist — 104
Werde dein eigener Rockstar! — 109
Habe ich recht oder eine Beziehung? — 119
Vier Worte, die deine Beziehung retten — 124
Über die richtigen Menschen auf deinem Weg — 132

Wie man ein erfülltes Leben führt — 137
Ich kann mich nicht ändern! — 138
Der letzte Tag deines Lebens — 144
Ein Leben nach deinen Regeln — 148

Ändere deine Gedanken, und du änderst deine Welt — 163
Weißt du eigentlich, wie stark du bist? — 164
Wie Glaubenssätze dein Leben bestimmen — 167
Die sich selbst erfüllende Prophezeiung – Segen oder Fluch? — 172
Die Kunst der Visualisierung — 184
Wie du als Persönlichkeit wachsen kannst — 194

Peter Pan und Pippi Langstrumpf: Warum das Kind in dir nicht sterben darf — 197
Die Welt aus den Augen eines Kindes — 198
Achtung: Nur für Nicht-Erwachsene! — 202

Erfolg: Du kannst alles schaffen, was du schaffen willst — 209
Die Glückskinder — 210
10 Anregungen, um deine Lebensqualität zu steigern — 214
Der Tag, an dem deine Geldsorgen aufhören — 220

Neues probieren: Wie du dich von deinen Ängsten befreist — 227
Der Treibstoff für deine Träume — 228
Verwandle deine Schwäche in Stärke — 232
Achte auf die Zeichen! — 238

Aufgeben ist keine Option! — 245
Halte (einfach) durch — 246
Wenn du glaubst, du kannst nicht mehr — 251

Über Rückschläge und Niederlagen — 259
Die Meryl-Streep-Story — 260
Das Ende der Perfektion oder der Beginn deines Traums — 267

ZUM NACHSCHLAGEN
Bücher, Freunde und Inspirationen — 271
Impressum — 272

DIESER JEMAND

Jetzt, in diesem Augenblick, verliebt sich jemand. Jemand erlebt seinen ersten Kuss und spürt die Schmetterlinge fliegen. Jemand hält sein neugeborenes Baby in den Armen. Jemand feiert Geburtstag mit all seinen Freunden. Jemand lacht so laut, dass er sich den Bauch halten muss. Jemand träumt einen wirklich schönen Traum. Jemand schläft mit einem Lächeln ein und denkt dabei an den Menschen, den er liebt. Jemand tanzt ausgelassen, ohne an morgen zu denken. Jemand bekommt einen Heiratsantrag. Jemand lernt im Café um die Ecke seinen Seelenverwandten kennen. Jemand bekommt die Zusage zu seinem Traumjob. Jemand findet seinen Seelenfrieden. Jemand schaut aufs Meer hinaus und ist glücklich. Jemand verlässt mit einem Lächeln das Haus, weil er weiß, dass heute etwas WUNDERbares passiert. Selbst wenn du es noch nicht für möglich hältst, eines Tages wirst du dieser jemand sein.

Dieses Buch ist für dich.

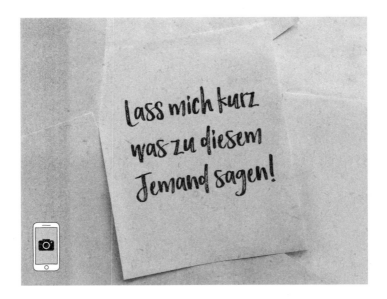

Wie alles begann

Lass uns ein paar Jahre zurückgehen.
Es war Winter in Berlin und seit Monaten schon
hing ich frustriert und gelangweilt in meiner
Kreuzberger Wohnung herum und wartete
auf eine Erleuchtung, auf die eine grandiose Idee,
die mein Leben für immer verändern würde.
Doch nichts passierte. Wirklich nichts.
Ich meine: GAR NICHTS!

AUFTRITT:
DER BRAINFUCKER

»*Er ist auch schon mal traurig,
so abgrundtief traurig, dann ist er schaurig traurig,
dann tut ihm alles weh.*«
ALFRED JODOCUS KWAK

Ich war vollkommen in der Routine des Nichtstuns gefangen. Ich saß da, beobachtete die Schneeflocken, die vom Himmel fielen, und fragte mich, wie die ZEN-Mönche das meinen, wenn sie sagen: Sitze ruhig, tue nichts, der Frühling kommt und das Gras wächst von alleine. Ich hatte diese Strategie lange und sehr gewissenhaft ausprobiert, doch der Frühling winkte nur aus weiter Ferne seinem Freund, dem eisigen Winter, zu, der mit einem fetten Grinsen im Gesicht seinen schmutzigen Schneematsch durch die Stadt verteilte. Aber selbst das war mir egal, denn im Gegensatz zu den Menschen, die sich morgens durch die Kälte zur Arbeit quälen mussten, gab es für mich keinen ersichtlichen Grund, meine gemütliche Wohnung zu verlassen.

Erfolge aus der Vergangenheit, das wurde mir bewusst, bedeuten gar nichts, wenn sie dir in der Gegenwart keinen Nutzen bringen.

Ich lebte ein Leben, um das mich viele beneideten. Ich hatte meinen ersten Nummer-1-SPIEGEL-Bestseller geschrieben, in meinem Postfach landeten täglich Einladungen für Premierenfeiern, VIP-Partys und Rote-Teppich-Veranstaltungen und die größten Popstars Deutschlands wollten mit mir zusammenarbeiten. Oberflächlich betrachtet war alles in

Ordnung, aber in meinem Herzen sah es völlig anders aus. Dort war gar nichts in Ordnung und mit jedem Tag, der verging, wurde diese Unordnung größer.

Im Klartext hieß das: Meine finanziellen Ressourcen wurden immer kleiner, meine Sorgen dafür größer und gleichzeitig lehnte ich alle Angebote ab: eine echte Loose-loose-Situation. Ich hatte das Gefühl, mich in einem ewigen Kreis zu drehen. So hatte ich mir mein Leben nicht vorgestellt. Wo waren der Spaß, die Freude, das Glück? Kennst du dieses Gefühl von Traurigkeit, die einen überkommt, wenn man nicht weiß, wie man diesen einen Schritt, der noch fehlt, gehen soll? Oder die Sehnsucht nach innerer Ruhe, die Angst davor, falsche Entscheidungen zu treffen; die Schwierigkeit, seinem Traum zu folgen; nicht zu wissen, welche Aufgabe man hat in dieser Welt.

HALLO, ZWEITES ICH!

»Weißt du, was das Problem mit den Lügen ist?«, fragte er.
»Nein«, sagte ich.
»Eine Lüge ist unwiderruflich. Sie schwebt wie eine Wolke über dir und wartet auf den richtigen Moment.«
»Und der wäre?«
»Der Moment, in dem es regnet und die Vergangenheit dich nass macht.«
»Von welcher Vergangenheit sprichst du?«
»Von deiner, mein Freund.«
»Wie bitte?«
»Ich rede von gestern, vorgestern, von letzter Woche, letztem Monat, dem ganzen letzten halben ...«
»Ja, ja, schon gut«, unterbrach ich ihn. Das war ja nicht auszuhalten. Wie gerne hätte ich den Mistkerl zum Mond geschossen. Er saß auf einer Brücke, unter der ein kleiner Bach floss, schaukelte mit den Beinen und grinste mich an.

»Was willst du von mir?«, schrie ich.
»Die Frage müsste lauten: Was willst du von mir?«
»Und was will ich deiner Meinung nach von dir?«
»Du willst, dass es zu regnen aufhört. Du willst nicht mehr jeden Tag mit diesem Gefühl aufwachen. Du willst dich nicht mehr selbst belügen. Du willst frei sein. Du willst, dass die Sonne wieder scheint.«
»Kannst du dich nicht von dieser verdammten Brücke stürzen und tot umfallen? Lass mich in Ruhe. Ich will meinen Frieden!«
Ich war wütend und kurz davor auszurasten. Der Klugscheißer hatte recht, und zwar mit jedem verdammten Wort, das er sagte, und ich hasste ihn dafür. Ich hasste ihn so sehr.
»Die gute Nachricht ist«, klatschte er freudig in die Hände, »es ist vollkommen unwichtig, wer du gestern warst. Es zählt nur, wer du heute bist oder sein willst. Du musst dich nicht mehr belügen. Hör einfach auf damit. Lass es sein.«
»Hmm«, brummte ich vor mich hin. Langsam beruhigte ich mich wieder. »Darf ich dich was fragen?«
»Dafür bin ich hier.«
»Ist es okay, sich manchmal verloren zu fühlen?«
»Natürlich.«
»Und wie lange hält das an?«
»Das hängt davon ab, wie sehr du es wirklich willst. Es ist ganz allein deine Entscheidung.«
»Aber warum finde ich dann den Ausweg nicht? Ich will ja, dass es aufhört, aber... es ist... Warum ist es nur so schwer?«
Er gähnte mich gelangweilt an. Ich war fassungslos.
»Hey Arschloch, ich schütte dir mein Herz aus und du gähnst?«
»Kleiner, dir wäre schon mal sehr geholfen, wenn du endlich aufhören würdest, dich selbst zu bemitleiden. Das ist ziemlich erbärmlich. Okay, vielleicht liegt es auch an mir. Vielleicht habe ich mich in der Vergangenheit zu undeutlich ausgedrückt. Du willst ein sorgenfreies Leben führen, stimmt's?«
»Schon, aber...«

»Nein, kein Aber!«, fiel er mir barsch ins Wort. »Menschen, die zuerst etwas bejahen, um im nächsten Augenblick mit einem Aber wieder alles zu relativieren, sind schwach und dumm und können keine klaren Entscheidungen treffen. Willst du so jemand sein?«

Wieso stellte er mir diese Frage, wenn er doch wusste, in was für einem furchtbaren mentalen Zustand ich mich befand? Mein Seelenleben war ein einziges Durcheinander. Ihm schien das allerdings große Freude zu bereiten, denn er hatte nichts Besseres zu tun, als Tag und Nacht bei mir aufzutauchen und mir ständig diese unangenehmen Fragen zu stellen.

Als ich wieder zur Brücke sah, sprang er direkt ans Steuer eines heranfliegenden blutroten Maybach Cabrio. Er nickte im Takt zu Drake, sah mir tief in die Augen und pustete eine Million Ein-Dollar-Scheine, auf denen seine grinsende Visage abgedruckt war, durch die Luft, die wenige Sekunden später mit einem lauten Knall über mir explodierten, um dann wie Goldstaub auf mich herunterzurieseln. »Hör gut zu«, rief er mir noch zu, bevor er am glühenden Horizont verschwand. »Deine drei großen Schwachpunkte sind schnell aufgezählt: Ego, Ego, Ego! Aber bevor du dir jetzt in die Hosen machst, lass dir gesagt sein, dass es im Prinzip allen Menschen so geht. Denk einfach mal darüber nach. Mein Tipp: Du bist nicht dein Ego! Also, bis morgen.«

Bei seinem ersten Besuch stellte er sich mit »Brainfucker« vor und er machte seinem Namen wirklich sofort alle Ehre.

Dann wachte ich auf. Mit Kopfschmerzen. Wie jeden Tag.

Wohin mit meiner Traurigkeit?

Ich quälte mich aus dem Bett, zog die Jogginghose an, die vor dem flimmernden Fernseher auf dem Boden lag, und ging zum Fenster. Die helle Morgensonne funkelte auf der dünnen Eisschicht der Spree, die allmählich vom nahenden Frühling aufgefressen wurde. Bald schon würden die Enten zurückkehren. Ente müsste man sein. Sie hatten keine Sorgen: keine Miete, keinen Ärger und dank der vielen einsamen Menschen im Park immer reichlich zu futtern. Sie führten das perfekte Leben.

Für einen kurzen Moment kam Alfred Jodocus Kwak am Fenster vorbeigeflogen und sang sein Lied: »Er ist auch schon mal traurig …«. Mein Schädel brummte fürchterlich. Ich wünschte, die holländische Ente würde auch mal die erste Strophe für mich singen, aber das tat sie nicht. Am Himmel hingen ein paar Wolken. Es gab Tage, an denen ich meine Traurigkeit kaum wahrnahm. Sie war zwar da und ich konnte sie auch spüren – wie ein grauer Schleier lag sie über meinen Gedanken –, aber sie ließ mir wenigstens noch Raum, um mein Leben zu leben. Heute war nicht so ein Tag. Das Atmen fiel mir schwer.

Die Reise auf dem Wunderteppich

Mein altes Nokia-Handy blinkte. Ich hob es vom Sofa auf, sah, dass ich acht Anrufe verpasst hatte, und schaltete es wieder aus. Ich wollte mit niemandem sprechen. Warum war mir alles nur so egal geworden? Was hatte das zu bedeuten? Wäre ich wenigstens verliebt, wünschte ich mir oft, dann könnte ich nachts von ihr träumen und ihr nach dem Aufwachen einen Liebesbrief schreiben. Ich könnte mich in den Zug setzen und zu ihr fahren und ihr in die Augen blicken und sagen: »Danke, dass du mich daran erinnerst, wer ich bin, wenn ich selbst es vergesse. Danke, dass du mich meine Traurigkeit vergessen lässt und mich zurück zu meinen wahren Träumen geführt hast.« Ich hätte eine Aufgabe, ein Ziel, es gäbe Hoffnung. Aber so? Da war nichts. Ich nahm eine Aspirin und ging zurück ins Bett. Es dauerte nicht lange und eine vertraute Stimme begrüßte mich. Ich versuchte zu lächeln und meinte es sogar ehrlich.

»Warum können wir uns nicht vertragen?«, fragte ich.

»Können wir doch.«
»Und warum tun wir es nicht?«
»Weil es dir anscheinend noch nicht schlecht genug geht.«

Ich drehte mich beleidigt um. Der Brainfucker lachte und schwebte mit seinem fliegenden Teppich zu mir rüber und bewarf mich mit kleinen Rubinen. Hatte der Witzbold echt einen schwarzen Turban auf seinem Kopf?
»Machst du jetzt auf Aladin, oder was?«
»Wieso nicht? Du könntest ruhig auch mal wieder Spaß haben. Hast du aber nicht, weil du ein Idiot bist und lieber dein Leben verschläfst. Komm schon, spring auf. Wir drehen eine Runde.«
»Ich bin aber nicht schwindelfrei.«
»Mach dir darüber mal keine Sorgen«, lachte er und streckte seinen Arm nach mir aus.

Vorsichtig bestieg ich den Teppich. Ich musste Hunderte Diamanten, Smaragde und Rubine zur Seite räumen, um es einigermaßen bequem zu haben.
»Kann ich die alle runterschmeißen?«, fragte ich etwas unsicher.
»Ja, hau sie nur weg. Ich habe genug davon.«

Ich klammerte mich fest an ihn, dann ging es los. Es wurde augenblicklich dunkel. Hoch über dem Atlantischen Ozean sahen die Sterne wie Straßenlaternen aus, die uns den Weg wiesen.
»Ich sag dir jetzt mal was.« Der Brainfucker drehte sich um und ließ seinen Teppich freihändig fliegen. »Wenn du etwas wirklich willst, wird Gott, das Universum, die Energie des Lebens – für diese Macht gibt es viele Namen – alles tun, um dich dabei zu unterstützen. Du hast dir eben die Sterne angesehen, richtig? Ein kleiner Rat von mir: Greif nach ihnen, sooft du kannst. Du wirst überrascht sein, wie oft du einen erwischen wirst.«
»Willst du mich verarschen?«, prustete ich. »Wo hast du den Spruch denn her, aus einem Glückskeks?«

Er sah mich an, schloss seine Augen, streckte seelenruhig seine Hand aus, öffnete seine Augen wieder und ließ einen wunderschön funkelnden Stern durch seine Finger gleiten.

»Und jetzt du«, lachte er.

Ich fuchtelte unbeholfen mit meinen Armen umher und wäre fast vom Teppich gefallen. Bei ihm sah es so einfach aus, verdammt.

»Wie hast du das gemacht?«

»Mit einem Hauch Magie. Ich hab's dir schon 100-mal gesagt: Wer nicht an Wunder glaubt, ist selbst Schuld, wenn ihm keine widerfahren. Ändere deinen Blickwinkel, und schon ändert sich deine Welt.«

»Ach, fick dich!«

»Geht nicht. Ich bin du. Schon vergessen?«

Vor uns tauchte die Skyline von New York auf.

»Was machen wir hier?«, fragte ich beeindruckt.

»Zu Abend essen.«

Unter Champions

Als wir Manhattan erreichten, ging es im Sturzflug bergab. Mein Herz raste wie wild. Vor dem Fenster eines luxuriösen Penthauses hielten wir an. Der Brainfucker drehte sich erneut zu mir um und trug plötzlich einen eleganten Designeranzug.

»Wow, siehst gut aus!«, sagte ich noch etwas benommen.

»Danke. Sieh mal durch das Fenster!«

Ich konnte kaum glauben, was, oder besser gesagt, wen ich dort sah. An einer langen Tafel saßen Jay-Z, Beyoncé, Oprah Winfrey, Michael Jordan, Barack und Michelle Obama, Scarlett Johansson, George Lucas, Shep Gordon, J. K. Rowling und Bill Murray. Alle winkten mir zu. Zwischen Scarlett Johansson und Bill Murray war noch ein letzter Platz frei.

»Jay-Z rappte einmal: ›People ask me: Hov, how you get so fly? I said: From not being afraid to fall out the sky!‹«

Ich nickte, hörte ihm aber gar nicht richtig zu.

»Das Problem mit dir ist, dass du noch zu große Angst vor dem Aus-dem-Himmel-fallen hast. Du hast kein Vertrauen in deine

Fähigkeiten. Nicht mal in einem Traum glaubst du daran, dass du magische Kräfte haben könntest. Du sagst, andere Menschen langweilen dich, weswegen du nicht einmal mehr deine Wohnung verlässt. Die Sache ist jedoch die: Du bist von dir selbst gelangweilt! Sieh dich an: Du bist ein Jammerlappen. Wer von diesen Leuten da drinnen sollte sich denn mit dir unterhalten wollen, um dann bitte was zu erfahren: wie man sein Leben vergeudet? Der Tag hat für uns alle die gleichen 24 Stunden bereitgestellt. Der Unterschied zwischen dir und diesen Herrschaften dort am Tisch ist, dass sie etwas daraus machen. Du hingegen hast nur Mäusescheiße im Hirn. Wenn du nicht begreifst, dass deine Uhr tickt, dann hast du es nicht besser verdient!«

»Was verdient?«

»Dass ich jetzt mit meinen Freunden dinieren werde und du, plumps, aus dem Himmel fällst, so wie Jay-Z es gesagt hat.«

Er winkte mir noch hinterher, bis ich armwedelnd und etwas ungeschickt aus dem Bett fiel. Nicht zum ersten Mal übrigens. Ich kroch zurück unter die Decke und schlief wieder ein.

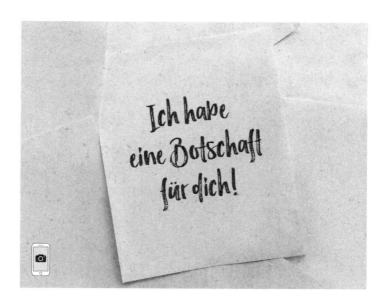

DER 100-MILLIONEN-DOLLAR-KLUB

»Wer noch nie einen Fehler gemacht hat,
hat noch nie etwas Neues probiert.«

ALBERT EINSTEIN

»Junge, du musst unbedingt nach Genf kommen!«, rief Rudolf aufgeregt durchs Telefon.
Ich nahm mein Handy und blickte auf das Display: 13.25 Uhr!
»Wann denn?«, grummelte ich ins Kopfkissen.
»Morgen!«
»Morgen?«
»Ja, morgen. Sag mir Bescheid, wenn du landest, dann schick ich dir einen Fahrer.«
»Aber Rudolf, ich habe morgen total viel zu tun. So kurzfristig? Wie stellst du dir das vor? Ich habe Termine. Nach Genf? Unmöglich!« Ich richtete mich langsam auf, schaute durch das Schlafzimmerfenster in den grauen Mittagshimmel und begrüßte ihn mit einem langen Gähnen. Rudolf hatte meine Worte wohlwollend überhört.
»Wir wohnen im Kempinski. Um Punkt 19 Uhr treffen wir uns in der Lobby. Dann ist Abfahrt.«
Er hielt kurz inne, um abzuwarten, ob ich antwortete, was ich nicht tat, denn mein Kopf war wieder tief in meinem Kissen vergraben.
»Junge, bring deinen Arsch in Bewegung und schwing dich rüber. Das wird tierisch. ROCK YOUR LIFE!«
»Ja, ja, ich weiß«, antwortete ich fast schon entschuldigend über

meinen nicht vorhandenen Enthusiasmus und nuschelte noch ein lustloses und nicht ganz so euphorisches »Rock your Life« hinterher.

»Yeah. Bis morgen. Sei pünktlich!«

Ich blieb noch einen Augenblick liegen und starrte die Decke an. Was hatte das zu bedeuten? Warum sollte ich nach Genf kommen? Rudolf befand sich mit seiner Band gerade auf Welttournee und wahrscheinlich würde er in Genf ein Konzert spielen, aber ich hatte die *Scorpions* in den letzten Jahren schon so oft live gesehen, dass das nicht der wahre Grund sein konnte. Ich grübelte noch ein bisschen vor mich hin, sprang dann aber doch voller Vorfreude aus dem Bett. Endlich kam wieder etwas Spannung in mein Leben.

EIN NEUES ABENTEUER

Das Flugzeug landete pünktlich um 15 Uhr. Da ich nur Handgepäck mit mir trug, ging ich direkt zum Ausgang, wo mich schon ein Chauffeur erwartete. Er hielt ein Schild in die Luft, auf dem mein Name stand. »Guten Tag«, sagte ich gut gelaunt und reichte ihm zur Begrüßung die Hand.

»Ich hoffe, Sie hatten einen angenehmen Flug. Mein Name ist Ben. Ich bin für die Dauer Ihres Aufenthaltes Ihr Fahrer. Darf ich Ihre Tasche nehmen?«

»Danke, aber das schaffe ich schon«, lächelte ich.

»Haben Sie sonst kein Gepäck?«

»Nein.«

»Wunderbar. Das Auto steht gleich hier vorne. Wie Ihnen der Pilot sicher schon mitgeteilt hat, regnet es heute in Genf. Die Temperatur liegt bei milden 17 Grad. Fahren wir in die Stadt?«

»Ja.«

Die Situation war absurd. Ich saß in einer funkelnagelneuen und auf Hochglanz polierten Mercedes-Limousine mit abgedunkelten Scheiben und wurde von einem Fahrer, der, wie sich im Gespräch herausstellte, auch als Bodyguard arbeitete, durch eine der teuersten Städte der Welt chauffiert, und ich wusste noch nicht einmal, warum.

»Wo darf ich Sie hinbringen?«, fragte Ben.
»Ins Epsom bitte. Soll ich die Adresse raussuchen?«
»Nein, nicht nötig. Ich kenne das Hotel. Es liegt in der Rue de Richemont, fünf Minuten vom Hafen entfernt.«
»Wie lange fahren wir?«
»Wir haben Glück. Der Feierabendverkehr beginnt erst in zwei Stunden. In 13 Minuten sind wir da.«

Die grauen Häuserfassaden der Genfer Vorstadt zogen schmucklos an uns vorbei und ich musste an Rudolfs Worte denken: »Von mir aus bleib auf dem Sofa hocken, aber ich weiß, das bist nicht du. In dir steckt dein wahres Ich, das nur noch nicht in die Freiheit durfte. Beweise dir selbst, was in dir steckt. Mach was los, Junge. Was hast du zu verlieren?«

Was habe ich zu verlieren?

Zu verlieren hatte ich gar nichts, damit hatte Rudolf natürlich recht. Deswegen war ich auch hier in Genf und nicht auf meinem Sofa in Berlin. Es war ein erster Schritt. Aber die Sache mit meinem Traum, das war mir klar, ließ sich nicht so einfach mit einer einzigen Reise lösen.

»Wir sind gleich da«, sagte Ben. Er lenkte seine Limousine gekonnt durch die engen Einbahnstraßen der Innenstadt und hielt kurze Zeit später vor dem Hoteleingang. Er gab mir seine Visitenkarte und sagte, ich könne ihn jederzeit anrufen, wenn ich ihn brauchte. Ich nickte ihm zu und stieg aus, doch bevor ich die Tür schloss, steckte ich meinen Kopf wieder hinein.
»Wie lange brauche ich von hier bis zum Kempinski?«
»Zu Fuß?«
Ich nickte erneut.

»Eine Viertelstunde, maximal. Sie gehen einfach hier an der Ecke links die Straße hinunter, am Kreisel vorbei, immer geradeaus, bis Sie an die Uferpromenade kommen, den Quai du Mont-Blanc. Dort halten Sie sich rechts und laufen direkt auf das Hotel zu. Wenn es nicht regnet, ist das ein schöner kurzer Abendspaziergang.«

»Wollen wir's hoffen«, lächelte ich. »Und danke für die Fahrt.« Ben winkte kurz und fuhr davon.

BESUCH VOM ALCHIMISTEN

Ich schob seine Visitenkarte in meine Hosentasche und checkte im Hotel ein. Es war kurz vor 16 Uhr. Mir blieben noch drei Stunden. Ich schrieb Rudolf eine SMS, dass ich gut gelandet war, schaltete den Fernseher ein und legte mich aufs Bett. Da ich nicht wusste, wie der Tag weitergehen würde, wollte ich wenigstens ausgeruht sein. Eine knappe Stunde später riss mich mein Telefon aus dem Schlaf.

»Na, alles klar?«

»Rudolf, alte Socke, danke für den Fahrer. Hat alles super geklappt.«

»Sehr gut«, sagte Rudolf entspannt. »Wir waren schon beim Soundcheck. Klaus ist ein bisschen erkältet und Matthias hat Rückenprobleme, aber nichts, was wir nicht in den Griff bekommen. Der übliche Wahnsinn. Die Arena ist ausverkauft.«

»Wow!«

»10 000 Leute.«

»Noch mal Wow!«

»Paulo kommt übrigens auch.«

»Wie meinst du das?«

»Na, so wie ich es gesagt habe«, lachte Rudolf. Ich wusste sofort, wen er meinte.

»Du meinst wirklich, dass ...«

»Ja klar«, unterbrach er mich. »Wir treffen uns vor der Show in meiner Garderobe. Mensch, Junge! Was glaubst du, warum ich dich heute unbedingt dabeihaben wollte?«

Mein Herzschlag erhöhte sich. »Also, bis gleich um sieben in der Lobby.«

»Worauf du dich verlassen kannst.«

Es hatte aufgehört zu regnen. Ein gutes Zeichen.

Fünf Minuten vor sieben betrat ich das Grand Hotel Kempinski. Ich lief durch den großen Eingangsbereich und entdeckte Ben. Er saß zusammen mit drei seiner Kollegen in einer der vielen Sitzgruppen. Sie unterhielten sich. Ich suchte mir einen separaten Platz auf der anderen Seite des Foyers. Ich schloss meine Augen. Es war ein schöner, fast schon meditativer Moment des Wartens. Meine Atmung war ruhig und gleichmäßig. Ich spürte wieder Leben in mir. Das monatelange Nichtstun hatte mich träge werden lassen, doch glücklicherweise gab es jemanden, der mir in den Hintern trat. An keinem Ort der Welt wäre ich in diesem Augenblick lieber gewesen. Ich begann zu lächeln. Von innen.

Die Literatur-Nobelpreisträgerin Pearl S. Buck sagte den wunderbaren Satz: »Viele Menschen versäumen das kleine Glück, während sie auf das große vergebens warten.«

Dieser Moment in der Hotellobby war so ein kleines Glück für mich, auch wenn nach außen hin eigentlich gar nichts passierte. Mein Herz jedoch wusste Bescheid.

»Da ist er ja.« Eine vertraute Stimme. Mein Lächeln wurde breiter und ich öffnete meine Augen. Rudolf lief strahlend und mit ausgebreiteten Armen auf mich zu. Wir umarmten uns herzlich und für einen Moment blieb tatsächlich die Zeit stehen. Ich kann es kaum beschreiben, aber mich durchdrang ein derart tiefes Gefühl von Frieden, dass ich meinen Freund und Mentor gar nicht mehr loslassen wollte.

»Schön, dich zu sehen«, lächelte Rudolf, während er den kleinen Gitarrenkoffer, der wie ein Köcher um seine Schulter hing, neben mir auf den Boden stellte. Die Bodyguards hatten ihn mittlerweile bemerkt und postierten sich im Eingangsbereich. Ich schaute ihn an. Rudolf besitzt die seltene Gabe, vollkommen im Jetzt zu sein, die mich immer wieder fasziniert. Vielleicht hatte er gespürt, dass es mir in den letzten Monaten nicht so gut gegangen war und ich gerade jetzt seine großartige Energie nötig hatte.

Bis zur Arena war es nicht weit, vielleicht 15 Kilometer, aber wir kamen mitten in den Feierabendverkehr hinein und standen schon nach wenigen Minuten im Stau. Der Fahrer sprach nicht viel. Er hatte einen französischen Nachrichtensender eingestellt, den er, nachdem wir losgefahren waren, etwas leiser drehte, und konzentrierte sich nur auf die Autos vor uns. Rudolf hatte die Augen geschlossen und spielte auf einer kleinen E-Gitarre geräuschlos seine Finger warm. Genau diese Leichtigkeit, mit der er die Saiten seines Instruments bewegte, war mir abhandengekommen. Ich nahm mir vor, die Vergangenheit hinter mir zu lassen. Es musste doch möglich sein, diese schrägen Gedanken in meinem Kopf auszuschalten. Nur für diesen einen Abend. Ich wollte keine Angst mehr vor dem Leben haben.

Der Soulbrother meines Mentors

Als wir hinter dem Stadion den Lieferanteneingang hinunterfuhren, wurden wir schon sehnsüchtig von der Sicherheitschefin in Empfang genommen. Rudolfs Garderobe war zwar geräumig, versprühte aber den Charme einer Fußballumkleidekabine aus der Provinz. Es gab ein kleines Bad, eine Sofagarnitur aus den 1980er-Jahren, einen Glastisch, einen Kühlschrank und ein Buffet mit Käse- und Wurstschnittchen. Ich machte es mir auf dem Sofa gemütlich. Nach 15 Minuten klopfte es an der Tür und ein kleiner Mann mit grauen Haaren, dunkelgrünen Wanderschuhen und schwarzer Windjacke trat vorsichtig herein – Paulo Coelho.

Rudolf, der nur zwei Meter von der Tür entfernt stand, fiel ihm sofort mit einem lauten und herzlichen »Soulbrother, da bist du ja!« um den Hals. Dann stellte er mich vor.

»Paulo, das ist Lars.«

»Ich freue mich sehr«, lächelte ich.

Wir gaben uns die Hand und Paulo lächelte höflich zurück. »Paulo, dieser Junge hier«, sagte Rudolf und drückte mich fest an sich, »ist nicht nur ein guter Freund, sondern der Mitschreiber von *Rock Your Life*.«

Paulo machte mit geöffneten Armen einen Schritt auf mich zu, drückte mich ebenfalls und sagte zu meiner großen Überraschung: »Gut, dass du hier bist. Sehr gut, sehr gut.«

Ich fühlte mich wie der junge Daniel LaRusso aus *Karate Kid*, als er zum ersten Mal auf seinen Meister Mr Miyagi trifft.

»Der Stau war furchtbar heute«, begann Rudolf zu erzählen, der immer noch über beide Ohren strahlte. Paulo tat es ihm gleich und man spürte förmlich, wie sehr sich die beiden auf diesen Augenblick gefreut hatten. Nicht umsonst nennen sie sich liebevoll Soulbrothers – Seelenverwandte.

»Der Stau hat uns zwar aufgehalten, mein Freund, aber er ist auch ein gutes Zeichen«, sagte Paulo, »denn das bedeutet, dass viele Menschen zu deinem Konzert kommen.«

»Alles hat zwei Seiten.«

»Du sagst es. Es kommt nur darauf an, wie du es betrachtest.«

Ändere deinen Blickwinkel und du änderst alles.

»Ich weiß gar nicht, wie lange ich nicht mehr auf einem Rockkonzert war. Ich bin wirklich aufgeregt.«, sagte Paulo.

Die Tür öffnete sich einen Spalt. »Noch 20 Minuten!«

»Müssen wir gehen?«

Paulo wurde etwas nervös und drehte sich sofort zu Rudolf um, der völlig gelassen neben ihm auf dem Sofa saß und grinste. »Sie werden das Konzert jawohl kaum ohne mich anfangen, oder?« Wir lachten und begannen, Fotos von uns zu schießen.

ALLES AUF RESET

Mir saßen zwei Männer gegenüber, die doppelt so alt waren wie ich, und die wie kleine Kinder miteinander spielten. Von ihnen ging eine Energie aus, die ich in dieser Intensität noch nie bei anderen Menschen erlebt hatte. Sie schienen sich nicht nur blind zu verstehen, sondern es kam mir gar so vor, als seien sie Mitglieder eines Bundes, von dem ich noch nichts wusste; als würden sie ein Geheimnis kennen, das mir bislang verborgen geblieben war. War ich deswegen hier, fragte ich mich, um von diesem Geheimnis zu erfahren? Rudolf Schenker und Paulo Coelho zählen zu den erfolgreichsten Künstlern ihrer Generation, mehr noch, aller Zeiten und haben in ihrem Leben alles erreicht, wonach ich mich sehnte. Paulo hatte bis zu diesem Tag 135 Millionen Bücher verkauft und Rudolf mit seinen *Scorpions* etwa 110 Millionen Tonträger. Auf der einen Seite waren da zwei Superstars, zwei Multimillionäre, zwei großartige Künstler, die schon alles gesehen, probiert und erlebt hatten, und auf der anderen Seite war ich, der nicht wusste, ob er bald noch seine Rechnungen würde zahlen können. Unterschiedlicher hätten unsere Leben nicht aussehen können.

»Was liegt dir auf dem Herzen?«

»Wie? Was?«, kam es etwas unbeholfen aus mir heraus.

Rudolf hatte mich mit seiner Frage mitten aus meinen Gedanken gerissen. Zwei Mitglieder des 100-Millionen-Dollar-Klubs sahen mich in diesem Moment erwartungsvoll an. Hatte ich was verpasst? Ich hörte das Klacken von Paulos Fotoapparat und konzentrierte mich darauf, so schnell wie möglich zurück in die Gegenwart zu gelangen.

»Paulo, darf ich dich was fragen?«

»Was immer du möchtest.«

»Was würdest du tun, wenn du noch einmal neu beginnen könntest? Welchen Rat würde der alte Paulo Coelho dem jungen Paulo Coelho geben?«

Rudolf lächelte über meine Frage und begann, ein paar Autogrammkarten für Freunde von Paulo zu signieren.

Folgst du der Angst, kommst du nirgendwohin, denn sie hält dich in einem Käfig gefangen. Glaubst du hingegen an deine eigenen Fähigkeiten, stehen dir alle Türen offen.

»Oh, das ist schnell beantwortet«, sagte Paulo, ohne zu zögern. »Ich würde ihm raten: Höre auf dein Herz, achte auf die Zeichen und gehe deinen Weg.«

Die gleiche Antwort hätte Rudolf mir auch gegeben. War das etwa das große Geheimnis, dieser eine Satz? Ich wiederholte ihn noch einmal in meinen Gedanken: Höre auf dein Herz, achte auf die Zeichen und gehe deinen Weg. »Wenn es doch nur so einfach wäre ...«

»Es ist so einfach!«, fiel mir Rudolf ins Wort ohne seinen Blick von den Autogrammkarten, die er gerade schrieb, abzuwenden. »Du darfst lediglich keine Angst haben. Gib ihr keine Macht über dich. Überwinde sie!«

Den eigenen Weg gehen

Der Vergleich mit dem Käfig traf exakt auf meine Situation zu. Ich war der Vogel, der nichts lieber wollte, als hoch oben am Himmel durch die Weltgeschichte zu fliegen, sich aber nicht traute, durch die kleine Schiebetür zu hopsen, was dazu führte, dass meine Flügel von Tag zu Tag schwerer wurden. Ich sollte also besser auf die weisen Worte dieser erfahrenen Herren hören, dachte ich mir, und so schnell wie möglich das Problem mit meiner Angst in den Griff bekommen, bevor meine Flügel gänzlich eingerostet sein würden.

Während Rudolf sich sein Bühnenoutfit überzog und letzte Vorbereitungen für das Konzert traf, wurden Paulo Coelho und ich von zwei Bodyguards auf die obere Tribüne begleitet. Nachdem wir Platz genommen hatten, sagte er: »Lars, du hast mit Rudolf ein ganz wundervolles Buch geschrieben, das vielen Menschen auf der Welt helfen wird. Kämpft weiter. Hört jetzt nicht auf. Ich hatte mit dem *Alchimist* am Anfang auch meine Schwierigkeiten. Das ist völlig normal. Ich sage dir, alles wird gut, wenn du dich auf den Weg begibst, auf deinen Weg, und den Glauben nicht verlierst. Sende Liebe in die Welt, und diese positive Energie wird den Weg zu dir zurückfinden.«

Von dem Größten lernen

Dann ging das Licht aus und die Show begann. 10 000 Fans kreischten um die Wette und meine Gedanken gingen mal wieder auf Achterbahnfahrt. Ich saß neben einem der einflussreichsten Schriftsteller der Welt, meinem großen Vorbild, und mir liefen die Tränen.

Natürlich, dachte ich nach einer Weile, ist doch logisch: Wenn vor dir jemand in der Lage war, etwas Unmögliches zu erreichen, kannst du es auch. Warum auch nicht? Schau dir Paulo an! In seiner Heimat Brasilien hatte am Anfang seiner Karriere niemand an ihn geglaubt. Kein Verlag wollte sein Buch veröffentlichen. Es hagelte Absagen. Über die Idee, seinen Weltbestseller *Der Alchimist* zu nennen, wurde spöttisch gelacht. Das sei kein guter Titel, hieß es. Das kauft kein Mensch, hieß es, nicht in Brasilien und im Ausland schon gar nicht. Bis zum heutigen Tag hat sich das Buch auf der ganzen Welt über 100 Millionen-mal verkauft, befindet sich seit vielen Jahren konstant auf der *New York Times*-Bestsellerliste, wurde in über 80 Sprachen übersetzt und steht im *Guinnessbuch der Rekorde*. Kein noch lebender Autor hat das vor ihm geschafft. Ich schaute zu ihm hinüber. Er hatte beide Hände in die Luft gerissen und sang mit leuchtenden Augen den Refrain von *Big City Nights* mit. Der große Paulo Coelho wurde für einen kurzen Augenblick wieder zum kleinen Jungen, der den Spaß seines Lebens hatte, und ich fragte mich, wann auch ich dazu wieder in der Lage sein würde. Eines war mir jedoch klar: Ich war bereit.

AUCH SUPERSTARS HABEN VORBILDER

*»Ein Fehler,
den man öfter als einmal wiederholt,
ist eine Entscheidung.«*
PAULO COELHO

Nach der Show fuhren wir zurück ins Hotel. Einige Freunde der Band waren gekommen, es wurde gegessen, getrunken, gelacht. Rudolf setzte sich mit zwei Schälchen Crème brûlée neben mich, reichte mir lächelnd eine Portion herüber und fragte mich dann ganz beiläufig, ob er mir schon seine Jimmy-Page-Story erzählt habe. Ich schüttelte mit dem Kopf. »Hör jetzt gut zu!« Der Champagner kam und wir stießen miteinander an.

DIE JIMMY-PAGE-STORY

»Ich weiß nicht genau, wie das heute ist, aber damals, bevor das Internet kam, war der *Rolling Stone* das bekannteste Musikmagazin der Welt.«
»Ist immer noch so«, sagte ich.
»Sie veröffentlichten einmal eine Liste der 100 besten Gitarristen aller Zeiten. Auf Platz eins stand natürlich Jimi Hendrix. Dahinter folgten Leute wie B. B. King, Eric Clapton, Chuck Berry und Ry Cooder. Auf Platz neun landete mein großes Idol, mein Vorbild, der Gründer und Gitarrist von *Led Zeppelin*: Jimmy Page. Seit ihrem Debütalbum 1969, ich war noch jung, 21, hatte noch keinen Erfolg, gar nichts, bin ich ein Riesenfan. Ich kann dir gar

nicht sagen, wie oft ich dieses Album in meinem Leben schon gehört habe. Ich konnte jedes einzelne Riff nachspielen. Okay, sagen wir so: Ich gab mein Bestes. In den 70ern gab es keine größere Rockband als *Led Zeppelin* und niemanden, der auch nur annähernd so auf der Gitarre spielen konnte wie Jimmy. Seine ganze Persönlichkeit, sei es als Gitarrist, Komponist oder Produzent, hat meine komplette musikalische Entwicklung wie kein anderer geprägt. In meinen Augen ist er bis heute unerreicht.«
Rudolf trank noch einen Schluck Champagner und ich fragte mich, worauf die Geschichte wohl hinauslaufen würde.
Er dachte einen Augenblick nach. »1984 bin ich nach Stockholm geflogen, um Interviews für unser Album *Love At First Sting* zu geben, und checkte im Grand Hôtel ein. Normalerweise übernachteten wir in Stockholm immer im Blu Strand Hotel, bis der Hotelmanager eines Tages ein striktes Rock-'n'-Roll-Verbot aussprach. Die Geschichte ist schnell erzählt: Einige Monate vorher waren *Mötley Crüe* dort abgestiegen. Tommy Lee und seine Jungs haben im Vollrausch die Kissen ihrer Betten aufgeschlitzt und am Morgen, als die anderen Hotelgäste auf der Sonnenterrasse frühstückten, weiße Federn regnen lassen.«
»Hahaha.«
»Ja, ich find's auch witzig«, grinste Rudolf, »aber der Hotelmanager hatte wohl eine andere Vorstellung von Humor, warf sie raus und weigerte sich von da ab rigoros, andere Rockbands aufzunehmen. Ich war also in Stockholm, genoss für einen Augenblick den herrlichen Ausblick auf den Hafen, als mein Bauch zu knurren begann. Wäre ich im *Strand* gewesen, hätte ich zum Telefon gegriffen und mir einen Lötmann-Toast bestellt.«

Die Sache mit dem Lötmann-Toast

»Was ist denn ein Lötmann-Toast?«
»Ach, nur ein Toast mit Sour Cream, rotem Kaviar und Zwiebeln, eigentlich nicht besonders schwer zuzubereiten, aber ich

habe ihn auf der ganzen Welt nie wieder so gut gegessen wie dort. Ich verdrücke bei jedem Stockholm-Aufenthalt ganze Berge von diesen Dingern. Zum Glück liegen die beiden Hotels nur einen Katzensprung voneinander entfernt und ich dachte mir: Rudolf, alter Schwede, gehst du mal schnell rüber und gönnst dir zur Feier des Lebens einen leckeren Toast. In freudiger Erwartung bin ich die vielleicht dreihundert Meter auf die andere Seite der Bucht spaziert, rein ins Hotel, durch die Lobby schnurstracks in Richtung Restaurant, als ich aus einer Ecke am Fenster lautes Gelächter vernahm. An einem der Tische saßen drei Typen, die sich angeregt unterhielten. Ich machte unauffällig ein paar Schritte auf sie zu, schaute dann etwas genauer hin und dachte, mich trifft der Schlag. Saßen da tatsächlich Jimmy Page, Paul Rodgers und Tony Franklin beim Mittagessen.«

Magic Moments

»Ist nicht wahr!«, sagte ich und trank einen Schluck.

»Doch, ich sag's dir«, strahlte Rudolf mich an. »Du musst wissen, Jimmy Page hatte erst wenige Wochen zuvor seine neue Band *The Firm* gegründet, und ein paar Meter weiter saßen sie direkt vor mir: Jimmy Page als Gitarrist, Tony Franklin am Bass und Paul Rodgers als Sänger. Aber Moment mal, dachte ich mir, als ich dort vor ihnen stand. Da fehlt doch einer! Wo ist der Schlagzeuger? Ich lief weiter und überlegte schon, ob und wie ich Jimmy ansprechen sollte, als ich hinter mir in einem witzigen walisischen Dialekt meinen Namen hörte: ›Rudolf, was für eine Überraschung! Was machst du denn hier?‹ Ich drehte mich um und sah einen grinsenden Chris Slade mit ausgebreiteten Armen auf mich zulaufen. Chris kannte ich damals schon über zehn Jahre. Auf unserer ersten England-Tour spielte er in unserer Vorband – ein super Typ. Er gründete mit Manfred Mann die *Earth Band*, hat mit Tom Jones gearbeitet und zog eine zeitlang mit *Uriah Heep* um die Welt. Jetzt war er also der neue

Schlagzeuger bei *The Firm*. ›Chris, ich werd verrückt‹, freute ich mich wie ein Wikingerkönig und umarmte meinen alten Kumpel. ›Ähhh, ich bin nur hier, um einen Toast zu essen‹, antwortete ich auf seine Frage und merkte schon beim Aussprechen, wie komisch sich das anhörte. Aber sie waren ja aus demselben Grund da. Chris meinte, ich solle mich zu ihnen setzen. Stell dir das vor«, erzählte Rudolf und schaute bei der Erinnerung daran strahlend aus dem Fenster.

Ich sagte nichts und glaubte zu verstehen, was er mir mit dieser Geschichte sagen wollte. Was Jimmy Page für ihn war, war Paulo Coelho für mich. Doch bevor ich weiter darüber nachdenken konnte, sprach Rudolf schon weiter. »Übrigens: Zwei Jahre danach löste sich die Band wieder auf. Jimmy Page und Paul Rodgers machten solo weiter, Tony Franklin ging zu *Blue Murder* und mein Freund Chris wurde Schlagzeuger bei *AC/DC*. Na ja, die Rock-'n-'Roll-Welt ist eben auch nur ein Dorf. Aber der Hammer in dieser Geschichte kommt erst noch!«

Ich saß gemeinsam mit meinem großen Idol, einem der besten Gitarristen aller Zeiten, an einem Tisch und bekam live mit, wie sie über den ersten Auftritt ihrer frisch gegründeten Band sprachen. Einfach tierisch! Jimmy lud mich noch auf ihr Konzert am Abend ein. Ein unvergessliches Erlebnis für mich – ein echter Magic Moment!

Rudolf war nicht zu bremsen. Sein Körper war, auch bedingt durch seine zweistündige Liveshow, noch immer voller Adrenalin. Er glühte vor Energie.

»Es war im Jahr 2005«, fuhr er fort, unterbrach seinen Satz aber sofort und begann zu rechnen, »also 21 Jahre später. Wir spielten ein überirdisches Konzert im Hammersmith Apollo in London.«

»Natürlich«, lachte ich.

»Ja, logisch. Was sonst?«, zwinkerte er zurück. »Also, die Show war gerade vorbei und man konnte im Backstage noch den Applaus des Publikums hören. Ich war schon in meiner Garde-

robe angekommen und wollte kurz alleine sein, um mir diesen schönen Moment noch einmal bewusst zu machen, als es an der Tür klopfte. Ich saß vornübergebeugt auf einem Stuhl, hatte ein Handtuch über meinem Kopf hängen, blickte auf, und wer stand auf einmal vor mir?«
»Lass mich raten!«

Alles ist möglich

»Genau, Jimmy Page! Ich konnte es kaum glauben. Was für eine Ehre, dachte ich in dem Moment. Einer meiner größten Heroes kommt auf mein Konzert? Unglaublich! ›Ich wollte nur mal Hello sagen‹, grinste Jimmy cool. ›Hab mir euer Konzert angeguckt. Well done, Rudy!‹ Ich war sprachlos. Träume ich, oder passiert das gerade wirklich? Jimmy Page war extra gekommen, um sich ein *Scorpions*-Konzert anzusehen, und er lobte sogar mein Gitarrenspiel. Also Junge, was sagt uns das? Paulo hat es vorhin schon erwähnt und ich kann es nur wiederholen: Im Leben ist alles möglich! A-L-L-E-S! Sieh mal, ich bin sicher nicht der versierteste Gitarrist der Welt, aber ich habe das Beste aus meinem Talent gemacht. Ich hatte einen Traum und habe ihn bis heute nicht aufgegeben. Dabei gab es so viele Tiefpunkte in meiner Karriere, bei denen andere längst das Handtuch geworfen hätten. Das ist der Unterschied. Gott testet dich nämlich: Hältst du durch oder gibst du auf? Du weißt ja: Aufgeben ist keine Option für einen Krieger des Lichts.«
»Ich weiß nicht, ob ich so ein Krieger bin, Rudolf.«
»Stell in Zeiten des Zweifels nicht gleich alles infrage, sondern hab Vertrauen. Die Antworten findest du, während du gehst. Achte auf deine Gedanken. Sie sind der Anfang deiner Taten.«
»Alles klar!«

Mehr konnte ich nicht sagen. Musste ich auch nicht, denn ich wusste, dass in diesem Augenblick bereits alles gesagt war.

ÜBER DEN MUT, SEIN EIGENES LEBEN ZU LEBEN

> »*Jeder intelligente Narr könnte Sachen größer, komplexer und gefährlicher machen. Aber es gehört ein Hauch von Genialität und Mut dazu, um etwas in die entgegengesetzte Richtung zu bewegen.*«
> ALBERT EINSTEIN

Zurück in meinem Hotelzimmer, streifte ich mir die Klamotten vom Körper, ließ sie auf dem Boden vor dem Bett liegen und nahm eine lange heiße Dusche. Was für ein Abend!

SPIEL DES LEBENS

»Lass uns ein Spiel spielen!« Da war sie wieder, die Stimme.
Ich schloss meine Augen und setzte mich auf den Boden. Im Gegensatz zu früher hatte ich dieses Mal keine Angst vor dem Brainfucker. Auf eine sonderbare Weise fühlte ich mich sicher.
»Ich stelle Fragen«, sagte er, »und du antwortest mit ›Ja‹ oder mit ›Nein‹, okay?«
»Also dann. Ich sag dir jetzt, wie du deinen gestrigen Tag verbracht hast. Ist wirklich beeindruckend, du wirst sehen: Du bist aufgestanden, hast was gegessen, im Internet gesurft, Mails gelesen, Musik gehört, sechs Espresso getrunken, hast in den Fernseher geschaut und bist eingeschlafen. Kommt das hin?«
»Ja.«

»Habe ich etwas vergessen?«
Ich überlegte. »Nein.«
»Hat dich auch nur eine Sache davon weitergebracht?«
»Nein.«
»Hat dir auch nur eine Sache wirklich Spaß gemacht?«
»Nein.«
»Konntest du nur eine Sache davon genießen?«
»Nein.«
»Hast du dich gestern nur eine Sekunde glücklich gefühlt?«
»Nein.«
»Hast du dich heute eine Sekunde lang glücklich gefühlt?«
»Ja.«
»Lag es daran, dass du deine Routine durchbrochen hast?«
»Sieht ganz so aus.«
»Tut gut, mal eine Runde Klarheit in die Angelegenheit zu bringen, was? Dieser Seelenfrieden, nach dem du suchst, kommt nicht einfach so. Du brauchst Übung. Du musst trainieren. Es ist keine Entscheidung, die du einmal triffst, sondern Tag für Tag auf's Neue. Immer und immer wieder. Durchbreche die alten Muster! Die meisten Menschen machen sich etwas vor und erfinden Ausreden, weil sie es am Ende doch nur angenehm und bequem haben wollen. Sie machen ihr Glück von der Zahl abhängig, die auf ihrem Kontoauszug steht. Das kann niemals funktionieren.«

Soll ich dir verraten, was 99 Prozent aller Menschen in den letzten Sekunden denken, bevor sie sterben? »Ich wünschte, ich hätte den Mut gehabt, mein Leben zu leben.«

»Und wie lässt sich das abstellen?«
»Das weißt du.«
»Nein!«
»Doch, du kennst die Lösung deiner Probleme, aber du hast Angst davor, sie anzugehen.«
»Dann hilf mir, meinen Weg zu finden.«
»Das kann ich nicht.«

»Warum redest du dann mit mir?«

»Um dich an etwas zu erinnern: Ändere die Richtung! Ja, ändere die Richtung! Was du in den letzten Monaten gemacht hast, ist der pure Irrsinn. Man müsste dich eigentlich in die Psychiatrie einweisen. Du tust die gleichen Dinge immer und immer wieder, erwartest jedoch neue Ergebnisse. Das kann nicht funktionieren, und obwohl du es sogar weißt, machst du es trotzdem Tag für Tag auf die gleiche alte Art und Weise. Wieso gibst du dir so wenig Mühe? Fang wieder an zu träumen und setze dir Ziele, die so überirdisch sind, dass dir davon schwindlig wird. Gerate ins Schwärmen, probiere Neues aus und stürze dich ins Abenteuer. Als Schriftsteller solltest du das wissen. Und bitte vergleiche deinen Anfang nicht mit dem Ende jener Menschen, die du bewunderst. Auch sie saßen einmal vor einem leeren Blatt Papier.«

> *Die Welt ist ein Buch und wer nicht auf Reisen geht, wird nie über die erste Seite hinwegkommen.*

»Wenn ich wenigstens wissen würde, welches Buch meines ist.«

»Auch das weißt du.«

»Aber du willst es mir nicht sagen, stimmt's?«

»Stimmt genau. Achte auf die Zeichen!«

»Wo stehen die denn? Und wie erkenne ich sie? Lass mich raten: Ich werde es merken, wenn ich bereit dafür bin.«

»Hör auf zu denken, dass du noch nicht bereit bist. Hör damit auf, dich an deine Vergangenheit zu klammern. Du kannst kein neues Kapitel aufschlagen, wenn du immer wieder dein letztes überfliegst. Weg damit! Ich sage dir jetzt drei ganz einfache Wahrheiten. Wenn du sie einhältst, wird dir nichts passieren.«

»Okay.«

»Erstens: Hab keine Angst davor, Gedanken, die dich beschäftigen, laut auszusprechen. Zweitens: Hab keine Angst davor, ausgelacht zu werden. Und drittens: Hab keine Angst davor, endlich loszulegen. Dein Leben findet jetzt statt. Warte nicht, bis es zu spät ist. Wenn du eine Entscheidung zu treffen hast, dann erinnere dich daran, was dich glücklich macht. Es ist wirklich so einfach. Soll ich dir verraten, was dich blockiert? Du träumst den Traum von anderen. Du siehst Paulo Coelho und denkst dir: So will ich auch sein! Du siehst Jay-Z und denkst dir: Was der hat, will ich auch! Du kannst ohnehin nicht ihren Weg gehen, also überlege dir lieber, wer du sein willst ... und sei es. Lass dich von anderen Menschen ruhig inspirieren, aber versuche nicht, sie zu kopieren. Du bist ein Original. Du bist ein Wunder. Verhalte dich auch so.«

»Ich danke dir für deine Hilfe«, sagte ich ein wenig demütig, »aber es ist so schwer. An manchen Tagen denke ich auch so und dann, nur wenig später, geht in meinem Universum die Welt unter. Es ist ein ständiges Auf und ab und die Phasen, in denen es bergab geht, werden immer länger. Das macht mich verrückt.«

»Greif nach den Sternen, mein Freund, greif nach den Sternen.«

»Was du beschreibst ist nichts anderes als der Herzschlag des Lebens, der Rhythmus der Welt.«

»Du meinst, das wird immer so bleiben?«

»Nein, denn du kannst diesen Rhythmus selbst bestimmen. Wenn du deinen Weg erst einmal gefunden hast, werden dir diese Rückschläge nichts mehr ausmachen, im Gegenteil. Du wirst sie akzeptieren, daraus lernen und stärker sein, als jemals zuvor. Die Welt steht dir offen. Wach auf! Jede Sekunde, die du nach dieser Erkenntnis ungenutzt verstreichen lässt, ist für immer verloren. Denke immer daran: Tick, tack, tick, tack. Und jetzt noch zwei abschließende Sätze!« »Du gehst schon?«

»Wenn du alles ändern willst, und das willst du, denn ich kenne dich, dann ändere auch alles!«

»Und achte auf die Zeichen, richtig?«

»Ganz genau. Gute Reise!«

WER AN WUNDER GLAUBT

*»Damn right, I love the life I live,
'cause I went from negative to positive.
And it's all good.«*
THE NOTORIOUS B. I. G.

In dieser Nacht traf ich eine Entscheidung, die mein Leben von da an für immer verändern sollte. Ich verpflichtete mich ab sofort dazu, nach diesen Sternen zu greifen, und alles, aber wirklich alles, anders zu machen. Ich hatte genug. Ich wollte nicht mehr leiden!

Wenn ich andere Ergebnisse wollte, musste ich mein Leben neu strukturieren, meinen Tagesablauf neu ordnen, meine Prioritäten neu setzen. Zugegeben, am Anfang musste ich mich dazu zwingen, gewisse Routinen zu etablieren und selbst auferlegte Challenges tatsächlich bis zum Ende durchzuziehen. Aber sobald die ersten Erfolgserlebnisse eintraten und ich die positiven Auswirkungen meiner Entscheidungen spürte, dienten meine alten Ängste, Sorgen und Gewohnheiten wie Turbolader und gaben mir die Motivation, die ich brauchte, um nicht aufzugeben.

- *Ein Buch pro Tag lesen* – Früher: Keine Zeit! Heute: Warum nicht?
- *Eine Stunde Joggen pro Tag* – Früher: Keine Lust! Heute: Warum nicht?
- *30 Tage auf Kohlenhydrate verzichten* – Früher: Vollkommen unmöglich! Heute: Warum nicht?
- *Im Klub die schönste Frau ansprechen* – Früher: Träum weiter! Heute: Warum nicht?

Wenn ich aus dieser Zeit des Umbruchs eines gelernt habe, dann dass vieles im Leben unmöglich zu sein scheint, bis man seine inneren »Problemkinder«, die einem immer wieder Steine in den Weg legen, einmal objektiv auf den Prüfstand stellt und sie auf ihren Wahrheitsgehalt überprüft: Bin ich wirklich nicht gut genug? Was für einen Beweis gibt es eigentlich, dass ich diese eine Sache, nach der ich mich so sehr sehne, nicht erreichen kann? Warum soll ausgerechnet ich Single bleiben? Warum soll ich diesen tollen Job nicht bekommen? Kann ich es wirklich nicht oder habe ich es nur nie richtig ausprobiert?

WAS BLEIBT, WAS GEHT?

Der Trick besteht darin, all den Müll aus seinem Kopf zu entfernen, den man über die Jahre und Jahrzehnte angesammelt hat, und damit zu beginnen, seine eigene Welt wieder neu zu erkunden. Pack dein Leben in eine Schachtel, rüttle alles ordentlich durch und lass nichts mehr an seinem gewohnten Platz. Ordne die Dinge neu, entstaube dich und betrachte jeden noch so kleinen und scheinbar unwichtigen Baustein deines Lebens unter der Prämisse: Bist du gut für mich? Welchen Zweck erfüllst du? Möchte ich dich als Gast weiterhin in meinem Wohnzimmer haben oder darf ich dich getrost aussortieren?

Ich habe aussortiert, und zwar rigoros! Und wenn ich das kann, kannst du es auch. Ich vermute, du kannst es sogar noch besser als ich, weil du jetzt einen Coach an deiner Seite hast. Auf diese Weise, wenn du die unwiderrufliche Entscheidung triffst, neu zu beginnen, wirst du mit jedem Tag leichter und stärker und schöner werden. Besser riechen wirst du auch, wenn der große Misthaufen an Sorgen und leidvollen Gedanken nicht mehr vor deiner Nase wuchert – du wirst sehen!

Was immer dir im Leben passiert, gehört dir. Schreib alles auf. Nimm ein Blatt Papier und erzähle deine Geschichte. Ja, deine Geschichte ist wichtig. Du bist wichtig. Falls die Menschen, denen du bisher begegnet bist, wollten, dass du besser über sie denkst, hätten sie sich besser verhalten sollen. Auch wenn du darüber traurig bist, deine Erlebnisse kann dir niemand mehr nehmen. Das ist ein großes Geschenk. Jetzt liegt es an dir, was du daraus machst. Du allein hast die Macht, aus negativ positiv zu machen. Und falls die Stimme in deinem Kopf wieder einmal vehement versucht, dir einreden zu wollen, dass das doch alles überhaupt keinen Sinn macht, dass du wertlos bist und sich ja ohnehin nichts an deinem Leben ändern wird, dann lies diese Geschichte von dem kleinen Jungen und den Seesternen:

> *Ein furchtbarer Sturm kam auf. Der Orkan tobte. Das Meer wurde aufgewühlt und meterhohe Wellen brachen sich ohrenbetäubend laut am Strand. Nachdem das Unwetter langsam nachließ, klarte der Himmel wieder auf. Am Strand lagen aber unzählige von Seesternen, die von der Strömung an den Strand geworfen waren. Ein kleiner Junge lief am Strand entlang, nahm behutsam Seestern für Seestern in die Hand und warf sie zurück ins Meer. Da kam ein Mann vorbei. Er ging zu dem Jungen und sagte: »Was du da machst, ist vollkommen sinnlos. Siehst du nicht, dass der ganze Strand voll von Seesternen ist? Die kannst du nie alle zurück ins Meer werfen! Was du da tust, ändert nicht das Geringste!« Der Junge schaute den Mann einen Moment lang an. Dann ging er zu dem nächsten Seestern, hob ihn behutsam vom Boden auf und warf ihn ins Meer. Zu dem Mann sagte er: »Für ihn wird es etwas ändern!«*

Für mich bist du dieser Seestern.
Du bist wichtig.
Vergiss das niemals.

FRÜHER HÄTTE ICH GEDACHT: UNMÖGLICH!

> »*Weil er an Wunder glaubt, geschehen auch Wunder.*
> *Weil er sich sicher ist, dass seine Gedanken*
> *sein Leben verändern können, verändert sich sein Leben.*
> *Weil er sicher ist, dass er der Liebe begegnen wird,*
> *begegnet ihm diese Liebe auch.*«
>
> PAULO COELHO

Falls du in deinem Leben nicht die Resultate erzielst, die du dir wünschst, dann kann ich dir nur raten: Betrachte die Dinge, die du jeden Tag tust – deine Gewohnheiten und Routinen. Dort verbergen sich die Antworten, nach denen du suchst. Als ich jeden Stein in meinem Leben umgedreht habe, sind diese Wunder plötzlich eingetreten. Aus einer spontanen Idee heraus habe ich einmal alles anders als vorher gemacht und in 36 Stunden über 30 000 Euro verdient. Wenn du zu diesem Zeitpunkt fast pleite bist und nicht weißt, wie du die nächste Miete bezahlen sollst, schon bemerkenswert, oder?

Heute coache ich Geschäftsführer, Popstars und Prominente, die man sonst nur aus Boulevardmagazinen kennt und im Fernsehen sieht. Warum ich dir das alles erzähle? Weil genau das diese Wunder sind, von denen Paulo Coelho spricht. Weil ich all das noch vor ein paar Jahren für absolut unmöglich gehalten hätte. Heute weiß ich, dass wirklich alles passieren kann, wenn man bestimmte Optionen für sich nicht ausschließt, sie aktiv zulässt und niemals den Mut verliert. Es stimmt: Ändere deine Gedanken und du änderst deine Welt!

ALLES AUF NEUSTART

Ich werde nie den Tag vergessen, an dem ich aus meinem Traumjob gefeuert wurde. Ich war 25, wusste nicht weiter und fühlte mich ungerecht behandelt, wie das eben so ist. Schuld sind ja immer die anderen. Ohne Geld und ohne die Privilegien, die ich vorher genoss, blieb mir nichts anderes übrig, als mein angenehmes Leben im Schlaraffenland komplett zu ändern. Ich wurde dazu gezwungen, meine Komfortzone zu verlassen, zog nach Berlin und hielt mich mit kleinen Jobs über Wasser. Zwei Jahre lang konnte ich kaum meine Miete bezahlen. Manchmal muss man eben mit dem Rücken zur Wand stehen, um zu erkennen, was man wirklich will, was einem wahrhaftig wichtig ist im Leben. Dieser scheinbar negative Moment ist tatsächlich notwendig, weil er dich zwingt, eine Entscheidung zu treffen. Hab keine Angst davor. Versuche, dir und deinem Weg zu vertrauen, auch wenn du das Ende noch nicht erkennst. Du musst nicht alles verstehen. Hab Geduld!

Mein Magic Moment mit Bushido

Dann passierte es. Ich traf zufällig den bekanntesten deutschen Rapper, der mich zufällig ziemlich cool fand und mich zufällig fragte, ob ich seine Biografie schreiben möchte. Da ich zufällig zur richtigen Zeit am richtigen Ort war und zufällig nichts Besseres zu tun hatte, zögerte ich keine Sekunde und sagte zu. Zwölf Monate und viele Absagen später (dazu kommen wir noch) stand unser Buch auf Platz eins der *Spiegel*-Bestsellerliste und Bernd Eichinger brachte die Geschichte sogar mit Starbesetzung ins Kino. Rückblickend betrachtet hätte mir nichts

> *Du siehst also: Nichts ist für immer. Manchmal muss die Traurigkeit bei einem vorbeikommen, um dir die Chance zu geben, wieder auf deinen wahren Weg zurückzukehren.*

Besseres passieren können. Heute bin ich unendlich dankbar dafür, dass sie mich damals gefeuert haben, denn ohne diese Erfahrung wäre ich jetzt nicht hier und sehr wahrscheinlich würde ich auch nicht dieses Buch schreiben.

Das Favela-Experiment

Vor Jahren packte ich aus einer spontanen Laune heraus meine Sachen und lebte für eine Weile in den Favelas von Rio de Janeiro, einem der gefährlichsten Orte der Welt. Und zwar ohne auch nur ein Wort Portugiesisch zu sprechen. Reise an die Orte, an denen sich deine Angst befindet, konfrontiere dich mit ihr, und deine Angst verschwindet. Diese Erkenntnis habe ich dort gewonnen. Ich stellte mich meinen Unsicherheiten, überwand sie und erlebte den krassesten Sommer meines Lebens. Du wirst erst dann wirklich verstehen, wer du bist, wenn du deine Grenzen überwindest. Auch das habe ich in jenem Sommer gelernt. Und dass immer etwas Magisches passiert, wenn du mit offenen Armen durch die Welt gehst und bereit bist, anderen Menschen zu helfen.

Herzenskind Daniel

Vielleicht hast du von Daniel gehört, dem kleinen herzkranken Jungen, mit dem ich zusammen das Buch *Dieses bescheuerte Herz* geschrieben habe. Als ich von seinem Schicksal erfuhr, ließ ich alles stehen und liegen und entschied mich dafür, ihm seine letzten Wünsche zu erfüllen. Mit einer Bucketlist zogen wir los und sammelten die schönsten Erinnerungen, machten uns auf die Suche nach dem Sinn des Lebens und hatten dabei den größten Spaß, den du dir vorstellen kannst. Wenn dir nämlich kaum noch Zeit bleibt, weil dein Herz mit jedem Tag, der vergeht, etwas schwächer wird, verschiebst du dein Glück nicht mehr auf morgen. Du bist vollkommen im Jetzt, nur der Augenblick zählt, deine Sorgen, Ängste und Zweifel verschwinden und dann, wenn du überhaupt nicht damit rechnest, geschieht wieder eines dieser vielen kleinen Wunder, von denen ich ja schon gesprochen habe. In diesem Fall ist das Wunder sogar kaum in Worte zu fassen, denn Daniel ist in diesem Augenblick, während ich diese Zeilen schreibe, noch immer am Leben.

LASS DEINE TRÄUME WAHR WERDEN

Träume können wahr werden, auch gigantisch große. Du hast immer die Wahl, eine neue Situation als Scheitern oder als Zwischenstation zu betrachten, als Problem oder als Herausforderung. Wenn du einen bestimmten Job nicht bekommst oder gekündigt wirst, heißt das nur, dass etwas anderes, viel Größeres auf dich wartet. Alles wird gut. Viele Menschen kommen irgendwann an den Punkt, an dem sie ihren Lebenstraum aufgeben, weil sie keinen Sinn mehr darin sehen, noch länger dafür zu kämpfen. Das Tragische dabei ist, dass sie nicht wissen, dass sie bereits so kurz vor dem Durchbruch standen. Sie hätten nur noch ein kleines bisschen länger durchhalten müssen. Bitte mache nicht diesen Fehler.

Wenn es schwer wird, halte durch. Auch wenn es aussichtslos scheint, gehe langsam, aber gehe weiter. Aufgeben ist keine Option. Niemals. Ich musste damals gefeuert werden, um zu dem Leben zu gelangen, das ich heute führe. Ich musste hören, dass ich nicht »über den Tellerrand schauen kann«, um letztlich genau das zu tun. Ich musste mir anhören, dass ich nicht gut genug darin bin, um aufzustehen, mir den Staub abzuklopfen, wieder auf die Beine zu kommen und besser zu werden als jemals zuvor.

> *Wenn die Vision von deiner Zukunft stärker wird, als die Erinnerung an deine Vergangenheit, wird dein Erfolg im Jetzt grenzenlos sein.*

ICH BIN BEI DIR

Auf den kommenden Seiten werde ich die falschen Glaubenssätze enttarnen, die mich (und dich) all die Jahre in die Irre geführt haben. Ich werde dir zeigen, wie du dein Selbstbewusstsein zurückgewinnst. Ich werde dir zeigen, wie du deine beruflichen und privaten Beziehungen verbessern kannst, um endlich wieder Freude, Leidenschaft und persönliche Erfüllung zu erleben. Dazu beschreibe ich einfache Strategien, zeige praktische Übungen und verschiedene Challenges, die dir helfen werden, innerhalb kürzester Zeit echte Resultate zu erzielen.

Mein Motto

Manchmal kommt man im Leben an einen Punkt, an dem man eine schwierige Entscheidung treffen muss, um ein glücklicherer Mensch zu werden. Und zwar nur für sich selbst. Das Alter spielt dabei keine Rolle. Was zählt, ist der Rest deines Lebens. Ob das ein Jahr ist, zehn Jahre oder 40 Jahre, ist ebenfalls bedeutungslos. In jedem Tag steckt ein ganzes Leben. Und diese drei Fragen stehen dabei immer am Anfang:

- ◇ Was will ich in meinem Leben noch erreichen?
- ◇ Was hindert mich daran?
- ◇ Was bin ich bereit, dafür zu tun?

Diese Fragen haben eine unglaubliche Macht. Wenn du den Mut hast, die Antworten wirklich hören zu wollen, werden sie all deine »Probleme« auf der Stelle lösen. Es ist egal, wer du bist, welchen Status du hast oder wo du herkommst, sobald eine schwierige Situation in dein Leben tritt, hast du immer eine Wahl: den gleichen Fehler erneut zu begehen oder zu überlegen, warum etwas passiert und was du aus dieser Situation lernen sollst. Es ist nie zu spät, das Richtige zu tun.

Dieser wunderschöne Satz des persischen Dichters Rumi steht eingerahmt auf meinem Schreibtisch, damit ich mich jeden Tag daran erinnere. Dieser Leitfaden wird sich durch das ganze Buch ziehen, da er alles vereint, was wichtig ist, um deine Persönlichkeit zu stärken und ein zufriedenes und erfolgreiches Leben zu führen: Authentizität, Selbstbewusstsein, Durchhaltevermögen, innere Stärke, Freude und Seelenfrieden.

> *Wenn du deine Schönheit erkennst, wirst du zu deinem eigenen Vorbild.*

20 LEBENSVERÄNDERNDE FRAGEN

1. Wäre heute dein letzter Tag auf dieser Erde, würdest du immer noch tun, was du gerade tust?

2. Wenn du an deine Zukunft denkst, wovor hast du am meisten Angst?

3. Hältst du an irgendetwas fest, was du eigentlich dringend loswerden müsstest?

4. Es heißt, aus seinen Fehlern lernt man. Warum hast du dann so viel Angst, welche zu begehen?

5. Ist dein Traum wirklich unerreichbar oder strengst du dich nur nicht genug an?

6. In der Hektik des lärmenden Alltags – was übersiehst du?

7. Wenn du in das Herz deines Konkurrenten sehen könntest, was glaubst du dort zu finden, was so viel anders ist als in deinem Herzen?

8. Wenn du deinen großen Traum noch nicht erreicht hast, was hast du also zu verlieren?

9. Wie vielen Menschen, die du Freunde nennst, würdest du dein Leben anvertrauen?

10. Bist du glücklich mit dir selbst?

11. Wie heißt diese eine ganz bestimmte Angst, die dich immer wieder zurückhält?

12. Wann hast du zuletzt etwas zum ersten Mal gemacht?

13. Wirf einen Blick auf dein aktuelles Leben, deine Denkmuster, deinen Tagesablauf, deine Taten – basierend auf diesen Fakten, was erwartet dich in fünf Jahren?

14. Unabhängig von Geld, was gibt dir dein Job?

15. Was steht auf Platz eins der Veränderungen, die du dringend angehen müsstest?

16. Auf welche Weise bist du selbst dein größter Feind?

17. Welche Sache, die dir einmal wichtig war (und heimlich immer noch ist), hast du aufgegeben?

18. Welche Fehler begehst du wieder und wieder?

19. Was steht auf Platz 1 der Dinge, die du noch erreichen willst, bevor du stirbst?

20. Wie kurz müsste dein Leben sein, bevor du etwas daran änderst?

Der erste Schritt: Glaube an dich ... ich tue es!

Ich möchte dir direkt am Anfang unserer Reise sagen,
wie wundervoll und großartig du bist.
Nur für den Fall, dass du es heute noch nicht gehört hast.
Ja genau, ich meine dich!

WAS IST DER UNTERSCHIED ZWISCHEN ERFOLG UND MISSERFOLG?

*»Der wahre Unruhestifter steckt in uns.
Die echten Feinde sind unsere eigenen
destruktiven Gedanken.«*

DALAI LAMA

Mir ist schon klar, ein neues Leben liegt vor dir, alte Probleme sind noch nicht gelöst und viele schwierige Aufgaben warten auf dich. Aber soll ich dir etwas verraten? Da geht es allen Menschen gleich. Ich sage mir in diesen Momenten des Zweifels immer: Wäre es einfach, könnte es jeder! Dann atme ich kurz durch, spreche mir Mut zu und gehe den nächsten Schritt. Wichtig ist der Anfang. Der Rest ergibt sich automatisch. Und Gefahren zu überwinden und heikle Situationen zu meistern sind nun einmal Teil einer jeden guten Geschichte. Wie langweilig wäre das Leben, wenn alles stets reibungslos verlaufen würde? Nicht umsonst ist der Takt des Lebens – dein Herzschlag – ein ständiges Auf und Ab.

FOLGE DEINER BESTIMMUNG

Entscheidend ist, dass du deiner Bestimmung folgst. Was hast du zu verlieren? Du kannst jederzeit in dein altes Leben zurück. Lass dich von der anfänglichen Beschwerlichkeit des Weges nicht abschrecken. Lass dich von bestimmten Regeln, Verhaltensweisen, Geld oder von der Meinung anderer nicht so weit zu Boden drücken, dass du vergisst, warum du hier bist. Erinnere dich lieber daran, warum du vor all den Jahren angefangen hast, womit du angefangen hast. Lass uns dort beginnen. Du liebst diese eine Sache doch aus einem bestimmten Grund – sie motiviert dich, sie treibt dich an, sie lässt dich das Leben spüren. Lass uns diesen Geist zurückholen, denn er wird dich zu wahrer Größe führen. Er ist das Licht, er ist das Feuer, er ist die Leidenschaft, er ist die Wahrheit, wie der Kuss zwischen zwei Fremden, der alles verändert.

Eben mal die Welt verändern

Johann Wolfgang von Goethe hat gesagt: »In dem Augenblick, in dem man sich endgültig einer Aufgabe verschreibt, bewegt sich die Vorsehung auch. Alle möglichen Dinge, die sonst nie geschehen wären, geschehen, um einem zu helfen. Ein ganzer Strom von Ereignissen wird in Gang gesetzt durch die Entscheidung, und er sorgt zu den eigenen Gunsten für zahlreiche unvorhergesehene Zufälle, Begegnungen und materielle Hilfen, die sich kein Mensch vorher je so erträumt haben könnte. Was immer du kannst, beginne es.

Sei derjenige, der die Menschen daran erinnert, was für ein Wunder dieses Leben ist.

Kühnheit trägt Genius, Macht und Magie. Beginne jetzt!«

Stell dir vor, du könntest deine Welt verändern. Stell dir vor, es wäre möglich. Schließe für fünf Sekunden deine Augen und fühle die Energie, die durch deinen Körper fließt. Spürst du das Kribbeln? Genau dort befindet sich das Geheimnis. Halte die Möglichkeit, dass alles anders werden kann, für machbar. Benutze deine Fantasie. Überrasche dich selbst. Es ist nicht unmöglich! Wenn du heute beginnst. Ohne zu zögern. Oder du lehnst dich zurück und ignorierst deinen tiefen Wunsch nach Veränderung. Aber wie oft willst du das noch tun?

Weißt du, die Welt ist gar nicht so schlecht, übel und gemein, wie du vielleicht manchmal denkst. Es sind allein deine destruktiven Gedanken über eine ungerechte und böse Umwelt, die schon zu lange deine inneren Begleiter sind, weshalb du sie auch für wahr und unabänderlich hältst. Diese subtilen Botschaften sind der wahre Grund, warum du aufgeben willst und warum du tatsächlich glaubst, dass deine aktuelle Situation für immer so bleiben wird, wie sie jetzt gerade ist. Dabei kannst du auf der Stelle damit anfangen, ein neues Leben zu führen. Ich erlebe es jeden Tag. Es funktioniert. Glaube daran. Sei mutig! In dir steckt so viel mehr. Ich weiß das. Es wird Zeit, dass auch du es erkennst.

Der Unterschied zwischen jenen Menschen, die ihre Träume erreichen, und jenen, die ein Leben voller Verbitterung, Frustration und ständigem Bedauern über ihren Alltag leben, lässt sich in den folgenden drei Punkten zusammenfassen:

1. *Glaube:* Sie erschaffen einen unerschütterlichen Glauben daran, dass sie es wert sind, auch die verrücktesten Ziele erreichen zu können.

2. *Tägliches Training:* Sie verstehen, dass Ängste immer wieder zurückkehren, solange man sich ihnen nicht stellt. Also rennen sie mit voller Leidenschaft auf diese Ängste zu, um den eigenen Glauben zu stärken und sichtbare Erfolge zu erzielen. Sie wissen, dass tägliches Training und die damit einhergehenden Verbesserungen das allerbeste Rezept gegen Selbstzweifel ist.

3. *Dankbarkeit:* Sie sind dankbar und wissen jeden Aspekt ihrer Reise zu schätzen: Auch die Rückschläge, auch die Niederlagen, auch die Verluste. Sie haben erkannt, dass das Scheitern kein endgültiger Zustand ist, sondern nur eine Zwischenstation, eine wichtige Phase auf dem Weg zum Erfolg.

DER WUNSCHZETTEL DER VERÄNDERUNG

Stell dir vor ...
- du würdest jeden Abend wohlig einschlafen,
- du würdest nie mehr Angst vor deinen Ängsten haben,
- du würdest die Person im Spiegel richtig gut finden,
- du würdest dich nicht mehr so einsam und verloren fühlen,
- du würdest mehr Geld verdienen,
- du würdest den neuen Job bekommen,
- du würdest keine Rückenschmerzen mehr haben,
- du würdest wieder echte Lebensfreude entwickeln,
- du würdest dich wieder mit deinen Eltern versöhnen,
- du würdest zehn Kilo abnehmen,
- du würdest einen Partner finden,
- du würdest in deinem Beruf erfolgreicher sein,
- du würdest selbstbewusster durchs Leben gehen,
- du würdest von deiner Umwelt endlich wahrgenommen werden,
- du würdest besser mit Kritik umgehen können,
- du würdest kochen können,
- du würdest neue Freunde finden,
- du würdest dich in deinem Körper wohlfühlen,
- du würdest all den Ballast loswerden, der dich nachts nicht schlafen lässt,
- du würdest dich sexy fühlen,
- du würdest wieder Abenteuer erleben,
- du würdest jeden Morgen voller Euphorie den neuen Tag begrüßen,
- du würdest diesen Traum wirklich leben,
- du ....

Kommen dir einige dieser Punkte bekannt vor? Falls nicht, füge diese eine Sache, die dich am meisten belastet, einfach in der untersten Zeile dazu. Und jetzt schließe wieder die Augen und versuche, dir diese Situation genau vorzustellen. Nur für einen Augenblick. Wie fühlt sich das an? Fängt es schon an zu kribbeln? Würdest du am liebsten augenblicklich loslegen (bitte, nur zu!) oder ist der Nebel noch zu dicht? Was auch immer du auf deinem Wunschzettel der Veränderung dick angestrichen hast, ob einen Punkt oder mehrere, es läuft auf eine Frage hinaus:

WAS WIRST DU JETZT UNTERNEHMEN?

Wirst du wieder Gründe nennen, die erklären, warum du deine Situation nicht verändern kannst, oder wirst du dein Glück aktiv in die Hand nehmen? Du bist gar nicht so weit von diesem Leben entfernt. Es ist denkbar. Du hast es dir, während deine Augen geschlossen waren, selbst bewiesen. Und wenn es denkbar ist, ist es möglich. Und wenn es möglich ist, kannst du es schaffen.

- ◇ Etwas Altes aufgeben, auch wenn es mich unglücklich oder gar krankmacht?
  Unmöglich, zu viel Angst vor der Ungewissheit!
- ◇ Etwas Neues beginnen?
  Leider zu spät! Und selbst wenn nicht, ich wüsste nicht wie, mit wem, wo und überhaupt...

Millionen Menschen denken genauso. Permanent reden wir uns ein, wir seien nicht gut, stark oder jung genug, um ein gewisses Ziel zu erreichen. Und bevor wir beginnen, es wenigstens zu versuchen, geben wir schon auf. Wir verwechseln diese Stimme, die zu uns spricht, mit der Realität, und schaufeln uns so unser eigenes Grab. Deshalb an dieser Stelle mein Mantra noch einmal: Ändere deine Gedanken, und du änderst deine Welt!

BIST DU DER MENSCH, DER DU IMMER WERDEN WOLLTEST?

*»Das Geheimnis von Veränderung besteht darin,
deine ganze Energie darauf zu konzentrieren,
Neues aufzubauen, statt Altes zu bekämpfen.«*
SOKRATES

Nichts bleibt, wie es ist. Das Leben befindet sich in einem ständigen Fluss. Zustände, Gefühle, Gedanken – alles bewegt sich, alles ist vergänglich. Die Natur kennt keinen Stillstand. Warum glauben wir Menschen aber, dass wir eine Ausnahme bilden? Schließlich sind wir Bestandteil dieser Natur und dieser Welt.
Als ich meinen achtzehnten Geburtstag gefeiert habe, dachte ich, dass so, wie mein Leben zu diesem Zeitpunkt war, auch mein zukünftiges Leben wäre, dass ich also mit meiner Volljährigkeit nun die Person geworden bin, die ich immer werden sollte. Komisch ist nur, dass ich mit 28 exakt das Gleiche gedacht habe. Und selbst jetzt, mit 38, ertappe ich mich hin und wieder bei diesem Gedanken. Wenn ich diese drei Ichs nun miteinander vergleiche, von denen ich zu den jeweiligen Zeitpunkten felsenfest annahm, dass das der endgültige Lars wäre, dann können sie unterschiedlicher nicht sein. Mein Freundeskreis, meine Gewohnheiten, meine Interessen, meine Gedanken – alles änderte sich mit der Zeit, die ins Land strich! Wir unterliegen dem Irrglauben, dass wir zu jedem Zeitpunkt unseres Lebens die Version unseres endgültigen Ichs erreicht haben. Ist das nicht seltsam?

LASS DEINE FANTASIE SPIELEN

Der Grund dafür liegt, so glaube ich, in unserer schwach ausgeprägten Vorstellungskraft. Uns fehlt einfach die Fantasie. Wäre die Kunst der Vorstellungskraft ein Schulfach, würde unsere Welt heute völlig anders aussehen, da sie aber viel zu selten gefördert wird, verkümmert sie mit der Zeit. Wir Menschen haben schlichtweg keine Übung darin, uns gewisse Dinge bildlich in der Zukunft auszumalen – wer wir sein könnten, was wir tun könnten und vor allem wie wir uns an diesem Ort fühlen würden. Und weil uns diese Vorstellungskraft fehlt, greifen wir auf Bilder aus unserer Vergangenheit zurück. Dort waren wir schon. Das kennen wir. Aber wir haben enorme Schwierigkeiten damit, uns vorzustellen, dass in drei Jahren alles ganz anders sein könnte. An diesem Punkt passiert die Katastrophe. Wir interpretieren unsere Gedanken falsch. »Ich, ein großer Champion, ein Profisportler, eine Mutter, ein Professor, eine Ärztin, eine Geschäftsführerin? Schön wär's, aber das kann ich mir beim besten Willen nicht vorstellen.« Was wir mit diesem Satz wirklich meinen, ist lediglich unsere fehlende Fantasie und nicht das Ergebnis selbst. Wenn es Jahre später nämlich doch eintritt, ist es für uns dann das Normalste der Welt. Warum? Weil wir den Weg dorthin wirklich gegangen sind, die gespeicherten Bilder unserer Vergangenheit jederzeit als Referenz abrufen können und es uns nicht mehr nur vorstellen müssen. Drei Beispiele:

- ◇ Früh zu Bett gehen.
- ◇ Das Zimmer / Haus nicht verlassen.
- ◇ Frischen Spinat essen.

Als Kind empfanden wir diese Punkte oftmals als Bestrafungen. Zwei Jahrzehnte später würden viele Erwachsene die gleichen Punkte mit einem hoffnungsfrohen Lächeln als das exakte Gegenteil bezeichnen. Die Zeit ändert einfach alles. Nichts ist für immer. Als du das erste Mal Liebeskummer hattest, dachtest du sicher, dass dieses Gefühl von Schmerz und Leid niemals enden würde. Heute bist du froh und dankbar, dass diese Person kein Teil deines Lebens mehr ist. Frag dich selbst: Ist dein Lieblingsgericht heute immer noch das gleiche wie damals, als du noch zu Hause bei deinen Eltern gewohnt hast? Sind die Orte, an denen du heute Urlaub machst, die Bücher, die du liest, die Filme, die du dir im Kino ansiehst, die Themen, über die du mit deinen Freunden bei einer Flasche Rotwein diskutierst, immer noch die gleichen wie vor zehn Jahren? Die Wahrheit ist: In einem Jahr wirst du nicht mehr der gleiche Mensch wie heute sein. Du bist heute schon nicht mehr der, der du gestern warst.

DU KANNST ENTSCHEIDEN

Eines Tages kam ein junger Mann zum Philosophen Sokrates und fragte: »Was ist das Geheimnis eines erfolgreichen Lebens?« Sokrates antwortete: »Komm morgen früh zum Fluss.« Am nächsten Morgen standen die beiden am Ufer und Sokrates sagte: »Wir gehen jetzt schwimmen!« Obwohl ihm das Wasser zu kalt war, folgte der junge Mann bereitwillig. Als sie schließlich bis zum Hals im Wasser standen, packte Sokrates ihn und drückte seinen Kopf tief unter Wasser. Der arme Kerl wehrte sich verzweifelt, aber der Alte ließ ihn nicht los. Nach einer Weile lockerte er seinen Griff und ließ den jungen Mann los, der völlig außer sich war. Sokrates, der ganz ruhig blieb, fragte schließlich: »Als du dort unten im Wasser warst, was wolltest du am meisten?« – »Was meinst du?«, fragte der junge Mann überrascht. »Wonach hast du dich am meisten gesehnt?« – »Nach Luft natürlich!«, rief der junge Mann. »Siehst du«, sagte Sokrates, »das ist das Geheimnis des Erfolges. Wenn du es so sehr willst, wie du gerade Luft atmen wolltest, als du unter Wasser warst, dann wirst du auch Erfolg haben.« – »Du meinst, ich kann es selbst entscheiden?« – »Jetzt.«

WENN ES DOCH NUR SO EINFACH WÄRE

»Lass deine Träume nicht nur Träume bleiben.«
JACK JOHNSON

Wäre es nicht unglaublich schön und unendlich befreiend, wenn du schon bald mit einem dicken Grinsen im Gesicht einen Notizzettel an deinen Badezimmerspiegel heften könntest, auf dem in deiner Handschrift geschrieben steht: »Ich liebe die Person, die ich geworden bin.« Ich kann deine Gedanken lesen: »Wenn es doch nur so einfach wäre!« Dieser Satz ist gefährlich, weil er als Generalentschuldigung jede Motivation im Nu im Keim erstickt. Aber warum muss alles einfach sein?

ALLER ANFANG IST SCHWER

Lohnt es sich denn gar nicht, sich für etwas, was einem wichtig ist, auch entsprechend anzustrengen? Denn wenn es sich nicht lohnt, wenn es keine Mühen und Entbehrungen kostet, warum soll man diese eine Sache, die einem angeblich so viel bedeutet, dann überhaupt bekommen? Liegt das wahre Glück nicht im Weg dahin, dass man für seinen Traum gekämpft, sich angestrengt, an sich geglaubt und all die Hürden überwunden haben muss? Glaubst du ernsthaft, für all die Menschen, die du bewunderst, war der Anfang einfach?

> *Jede positive Veränderung in deinem Leben beginnt mit einer klaren und unmissverständlichen Entscheidung für oder gegen eine bestimmte Sache.*

◇ *Du willst dein Traumgewicht erreichen?* Kein Problem: Ändere deine Ernährung, verzichte auf Süßigkeiten, verzichte auf Alkohol, gehe fünfmal in der Woche morgens für 30 Minuten joggen und mache abends ein Work-out. »Wenn es doch nur so einfach wäre!«

◇ *Du willst deinen Traumpartner finden?* Kein Problem: Zerstöre deine Mauer um dich herum. Sei ehrlich zu dir selbst, finde heraus, welche Unsicherheiten dich zurückhalten, und zeige der Welt, wie schön du bist. »Wenn es doch nur so einfach wäre!«

◇ *Du willst deinen Traumjob bekommen?* Kein Problem: Bilde dich weiter, lies fünf Bücher in der Woche und arbeite Tag und Nacht, um auf deinem Gebiet noch besser zu werden. Setze echte Prioritäten, lass die anderen an den Samstagabenden ausgehen, verschenke deinen Fernseher, wenn er dich vom Wesentlichen ablenkt und werde der beste Kandidat, den sich dein neuer Chef vorstellen kann. »Wenn es doch nur so einfach wäre!«

Manche Wahrheiten möchte man am liebsten für immer tief in einem Loch vergraben, aber sie werden dadurch nicht weniger wahr. Während du dich immer noch ungerecht behandelt fühlst und deine Eltern, deine Lehrer, deine Umstände oder deinen Expartner verfluchst, haben jene Menschen, die ihr Leben wirklich leben, schon ihr erstes Trainingsprogramm absolviert, die erste Bewerbung abgeschickt oder im Café den süßen Typen angesprochen. Das ist der Unterschied! Du kannst deine Vergangenheit nicht mehr ändern. Du lebst dort nicht mehr. Du wirst an diesen Ort nie mehr zurückkehren. Aber deine Zukunft kannst du beeinflussen. Hier und jetzt. In der Gegenwart. In diesem Augenblick. Du kannst jetzt eine Entscheidung treffen, die den Rest deines Lebens betrifft. Du kannst dein eigenes Vorbild werden. Du kannst jetzt laut und deutlich und ohne Zweifel sagen: »Schluss damit – ich habe genug gelitten!«

SEI MUTIG, SEI EHRLICH ZU DIR SELBST

Es gehört eine große Portion Mut dazu, diese Wahrheit, die mit der Veränderung kommt, auch wirklich hören zu wollen. Du musst ehrlich zu dir sein. Keine Selbstlügen mehr. Anders geht es nicht. Die meisten Menschen wissen ganz genau, was sie tun müssten, um zu ihrem Glück zu gelangen, aber die Angst, dass sich ihr Status quo ändert, auch wenn der sie unglücklich macht, hindert sie daran. Lieber bleiben sie in ihrem gewohnten Leid gefangen, das sie so gut kennen, als endlich in ihrem Leben aufzuräumen. Die bittere Wahrheit ist: Sie wollen es nicht genug. Sie glauben es zwar, aber am Ende sind sie eben doch nicht bereit, ihre persönlichen Grenzen zu überschreiten. Sie geben auf und sagen »Nein« zu sich selbst, bevor sie überhaupt damit begonnen haben. Auf dem Sofa ist es eben zu gemütlich, das Fernsehprogramm zu verführerisch, die Pizza und das Zitroneneis an einem warmen Sommertag zu lecker, die Angst, etwas falsch zu machen, zu groß.

Du bist der Drehbuchautor deines Lebens

Es ist schon erstaunlich, wie viele Menschen sich selbst betrügen und sich mit ihrem Unglücklichsein abgefunden haben. Sie leben nicht ihr Leben, sie spielen eine Rolle. Sie sind Schauspieler in einem Film, in dem sie nicht selbst das Drehbuch geschrieben haben. Und dann, wenn die Kamera ausgeht, wenn niemand mehr zusieht, verkriechen sie sich weinend unter ihre Decke voller Selbstmitleid und Frustration und gehen daran innerlich zugrunde. Willst du so sein? Willst du so werden?

Denke immer daran: Du bist der Drehbuchautor deines Lebens. Hab keine Angst davor, dein wahres Gesicht zu zeigen. Solange du mit der Person glücklich bist, die dich jeden Morgen im Spiegel anlächelt, ist die Meinung anderer über dich völlig egal. Hin und wieder musst du einige Türen für immer schließen, damit andere sich öffnen können. Hab Vertrauen! Manchmal ist es besser zu ignorieren, was du fühlst, und dich daran zu erinnern, was du verdienst … das Beste!

ZEHN ERINNERUNGEN FÜR DICH, DIE IM TRUBEL DES ALLTAGS VIEL ZU SCHNELL ÜBERSEHEN WERDEN

1. Sei stolz auf dich und alles, was du geleistet hast.
2. Nutze deine Angst als Treibstoff, nicht als Bremse.
3. Verwende in Gesprächen immer jene Worte, die du selbst gerne hören möchtest.
4. Verbringe mehr Zeit mit den Menschen, die du wirklich liebst.
5. Wenn du nicht fragst, heißt die Antwort immer Nein.
6. Probiere etwas Neues aus.
7. Du musst nicht auf alles eine Antwort haben.
8. Du bist niemals zu alt, um dir einen deiner Träume zu verwirklichen.
9. Suche dein Glück nicht bei anderen Menschen.
10. Überrasche dich selbst!

ALLER ANFANG IST SCHWER! WARUM EIGENTLICH?

*»Schäme dich nicht für deine Niederlagen,
sondern lerne aus ihnen
und probiere es erneut.«*

. RICHARD BRANSON

Ich erlebe es immer wieder, an Geburtstagen oder an Silvester, dass viele Menschen noch euphorisch sind: »Das wird mein Jahr. Ab sofort wird alles anders. Jetzt pack ich es an. Ich meine, so wirklich!« Und dann wird das gerade angebrochene neue Jahr doch wieder nur eine langweilige Kopie des vergangenen Jahres. Warum fällt uns die Umsetzung dieser Veränderung, die wir ja tatsächlich wollen, so unendlich schwer? An welchem Punkt der Strecke knicken wir ein?

Jedes Mal, wenn wir dabei sind, eine alte Gewohnheit abzulegen oder eine neue Fähigkeit zu erlernen und zu verankern oder ganz generell besser in etwas zu werden, findet in unseren Zellen ein chemischer Prozess statt. An dieser Stelle kommen viele bereits ins Stolpern, weil sie all die lustigen Dinge, die in ihrem Körper passieren, völlig falsch deuten. Sie stoppen ihre Challenge, vergessen ihr Vorhaben und geben auf. Nicht, weil sie es so wollen, sondern weil sie in dem Augenblick felsenfest der Meinung sind, dass sie keine andere Wahl haben. Sie verwechseln diesen natürlichen Prozess mit persönlichen Gefühlen und glauben ihrer eigenen fehlerhaften Interpretation. Somit bleibt ihnen gar keine andere Möglichkeit, als das Handtuch zu werfen und geschlagen aus dem Ring zu steigen.

ALLES EINE FRAGE DES PROGRAMMS

Das Geheimnis verbirgt sich in unseren Zellen. Warum aber sind sie so entscheidend? Schließlich sind wir es doch, die aufgeben, nicht unsere Zellen. Du musst wissen, dass unsere Zellen zwei Dinge tun: Informationen empfangen und sich vervielfältigen, und zwar 24 Stunden am Tag. Das ist deswegen so wichtig zu wissen, weil in deinen Zellen genau das passiert, wenn du den Prozess der Veränderung durchläufst. Wenn wir damit anfangen, etwas Neues zu lernen oder eine schlechte Angewohnheit abzulegen, werden die Glückshormone Dopamin und Serotonin ausgeschüttet, was dazu führt, dass in uns positive Gefühle entstehen. Das Problem ist aber, dass unsere Zellen an diese Glücksgefühle noch nicht wirklich gewöhnt sind. Im Gegenteil, sie sind es gewöhnt, mit dem Stresshormon Cortisol bombardiert zu werden. Sie haben sich darauf eingestellt, täglich ihre Dosis Stress zu bekommen. Zur Erinnerung: Unsere Zellen sind Informationsempfänger. Stell sie dir wie gefräßige, nimmersatte kleine Monster vor, die permanent gefüttert werden wollen. Aus ihrer Erfahrung wissen sie, dass du sie täglich mit neuem Mist fütterst. Sie haben sich darauf eingestellt, von dir ihr geliebtes Cortisol zu bekommen, und betteln nun förmlich darum. Deine Zellen sind kleine Junkies geworden und das Stresshormon ist ihre Droge. Was machen sie also? Sie schicken dir Informationen in Form von kleinen Sätzen, die durch dein Gehirn strömen: »Ich brauche mehr Cortisol, gib mir sofort mehr Stress!«

Wie Gewohnheiten entstehen

Wenn du dich also wunderst, warum du ständig so gestresst und genervt bist, warum du dich missverstanden fühlst und glaubst, die ganze Welt habe sich gegen dich verschworen, dann liegt das nicht daran, dass du ein schlechter Mensch bist und niemand mit dir Zeit verbringen will. Deine Zellen haben sich einfach nur darauf eingestellt, was du ihnen jahrelang auf den Gabentisch gelegt hast, und sich daran gewöhnt. Jetzt kommst du plötzlich fröhlich pfeifend und gut gelaunt daher, probierst etwas Neues aus, fühlst dich super, und anstatt dich auf deiner neuen Reise zu unterstützen, rufen deine Zellen dir sofort völlig genervt zu: »Ähhh, hallo? Wo ist unser Stress? Fühl dich gefälligst wieder schlecht, damit wir unsere Droge bekommen.«

Wie gesagt, an dieser Stelle knicken die meisten Menschen ein. Sie geben dem Geschrei ihrer Zellen nach, werfen das Handtuch und machen genauso weiter wie zuvor – und fühlen sich schlecht. Nicht nur, weil sie aufgegeben haben, sondern auch, weil sie glauben, an ihrer Situation, die sie unglücklich macht, nichts ändern zu können. Wenn du an diesem Punkt aber dabeibleibst, die Veränderung annimmst und eben nicht aufgibst, passiert in dir eine magische Verwandlung: Deine Zellen empfangen immer mehr Glückshormone, und da sich unsere Zellen bekanntlich permanent teilen, werden die voller Glück auch immer mehr. Deine Armee an Zellen, die jetzt nach Glückshormonen rufen, wird mit jedem Training größer und mächtiger und einflussreicher. Mit der Zeit beginnen sie die Überhand zu gewinnen und wollen logischerweise, dass du sie ab sofort regelmäßig mit Glückshormonen versorgst.

LASS ES UNS SCHRITT FÜR SCHRITT DURCHGEHEN!

Du bist euphorisch, weil du endlich mit dem neuen Fitnessprogramm anfangen möchtest. Du hast genug davon, mehr Zeit auf dem Sofa zu verbringen, wo du dein Leben verschläfst, als draußen in der Welt, wo all die Abenteuer auf dich warten. Du bist es leid, permanent gefrustet zu sein, ohne Selbstvertrauen und voller Selbstzweifel, weswegen du endlich aufspringst und sagst: »Mir reicht's! Ich melde mich zum Sport an. Woohoo!«

Du beginnst, deine Glückshormone auf die Reise zu schicken. Dieser Prozess ist erst einmal ungewohnt für dich, dein ganzer Körper kribbelt und du hast das Gefühl, unter Strom zu stehen. Deine Zellen sind an diese positive Energie noch nicht gewöhnt und kommen damit erst mal nicht klar. Sie »schütteln« sich und suchen nach einem neuen Rezeptor, also einem neuen Empfänger, um diese Information schnellstmöglich zu verarbeiten. Dieses »Schütteln«, diese Veränderung des Status quo, ist ausschlaggebend, und der Zeitpunkt, den ich oben beschrieben habe, an dem die meisten Menschen das Handtuch werfen. Sie wehren sich gegen das Neue, weil sie den biochemischen Prozess ihres Körpers fehldeuten, ihn auf die persönliche Gefühlsebene holen und sich aus Unsicherheit denken: Hmm, das fühlt sich irgendwie komisch an. Oder: Neee, das ist doch nicht das Richtige für mich. Sie fügen der natürlichen biologischen Veränderung, die in den Zellen stattfindet, eine eigene persönliche Geschichte hinzu, die oftmals mit den Sätzen endet:

- »Ich bin eben nicht gut genug.«
- »Ich werde es nie schaffen.«
- »Das ist einfach nichts für mich.«
- »Ich bin doch kein Gewinner.«

Jetzt muss dir bewusst sein, dass deine Zellen automatisch ihre Bedürfnisse befriedigen wollen, weil Teile von ihnen immer noch nach dem Cortisol schreien. Und da du wahrscheinlich nicht zölibatär in einem buddhistischen Kloster in Tibet lebst, wo du den halben Tag meditierst, sondern während deines Alltages immer wieder in stressige Momente kommst (im Job, mit Freunden, deinem Partner et cetera), bekommen sie das Cortisol auch in unterschiedlich hohen Dosierungen von dir. Der Trick besteht nun darin, diesem fast schon reflexartigen Zwang, nachzugeben und das Handtuch zu schmeißen, eben nicht nachzukommen. Wenn du in diesen Momenten das Training nicht abbrichst, wirst du es auch nachhaltig schaffen, deine neue Gewohnheit fest in deinem Leben zu etablieren. Die größten Durchbrüche finden immer dann statt, wenn du dir nichts sehnlicher wünscht, als alles hinzuschmeißen, es aber nicht tust und durchhältst.

Dieses Wissen über unsere Zellen hat mein Leben radikal verändert und ich wünsche mir nichts sehnlicher, dass es dir ähnlich ergehen wird. Wäre es nicht fantastisch, wenn du mir in einem halben Jahr ein Brief schreiben und mir von all deinen unglaublichen Erfolgen erzählen würdest?

Du weißt jetzt, was auf dich zukommt und dass dieses komische Gefühl am Anfang deiner Reise nichts mit dir persönlich zu tun hat. Du bist vorbereitet. Es gibt plötzlich eine Erklärung dafür, warum du in der Vergangenheit aufgegeben hast, obwohl du wusstest, dass es dir eigentlich gutgetan hätte, es nicht zu tun. Dieses Wissen gibt dir ab sofort Sicherheit und nimmt den Druck, weil du jetzt weißt, was dich erwartet.

Eine einfache Faustregel auf deinem neuen Weg lautet: Tu ab sofort nur noch Dinge, von denen du weißt, dass deine neuen Zellen sie lieben werden.

Du weißt jetzt, dass dieses superpositive Gefühl der Euphorie des ersten Tages nicht für immer anhalten wird.

Du weißt jetzt, dass der erste Tag einfach wird, der zweite auch noch, aber dass sich schon am dritten Tag der erste kleine Widerstand regen wird, Schmerzen bewusster wahrgenommen und gekonnt fehlgedeutet werden.

Du weißt jetzt, dass du am vierten Tag kämpfen und dich fragen wirst, ob Sport überhaupt dein Ding sei.

Du weißt jetzt, dass du am fünften Tag ernsthaft überlegen wirst, aufzugeben. Wenn du an dieser Stelle abbrichst, möchte ich dir Folgendes sagen: Die Veränderung wäre eingetreten, wenn du nur noch etwas länger durchgehalten hättest, denn sobald sich deine Zellen ans Dopamin und Serotonin gewöhnt hätten, wäre es nicht nur von Tag zu Tag einfacher geworden, sie hätten sogar immer mehr davon eingefordert, was bedeutet hätte, dass du in deinem Alltag nach Aktivitäten gesucht hättest, die diese Hormone in dir gelockt hätten. Du hättest alte Gewohnheiten durchbrochen und neue etabliert und wärest ein glücklicherer Mensch geworden.

> ## ZEHN DINGE, DIE SOFORT GLÜCKLICH MACHEN
>
> 1. *Lächle* (so oft wie möglich).
> 2. *Kümmere dich um deinen Schlaf* (er ist dein Lebenselixier).
> 3. *Übe dich in Dankbarkeit* (und sag es auch laut und deutlich: »Danke!«).
> 4. *Hilf Menschen,* ohne dafür eine Gegenleistung zu erwarten (so oft wie möglich).
> 5. *Trainiere deinen Körper* (mindestens 20 Minuten pro Tag).
> 6. *Gehe an die frische Luft* (vor allem, wenn es regnet).
> 7. *Lerne kochen* (und lade deine Freunde ein).
> 8. *Plane zu verreisen* (du musst es nicht tun, der Gedanke zählt).
> 9. *Erlerne ein Musikinstrument* (du musst kein Meister darin werden).
> 10. *Übe zu meditieren* (15 Minuten am Morgen und 15 Minuten am Abend).

ANGSTHASE ODER ABENTEURER?

*»Meine Freunde halten mich für einen Irren.
Aber das bin ich nicht. Ich bin nur so,
wie sie wären, wenn sie nicht so viel Angst hätten.«*
JOHNNY DEPP

In der Phase des ersten Widerstandes, also wenn es brenzlig wird und wir uns zwischen Weitermachen und Aufgeben entscheiden müssen, kann man die Menschen in zwei Kategorien aufteilen: die Angsthasen und die Abenteurer.

TYPISCH ANGSTHASE

Der Unterschied ist schnell erklärt: Der Angsthase in uns wird, sobald er vor einer neuen Herausforderung steht, es schwierig wird oder sich sonstige gravierende Veränderungen anbahnen, automatisch mit dem Selbstgespräch beginnen und sich eine demotivierende Geschichte erzählen. Er fühlt das »Schütteln der Zellen« und fügt dem Ganzen eine Geschichte hinzu: »Ich bin nicht gut genug… das fühlt sich nicht richtig an… ich werde es nie schaffen… warum soll ich mir überhaupt Mühe geben… ich war schon immer so… ein Versager, ein Loser, ein wertloser Taugenichts.« Wenn die Geschichte, die sich der Angsthase über sich selbst erzählt, also um diese Themen kreist, was glaubst du, wird dann passieren? Er wird aufgeben! Das Interessante ist, dass sich die Geschichten, die unser innerer Angsthase erfindet, immer um die gleichen drei Themen drehen: Stillstand, Langeweile und der tiefe Wunsch nach Sicherheit. Wenn du also der Meinung bist, in deinem Leben nicht wirklich voranzukommen (Stillstand), sich deine Tage permanent wiederholen und nie etwas Neues passiert (Langeweile) und du für jede noch so winzige Entscheidung eine doppelte Absicherung brauchst (Wunsch nach Sicherheit), dann hast du dem Angsthasen in dir die Kontrolle über dein Leben gegeben. Er steuert dich und macht mit dir, was er will. Kurz: Er sorgt dafür, dass du leidest.

TYPISCH ABENTEURER

Wie du dir vielleicht denken kannst, sieht die Situation bei jenen Menschen, die dem inneren Abenteurer das Steuer übergeben haben, exakt gegenteilig aus. Wenn sie auf den oben beschriebenen Widerstand stoßen, nehmen sie die gleiche Situation völlig anders wahr. Sie fühlen sich während der Phase der Veränderung wirklich wohl und würden eher Sätze sagen wie: »Ich kann es gar nicht erwarten, endlich die Resultate zu sehen«, oder: »Ich bin gespannt, was sich aus dieser tollen Möglichkeit noch alles ergeben wird«, oder: »Wenn ich diese Hürde erst mal geschafft habe, wow, dann will ich gar nicht wissen, was ich noch alles erreichen kann«, oder: »Ich lerne gerade wahnsinnig viel über mich, über meine Grenzen, über mein Leben, über meinen Geist, über meinen Körper. Damit hätte ich niemals gerechnet.« Um diese Geisteshaltung dreht sich die Lebenseinstellung des inneren Abenteurers. Auch die Geschichten, die er sich ständig erzählt, lassen sich in drei große Themen unterteilen: Wachstum, Selbstvertrauen und Spannung.

Wenn die Kategorien des Angsthasen in der Geschichte, die er sich wieder und wieder erzählt, aufeinandertreffen, passiert gar nichts. Stillstand, Langeweile und der tiefe Wunsch nach Sicherheit werden sich immer gegenseitig blockieren. Wenn allerdings die Kategorien des Abenteurers aufeinandertreffen, passiert etwas Magisches und eine Eigendynamik entsteht, die eine schöpferische Kraft erzeugt. Wenn wir in unserer Persönlichkeit wachsen und uns dabei gut fühlen, bewegen sich die Dinge um uns herum, unsere Welt verändert sich – Eigendynamik entsteht. Und Eigendynamik ist das Gegenteil von Stillstand. Wenn dein Selbstvertrauen auf ein neues Abenteuer trifft, entsteht positive Aufregung. Und dieses Gefühl, es nicht erwarten zu können, weil du so sehr darauf brennst, endlich loszulegen, ist das Gegenteil von Langeweile. Letztlich bleiben noch Wachstum und Spannung. Wenn diese beiden Kategorien aufeinandertreffen, entsteht Veränderung. Wenn wir uns in ein unbekanntes Abenteuer aufmachen, also unsere berühmte Komfortzone verlassen, die Nestwärme und gewohnte Sicherheit aufgeben, und schließlich an dieser Aufgabe wachsen und stärker werden, dann verwandeln wir uns in einen Superhelden. An diesem Punkt haben wir gewonnen.

Denke immer daran: Du wirst dein Leben nicht ändern, wenn du nicht etwas veränderst, was du jeden Tag tust. Deine Komfortzone ist ein wunderbarer Ort, sehr angenehm und bequem, aber dort wird niemals etwas entstehen, was dir tiefe innere Freude bereitet. Lass dir von keinem einreden, und schon gar nicht von dem Angsthasen in dir, dass du etwas nicht schaffen kannst. Ich weiß, dass du es kannst.

FÜNF PRAKTISCHE SCHRITTE, WIE AUS DEM ANGSTHASEN IN DIR EIN ABENTEURER WIRD

1. Erreiche Klarheit

Entwickle eine klare Vorstellung von deinem Vorhaben. Ich meine damit nicht die große Vision von deinem Leben, sondern nur diese eine Sache. Es geht nur um diese eine Gewohnheit, die du dir abgewöhnen oder antrainieren willst.

Die folgenden vier Fragen können dir dabei behilflich sein:

◇ Was genau willst du ändern?
◇ Warum willst du es ändern?
◇ Worin liegen deine Vorteile, wenn du es änderst?
◇ Wie sieht wohl der Rest deines Lebens aus, wenn der Angsthase in dir weiterhin die Kontrolle behält und keine Veränderung zulässt?

Nimm dir einen Zettel und schreib deine Antworten auf. Werde so konkret wie möglich, wie dein Vorhaben dein neues Leben verbessern wird. Und sei wirklich ehrlich zu dir. Keine Sorge, diese Antworten sind nur für dich bestimmt. Niemand wird sie lesen. Niemand wird dich auslachen. Wenn du zum Beispiel auf die Frage »Warum willst du es ändern?« antwortest: »Damit ich nackt gut aussehe und ich mich nicht weiter schämen muss«, dann ist das völlig in Ordnung. Du musst dich für deine Entscheidung auch nicht rechtfertigen!

Nehmen wir an, du machst eine zehntägige Detox-Challenge, weil du dir etwas Gutes tun möchtest. Du bereitest dich auf diese Zeit vor und du weißt im Geiste schon ganz genau, wie die kommenden zehn Tage im Einzelnen aussehen werden. Noch einmal: Es geht hierbei nicht um den Rest deines Lebens, sondern lediglich um die nächsten zehn Tage. Das ist schon sehr konkret. Es gibt einen Plan, eine tägliche Routine, einen geregelten Ablauf, einen Anfang und ein Ende. Darauf allein ist dein Fokus gerichtet und nicht auf den Wunsch, der perfekte und supergesunde Übermensch zu werden, der ab sofort für immer auf Pizza und Bier verzichtet. In deinem Kopf herrscht über deine Zielsetzung absolute Klarheit. Das ist entscheidend. Es bleiben keine Frage offen, keine Unsicherheiten. Also werde dir über dein Vorhaben im Klaren, was du erreichen willst, warum du es erreichen willst und worin deine Vorteile liegen, wenn du dein Ziel erreicht hast.

2. Setze dir Mini-Ziele

Hier geht es vor allem darum, den berühmten »Schweinehund« zu überwinden und dich selbst ein stückweit auszutricksen. Wenn du beispielsweise zehn Kilogramm abnehmen willst, scheint das Ziel am Anfang sehr weit weg zu sein. Der schnelle und sichtbare Erfolg bleibt erst mal aus und die Motivation, die Sporttasche zu packen und ins Fitnessstudio zu gehen, ist eher gering. Es geht also darum, dir so schnell wie möglich ein Erfolgserlebnis zu verschaffen, damit du Lust auf mehr bekommst. Was muss man tun, bevor man zum Sport geht? Man muss sich umziehen. Wenn ich also fest vorhabe, ab sofort viermal pro Woche joggen zu gehen, dann besteht mein erstes Mini-Ziel darin, mir viermal pro Woche zu Hause meine Sporthose anzuziehen. Die Wahrscheinlichkeit, dass ich nach diesem ersten Schritt auch den zweiten mache, also aus der Tür zu gehen, ist jetzt ziemlich hoch. Mein Mini-Ziel, das ich klar für mich formuliere, heißt also nicht: »viermal pro Woche joggen gehen«, sondern: »viermal pro Woche zu Hause meine neue Sporthose anziehen«.

Vielleicht kommt dir das etwas unsinnig vor, aber es geht hierbei lediglich darum, dieses Gefühl von »Ich komme niemals an mein Ziel« auszuschalten, weil du dich durch die vielen Mini-Ziele unbewusst nämlich längst auf den Weg gemacht hast. Dein nächstes Mini-Ziel lautet: »viermal pro Woche mit meiner neuen Sporthose vor die Tür treten (mit der Absicht, joggen zu gehen)«. Wir befinden uns immer noch zu Hause, der Park, in dem du joggst, ist noch genauso weit weg wie vorher, aber wir haben schon zwei Mini-Ziele erreicht, die ersten Erfolge wurden eingefahren, und somit haben wir schon einen ersten kleinen Dopaminschub bekommen.

Schließe für einen Moment deine Augen und stell es dir vor. Dieses Gefühl von Aufregung, diese kribbelige Erwartungshaltung, weil du auf einmal die Kontrolle über dein Leben zurückgewinnst. Es geht um das Gefühl, selbst wieder derjenige zu sein, der die Entscheidungen trifft.

3. Konzentriere dich nur auf deinen Fortschritt

Um deine Motivation aufrechtzuerhalten, ist es wichtig, deinen Fortschritt sichtbar zu machen. Ich will dir das anhand der Fotos in deinem Smartphone erklären. Öffne dein Fotoalbum und sieh dir das erste Selfie an, das du gemacht hast. Und jetzt sieh dir das letzte an. Zwischen den Fotos liegen vielleicht vier Jahre, aber du wirst sofort den Unterschied erkennen. Die Veränderung wurde sichtbar! Wenn du dich zum Beispiel dazu entschließt, an einem Coachingprogramm teilzunehmen, für das am Anfang ein klares Ziel definiert wurde, du dir aber keine Mini-Ziele gesetzt hast, wirst du es auf deinem Weg extrem schwer haben. Warum? Weil

DAS NOTIZBUCH AM ABEND

Wenn du deine täglichen Abläufe besser gestalten willst, hier meine Lieblingsgewohnheit, mit der ich enorme Verbesserungen meiner Lebensqualität erreicht habe: Besorg dir ein Notizbuch und schreibe am Abend alles auf, was du am kommenden Tag erreichen möchtest. Es sollten nicht mehr als drei Mini-Ziele sein. Schon der Akt des Aufschreibens wird einen gewaltigen Einfluss auf dein Leben haben, weil du plötzlich die Dinge geregelt bekommst, Wichtiges von Unwichtigem trennst und das Wertvollste gewinnst, was es überhaupt zu gewinnen gibt: Lebenszeit. Du erreichst deine Ziele und hast zusätzlich noch mehr freie Zeit – eine unschlagbare Kombination! Schon das wird eine Lawine an positiven Gefühlen in dir auslösen. Du wirst sogar besser einschlafen, weil du weißt, dass du den nächsten Tag bereits gut vorbereitet hast. Dieses Gefühl gibt dir Ruhe und Zuversicht. Das ist übrigens eines der Markenzeichen der Abenteurer, also jener Menschen, die vieles in ihrem Leben erreichen, was ihnen wichtig ist. Sie sind unglaublich gut darin, im Jetzt zu leben, aber ihr Morgen schon in Gedanken vorzubereiten.

du kein direktes Feedback (von dir selbst) bekommst, weil dein Fortschritt für dich nicht sichtbar wird, weil du dich permanent fragen wirst: Bringt das überhaupt was? Werde ich durch die Übungen überhaupt besser? Schöpfe ich wirklich mein volles Potenzial aus, durch das ich mir mehr Selbstvertrauen erhoffe?

Um beim Fitness-Beispiel zu bleiben, könnten deine Mini-Ziele folgendermaßen aussehen: »Ich möchte die Anzahl der Sit-ups, die ich nacheinander schaffe, innerhalb der nächsten 30 Tage von 15 auf 25 verbessern. Start: heute!« Wenn du über diese kleine Challenge dann eine Liste führst, also Zahlen, die mit einem Datum verknüpft sind, kannst du deine Verbesserungen jeden Tag begutachten. Du hast sie sichtbar gemacht.

MACH ES SICHTBAR!

	Sit-ups	Joggen	Meditation	Gewicht
1.10.2017	15	25 Min.	10 Min.	78,1 kg
2.10.2017	17	22 Min.	10 Min.	77,8 kg
3.10.2017	18	30 Min.	10 Min.	77,5 kg
4.10.2017	18	-	15 Min.	77,2 kg
5.10.2017	18	35 Min.	5 Min.	76,9 kg

Wichtig: Wenn du am sechsten Tag der Challenge nur zehn Sit-ups schaffst, wirst du dich darüber nicht ärgern, du wirst nicht das Gefühl haben, versagt zu haben oder dein Ziel nicht erreichen zu können. Du wirst auf deine Liste gucken und stolz sein, weil du plötzlich daran erinnert wirst, dass du wirklich in der Lage bist, etwas zu verändern. Du bist wertvoll, ein Champion und jede Maßnahme, die du ergreifst, bringt dich deinem Wunschergebnis etwas näher, auch die zehn Sit-ups am sechsten Tag.

Wenn du auf diese Weise an die Aufgaben deines Lebens herangehst, kannst du gar nicht mehr verlieren, weil plötzlich alles ein Gewinn ist.

4. Suche dir Verbündete

Ohne Menschen, mit denen du dich austauschen kannst, wird es sehr schwer, deinen Traum zu realisieren. Es ist nicht unmöglich, aber sehr schwer. Wen meine ich mit »Verbündete«? Das kann ein Coach sein, ein Mentor oder Menschen, die den Weg bereits gegangen sind, der gerade vor dir liegt. Das können bestimmte Freunde sein, eine Selbsthilfegruppe oder eine Online-Community. Einer der großen Vorteile des Internets ist der, dass es für jede noch so kleine Nische eine Plattform gibt, ein Forum, in welchem du Gleichgesinnte findest. Du wirst überall Menschen treffen, die dich auf deinem Weg unterstützen werden und lautstark anfeuern. Wenn du beginnst, dich mit diesen Menschen über deine Visionen und Mini-Ziele auszutauschen, wird etwas ganz Wunderbares passieren: Du beginnst zu teilen – deine Träume, deine Erlebnisse,

Ohne es zu merken, hast du auf diese Weise deine eigene Heldengeschichte entworfen und wirst für viele Menschen in deinem Umfeld zu einem Vorbild, einem echten Champion, einem wahren Leader.

deine Gedanken. Dieser Akt des Teilens ist eine der schönsten Erfahrungen, die man als Mensch machen kann. Du merkst auf einmal, dass deine persönlichen Niederlagen und Erfolge nicht nur dir selbst, sondern auch anderen Menschen nützlich sein können. Sie dienen einem übergeordneten Zweck. Du bist plötzlich am Ziel und stellst fest, dass du die Strecke wahrhaftig vollständig gegangen bist. Du hast auf deinem Weg wertvolles Wissen gesammelt, auf das du jetzt zurückgreifen und an all jene Menschen weitergeben kannst, die genau dort stehen, wo du noch vor Kurzem gestanden bist.

Und wie durch ein Wunder passieren lauter unerwartete Dinge in deinem Leben: Dein Selbstvertrauen verbessert sich, neue Freundschaften entstehen, tagsüber im Büro und abends in den Bars wirst du plötzlich anders wahrgenommen und dein Level an Attraktivität steigert sich bis zum Mond und zurück. Diese Glücksspirale ist dann fast nicht mehr aufzuhalten. Ich sage jetzt ganz bewusst »fast«, denn auf deiner Reise wird nicht immer alles glatt laufen.

5. Bereite dich auf Rückschläge vor

Es werden Phasen kommen, in denen du getestet wirst. Diese Tests treten in der Regel in Form von Rückschlägen auf. Ob du etwas Neues lernen oder etwas Altes aufgeben willst, macht dabei keinen Unterschied. Wenn du erst mal im Matsch liegst und darüber nachdenken musst, wie du dich wieder von dem Schmutz befreien kannst, ist es bereits zu spät. Entscheidend ist nur eine Frage: Wann zieht uns ein Rückschlag, eine Niederlage oder eine Absage den Boden unter den Füßen weg? Die Antwort steht bereits in der Überschrift: wenn wir nicht darauf vorbereitet sind!

Es geht darum, sich im Vorfeld alle möglichen Szenarien auszumalen, sie sich gedanklich vor Augen zu führen und sich währenddessen selbst zu beobachten.

Was werde ich tun, wenn ich kurz vor einem Rückschlag stehe, wenn jemand zu mir sagt: »Hey Lars, möchtest du auch ein Stück Schokoladenkuchen?« Wenn ich gerade dabei bin, die lästigen zehn Kilo um meinen Bauch loszuwerden, besteht der Trick nun darin, mir exakt diese Situation vorzustellen, und zwar bevor sie eintritt. Somit erreiche ich für mich innere Klarheit. Ich kann mich sehen, wie ich dort stehe – das Café ist voller Menschen, es duftet köstlich nach Zimt und Gebäck und frisch gebackenem Kuchen – und ganz sicher und ohne zu zögern ein eindeutiges »Nein danke!« ausspreche. Somit komme ich erst gar nicht in die Verlegenheit, überhaupt darüber nachzudenken, und Sätze wie »Oh, der Kuchen sieht wirklich lecker aus, vielleicht probiere ich ein kleines Stück« oder »Hmm, eigentlich darf ich nicht, aber wenn der Kuchen schon hier steht« sind in dem Augenblick völlig aus meinem Bewusstsein verschwunden. Ich sehe den Kuchen und sage: »Nein, danke«. Es gibt keine andere Option! Warum? Weil ich vorbereitet war. Weil die neue Situation nicht wirklich neu für mich war. In Gedanken bin ich sie schon etliche Male durchgegangen und muss in dem Augenblick der Versuchung nicht mehr darüber entscheiden, ob ich zugreife oder nicht, weil die Entscheidung schon längst von mir getroffen wurde. Durch diese Methode habe ich verhindert, dass die Situation im Café Stress in mir erzeugt, und wir wissen ja mittlerweile, was Stress in unseren Zellen auslöst.

Du kannst diese mentale Vorbereitung auf mögliche Krisensituationen in allen Bereichen deines Lebens anwenden.

Es funktioniert!

Die Methode funktioniert wirklich überall: im Profisport, im Vorstellungsgespräch, im Berufsalltag, in Beziehungen. Wie wäre das legendäre Finale der Fußballweltmeisterschaft 2006 zwischen Frankreich und Italien wohl ausgegangen, wenn sich der Franzose Zinedine Zidane nicht vom Gegner Marco Materazzi hätte provozieren lassen? Wenn es den Kopfstoß und die Rote Karte nicht gegeben hätte? Wenn Zidane im Elfmeterschießen hätte antreten können? Was wäre passiert, wenn Zidane darauf vorbereitet gewesen wäre? Es gibt einen Grund, warum so viele Profisportler mittlerweile einen persönlichen Mental-Coach an ihrer Seite haben, um sich auf ebendiese Situationen vorzubereiten – bevor sie passieren!

Was tust du, wenn du auf der Straße einen süßen Kerl ansprichst und er einfach weitergeht, ohne dich zu beachten? Wie reagierst du, wenn dein Chef deine Arbeit vor versammelter Mannschaft kritisiert? Wie wirst du dich in all diesen Momenten verhalten? Denn es wird passieren. Der Tag wird kommen, an dem du am Boden liegst. Es geht also nicht nur darum, sich an gewisse Gesetzmäßigkeiten zu halten, etwas zu tun oder sein zu lassen, sondern auch um die folgenden Fragen:

- Wie werde ich mich in diesen Situationen fühlen?
- Was werde ich sehen?
- Was werde ich sagen?
- Wie werde ich reagieren?
- Mit wem werde ich darüber reden?
- Wer wird mir helfen?
- Wen kann ich sofort anrufen?
- Habe ich ein funktionierendes Team (Freunde, Familie) um mich, das mich auffängt?

NOTFALLPLAN FÜR ALLE FÄLLE

Erstelle dir für genau diese Augenblicke einen Notfallplan. Schreib alles auf, so detailliert wie möglich. Wenn du diese Punkte im Vorhinein ruhig und sachlich geklärt hast, kann dir nichts mehr passieren. Warum? Weil dich die Situation des Niederschlages dann nicht mehr überwältigt, weil dich der Blitz nicht mehr aus heiterem Himmel trifft, weil du keine wertvolle Lebenszeit damit verschwenden musst, über diese »Katastrophe« erst mal nachzudenken, sondern weil du sofort handeln kannst. Mit diesem Mindset behältst du die Macht über dein Leben und lässt dich nicht fremdbestimmen. Die Kontrolle bleibt bei dir.

Stell dir vor, du bist gerade mitten in einer Ernährungsumstellung. Du hast dich dazu entschieden, im Rahmen einer 30-Tages-Challenge auf raffinierten Zucker zu verzichten. Die ersten vier Tage laufen super. Dann bekommst du spontan einen Auftrag und dein Chef schickt dich für ein wichtiges Meeting für zwei Tage nach London. Wenn du jetzt nicht vorbereitet bist, schüttest du sofort Stresshormone aus, weil du nicht weißt, wie du mit der neuen Situation umgehen sollst. Es besteht nun die große Gefahr, dass du dein Ziel aus den Augen lässt, die Orientierung verlierst und aufgibst.

Wenn du aber jetzt mental darauf vorbereitet bist, dann wird Folgendes passieren: Du setzt dich in aller Ruhe hin und erstellst dir einen ganz exakten Plan über die kommenden zwei Tage. Du hast beispielsweise eine Reise vor dir und bist darauf vorbereitet, eventuelle Ernährungsfallen zu umgehen. Du wirst das Fertigessen im Flugzeug dankend ablehnen und bestellst dafür im Vorfeld in deinem Hotel für das Abendessen ein Gericht mit Gemüse und Salat. In diesen Momenten der Schwäche, in denen du vielleicht normalerweise die Entscheidung treffen würdest, dich von deinem Ziel wieder wegzubewegen, bist du jetzt nicht mehr schwach.

Fünf kleine Tipps

1. *Beginne den Tag mit deiner wichtigsten Arbeit oder der Aufgabe, die am meisten Konzentration erfordert.* Morgens hast du die meiste Energie, die frischesten Augen und noch einen voll aufgeladenen Akku. Nutze diese Power, um dich zuerst um deine Nummer-eins-Priorität zu kümmern.

2. *Setze Prioritäten.* Mache dir einen genauen Plan, was du in dieser Woche für dich erreichen willst. Identifiziere die größte Herausforderung unter allen Aufgaben und überlege dir, Schritt für Schritt, was du dafür tun musst, damit du sie auch zufriedenstellend meistern kannst.

3. *Beachte die 80/20-Regel:* 80 Prozent der Ergebnisse kommen durch 20 Prozent der tatsächlichen Arbeit. Fokussiere dich auf das Wesentliche und eliminiere die Energievampire.

4. *Mache strategische Pausen.* Wie lange kannst du konzentriert und ohne Unterbrechung an einer Aufgabe sitzen? Richte kreative Pausen in deinen Tagesablauf ein, die nicht verhandelbar sind, und erlaube dir frische Luft, ein Mittagessen außer Haus und einen kurzen Spaziergang in der Sonne.

5. *Etabliere zeitliche Begrenzungen.* Gib den kleineren und nicht so wichtigen Aufgaben zeitliche Limits. So stellst du sicher, dass du nicht all deine Energie schon hierbei verbrauchst und später, wenn es wirklich wichtig wird, müde und erschöpft bist.

DIE 30-TAGES-CHALLENGE

»Wenn du dir permanent Grenzen setzt,
körperliche wie geistige,
wirkt sich diese Geisteshaltung auf dein ganzes Leben aus.
Es gibt keine Grenzen, nur verschiedene Ebene.
Du darfst niemals auf der Ebene bleiben, auf der du dich gerade befindest.
Es gibt immer eine nächste.«

BRUCE LEE

»Ich bin mir zu 100 Prozent sicher, dass du dich wohler fühlen und sich dein Leben positiv verändern würde, wenn du ab sofort jeden Morgen 20 Minuten lang joggen gehen, abends auf Alkohol verzichten, dich ein bisschen gesünder ernähren und ausreichend schlafen würdest.« Wenn ich das zu einem Menschen sage, der wegen Übergewicht an Minderwertigkeitskomplexen und gesundheitlichen Folgeproblemen leidet, passiert Folgendes: gar nichts! Dass er dringend Sport machen und mehr schlafen müsste, weiß er nämlich selbst. Dass er seine Ernährung umstellen müsste, ebenfalls. Er tut es aber nicht. Warum? Weil zwei Wörter im Raum stehen, die unausgesprochen, aber omnipräsent sind: »Für immer!« Diese Für-immer-Vorstellung ist so groß, dass das Scheitern vorhersehbar wird. Und wer will schon gerne scheitern? Ich jedenfalls nicht! Wenn ich aber weiß, dass es sich nur um eine Challenge handelt, die 30 Tage dauert, ist das Ende abzusehen. Nach den ersten zehn Tagen weiß ich, dass ich ein Drittel der Strecke hinter mir habe und sich das Ziel in Sichtweite befindet. Schon hat sich ein motivierender Gedanke etabliert, da ich ab sofort »nur noch ein bisschen länger durchhalten« muss.

LASS DICH RUHIG EIN

Dieses Spiel – denn genau das ist es: ein Spiel, das auch noch Spaß macht – ist ziemlich einfach. Denke an etwas, was in deinem Leben schon immer gefehlt hat, was du schon immer mal machen wolltest, und probiere es 30 Tage lang aus. Du wirst überrascht sein, wie sich schon am ersten Tag der Challenge dein Leben ändern wird. Du wirst ein völlig neues Gefühl für deinen Alltag bekommen und ihn auch viel intensiver erleben. Die Menschen, die Begegnungen, die Gespräche, alles wird plötzlich viel klarer, weil du bewusster durch den Tag gehst und die Dinge nicht mehr so gedankenlos an dir vorbeiziehen lässt, wie es früher oftmals der Fall war. Ein Teil der Challenge besteht darin, täglich ein Foto von dir zu machen. Es spielt keine Rolle, wo du es machst, wichtig ist, dass du es machst und dass es einen Bezug zu deiner Challenge gibt. Wenn du dich zum Beispiel dazu entschließt, 30 Tage lang mit dem Fahrrad zur Arbeit zu fahren, dann mache jeden Tag ein Bild von deinem Fahrrad und dir. Du kannst auch dem Kioskbesitzer von gegenüber von deiner Challenge erzählen und ihn bitten, jeden Abend, wenn du von der Arbeit kommst, ein Foto von dir auf dem Fahrrad zu schießen. Ein Nebeneffekt dieser Challenge ist, dass dir jeder Tag besonders wertvoll vorkommt.

Kommst du ins Grübeln?

Sehr gut! Ich möchte dir mit der 30-Tages-Challenge nämlich beweisen, dass du tatsächlich etwas Großartiges schaffen kannst, dass auch du in der Lage bist, etwas von Anfang bis zum Ende durchzuziehen. Dein Selbstvertrauen wird mit jeder Challenge größer und du wirst über dich hinauswachsen, weil du Ergebnisse erzielst, weil du wieder stolz auf dich bist, weil du endlich zu dir stehst! Ich garantiere dir – und daran glaube ich aus vollstem Herzen: Du wirst dich selbst übertreffen.

Als ich mit meiner ersten Challenge fertig war (»Jeden Tag mindestens drei attraktive Frauen ansprechen«), wurde mir klar, dass man alles 30 Tage lang durchhalten kann, wenn man nur wirklich will. Und dann, wenn du realisierst, dass du etwas dreißig Tage lang tun kannst, ist der Schritt, etwas ein Jahr oder gar ein Leben lang zu tun, gar nicht mehr so weit. Es geht um den ersten Schritt, das erste Erfolgserlebnis und die Erkenntnis, dass es niemals zu spät ist, um etwas Neues auszuprobieren und den Spaß seines Lebens zu haben (oh ja, das wirst du!). Auf diese Art, mit einer einfachen 30-Tages-Challenge, habe ich vor vielen Jahren über zehn Kilo abgenommen und bis heute kein einziges Kilo mehr zugenommen. Diese Herausforderung hat mir damals so viel Freude gemacht und so viel Energie gegeben, dass ich sie kurzerhand auf fünf Monate verlängert habe. Ich war einfach neugierig zu erfahren, wozu ich alles in der Lage sein würde. Die Challenge bestand darin, jeden Tag joggen zu gehen, mich gesund zu ernähren, nach 16 Uhr keine Kohlenhydrate mehr zu mir zu nehmen und auf Süßigkeiten und Alkohol gänzlich zu verzichten. Zu der Zeit habe ich in einem Winzerdorf in der Pfalz gelebt, einem Weinparadies, in der die Luft während der Erntezeit süßlich nach Weintrauben duftete und an jeder Straßenecke die Verlockungen riefen. Ich bin während dieser fünf Monate kein einziges Mal schwach geworden. Mehr noch, ich hatte nicht einmal das Gefühl, auf etwas verzichten zu müssen.

Ich habe mich einfach an all die Punkte gehalten, von denen ich dir bereits erzählt habe: Klarheit erreichen, Mini-Ziele setzen, sich auf die Fortschritte konzentrieren.

Jeden Abend sah ich auf meine Liste des Fortschritts und überlegte mir neue Herausforderungen für den kommenden Tag. Wenn der Kühlschrank fast leer war, musste ich zum Beispiel mit einem Rucksack über die Felder der Weinberge ins Nachbardorf joggen, um dort im Supermarkt und bei den einheimischen Bauern einzukaufen und vollbepackt bei 30 Grad zurückzumarschieren. Da ich nicht bei der Bundeswehr war, etablierte ich dafür ein spezielles »Armee-Mindset«, das mir half, niemals stehen zu bleiben und schon gar nicht aufzugeben. Wenn der Kühlschrank voll war, joggte ich in die andere Richtung, den sogenannten Teufelsberg hoch, der seinem Namen übrigens alle Ehre macht, bis zur St.-Anna-Kapelle und wieder zurück – zehn Kilometer jeden Tag. Morgens aß ich Haferflocken mit Magermilchjoghurt und frischen Früchten, trank zwei Espresso und einen frisch gepressten Orangensaft, mittags gab es Fisch mit Reis oder Hühnchen mit Nudeln oder Gemüse und abends einen großen gemischten Salat. Ich hatte mich noch nie so stark und wohl in meinem Körper gefühlt wie in dieser Zeit. Ganz ehrlich: Wenn ich das schaffe, schaffst du das auch!

MEIN VORSCHLAG FÜR DICH

Meine Aufgabe als Coach besteht nicht darin, dir jeden Tag zu sagen, wie großartig du bist und dass du keine Schuld an deiner aktuellen Situation hast. Meine Aufgabe besteht darin, dir tagtäglich zu zeigen, wie viel großartiger und spannender und lebenswerter und schöner und bunter und besser und spaßiger dein Leben sein könnte, wenn du bereit bist, diese eine goldene Entscheidung zu treffen: FÜR DICH! Ich kann es dir nicht oft genug sagen: In dir steckt so viel mehr. Es ist an der Zeit, dir selbst zu beweisen, dass es das noch nicht gewesen ist.

Keine Sorge, ich werde dich auch jetzt nicht im Stich lassen. Ich bleibe so lange bei dir, bis diese bestimmte Stimme in deinem Kopf keine Macht mehr über dich besitzt. Du bist nur einen Schritt, nur eine Entscheidung von dem Leben entfernt, von dem du immer geträumt hast. Das größte Abenteuer deines Lebens wartet auf dich.

So findest du beste Freunde

»Niemand interessiert sich für dich!«
Auf den ersten Blick erscheinen diese Worte
ziemlich traurig und entmutigend.
Aber ist das wirklich so? Wenn du bereit bist,
etwas tiefer in diesen Satz einzutauchen,
werde ich dir zeigen, wie sich innerhalb kurzer Zeit
eine scheinbar negative Tatsache
in etwas ganz Wunderbares verwandelt.

NIEMAND INTERESSIERT SICH FÜR DICH!

»Wohin auch immer ich gehe,
ich halte mein Herz, meine Seele
und meinen Geist stets für ein Wunder geöffnet.«
PATRICK SWAYZE

Als Susanne mit ihrem Problem zu mir kam, schien es für sie unüberwindbar zu sein. Sie war Ende 20 und sehr unglücklich, weil in ihrem Leben Stillstand herrschte. Sie fand keinen Partner, bekam keine Anerkennung in ihrem Beruf, ihr Leben war komplett ohne Spannung.

»Ich habe immer Angst, etwas falsch zu machen, zu versagen oder ausgelacht zu werden«, erzählte sie, weswegen sie beschlossen hatte, sich vor der Welt zu verstecken. Ihr war jede Form von Öffentlichkeit peinlich, was dazu führte, dass sie im Job ihre Ideen für sich behielt, um zum Beispiel während Meetings nicht vor anderen Menschen sprechen zu müssen. Der Gedanke, dass ihre Kollegen sie für dumm halten könnten, war so mächtig, dass sie es vorzog, still und heimlich zu leiden. Aus dem gleichen Grund bestand auch ihr Privatleben vor allem aus Einsamkeit.

WER SIEHT DICH?

»Du glaubst deinen eigenen Gedanken«, sagte ich zu ihr. »In deiner Fantasie denkst du dir die verrücktesten Szenarien aus und denkst am Ende tatsächlich, dass diese Gedanken der Wahrheit entsprechen. Was du dabei übersiehst, ist Folgendes: Du bist der einzige Mensch, der in diesem Augenblick diese Gedanken hat. Und nur, weil etwas für dich eine große Sache ist, heißt das nicht, dass es automatisch für deine Mitmenschen auch so ist. Im Gegenteil, die anderen Menschen sind so sehr mit ihren eigenen Gedanken, ihrem eigenen Wirken und Erscheinungsbild beschäftigt, dass du ihnen dabei völlig egal bist. Die Wahrheit ist: Niemand interessiert sich für dich. Und das bedeutet im Umkehrschluss nichts Geringeres als grenzenlose Freiheit! Ich werde es dir beweisen. Was würdest du sagen, wenn du in der U-Bahn plötzlich aufstehen und in voller Lautstärke eine kleine Arie singen würdest?«

Susanne sah mich völlig entgeistert an. »Das würde ich mich niemals trauen«, sagte sie und fummelte nervös an ihrer Jacke herum. »Oh mein Gott, wie peinlich wäre das denn? Nein, auf gar keinen Fall. Ausgeschlossen!«

»Was genau wäre dir peinlich?«, fragte ich nach und bekam eine Reihe von Antworten, die sich in einem Satz zusammenfassen lassen: Was die Menschen, über mich denken würden!

»Keine Sorge«, beruhigte ich sie. »Du musst nicht singen. Das werde ich für dich tun. Deine Aufgabe besteht darin, neben mir zu sitzen und die Menschen in der U-Bahn zu beobachten. Schaffst du das?«

Susanne nickte verhalten.

DER SICHTBARKEITSTEST

»Perfekt«, lächelte ich und gab ihr ein High Five. »Ich werde dir jetzt genau sagen, was gleich in der U-Bahn passieren wird. Sobald ich von meinem Platz aufstehe und singe, werden sich im ersten Augenblick die meisten Menschen kurz zu mir umdrehen. Einige werden lächeln, einige werden verwundert oder neugierig schauen, einige werden vielleicht etwas zu ihrem Sitznachbarn sagen. Das ist normal, da ich ja etwas mache, womit man in einer U-Bahn nicht unbedingt rechnet. Wenn ich aufhöre zu singen und mich wieder neben dich setze, werden ein paar Menschen aus Spaß applaudieren und vielleicht etwas zu mir sagen, ein paar werden mich noch immer verwundert angucken, aber schon wenige Sekunden später, sobald ich wieder zu einem normalen und unsichtbaren Fahrgast geworden bin, wird sich niemand mehr für mich interessieren. Warum? Weil sich die Menschen dann wieder mit ihren Gedanken beschäftigen: ihrem Job, dem Abendessen, dem Arzttermin, ihrer Einsamkeit, all den Sorgen und Nöten. Weißt du, was aber der Unterschied zwischen uns und den Menschen in der U-Bahn sein wird?«

»Ich weiß es nicht, aber ich habe jetzt schon Herzklopfen.«

»Sehr gut. Auf geht's. Du wirst es gleich herausfinden.«

Wenig später saßen wir in der U1 Richtung Kurfürstendamm. Wir fuhren zwei Stationen. Dann stand ich auf, streckte etwas zu theatralisch meine Arme aus – ein bisschen wie Leonardo di Caprio auf der Titanic – und fing an, laut zu singen. Nach drei Sekunden war schon alles vorbei. Ich lächelte in die Runde, warf ein paar Kusshände durch die Luft und sagte: »Hey Leute, mein Name ist Lars. Danke für eure Aufmerksamkeit. Ich wünsche euch heute nur das Beste! Ruft mal wieder eure Eltern an und sagt ihnen, dass ihr an sie denkt. Sagt einfach: ›Mama, ich wollte nur kurz deine Stimme hören‹. Sagt den Menschen, die ihr liebt, dass ihr sie liebt, und lasst euch von Belanglosigkeiten nicht euren Tag vermiesen. Dafür ist dieser Tag heute viel zu schön. Erinnert euch wieder an eure Träume. Sie vermissen euch nämlich.«

Ihr habt alle Chancen dieser Welt. Nutzt sie in jedem Moment! Das Leben ist so verdammt kurz. Glaubt an euch.

Ich fasste mit meiner rechten Hand an mein Herz, verbeugte mich leicht und setzte ich mich wieder neben Susanne. Als wir auf dem Bahnsteig am Wittenbergplatz standen, fragte ich sie, was ihr gerade durch den Kopf gegangen war, und sie antwortete mit einem Strahlen im Gesicht: »Also, kurz bevor du aufgestanden bist, wollte ich im Erdboden versinken, weil mich der Gedanke vor dem, was gleich passieren würde, wirklich fertiggemacht hat. Die Reaktionen der Menschen waren dann aber ganz anders, als ich erwartet hätte. Es hat niemand böse oder negativ reagiert oder gar etwas Beleidigendes gesagt. Und es war auch gar nicht so peinlich, als mir klar wurde, dass deine Aktion für die Leute wirklich keine große Sache war. Mehr noch, an der nächsten Haltestelle kam es mir schon so vor, als wäre überhaupt nichts passiert. Mein Herz war trotzdem ziemlich am Rasen. Es klopft immer noch ziemlich schnell.«

»Wie fühlst du dich jetzt? Komm, sag das erste Wort, das dir einfällt.«

»Lebendig.«

»Genau das war die Lektion. Darum geht es im Leben: sich lebendig fühlen!«

EINEN FREMDEN ANSPRECHEN!

*»Fremde sind Freunde,
die man nur noch nicht
kennengelernt hat.«*
N. N.

Worüber reden wir hier? Kurz gesagt, handelt es sich um die Angst vor dem persönlichen Kontakt mit anderen Menschen, die Angst, mit ihnen zu sprechen. Es sind aber nicht die Menschen selbst, die einem das Gefühl von Angst geben, vielmehr ist es die Angst vor Zurückweisung und dem Gefühl, nicht attraktiv, nicht wertvoll, nicht gut genug zu sein. Viele Menschen verwenden diese soziale Angststörung als Schutzpanzer, um sich erst gar nicht in die Gefahr zu begeben, abgewiesen zu werden. Diese Angststörungen treten dann auf, wenn das innere System überlastet ist, wenn man sich auf zu viele Dinge auf einmal konzentriert und glaubt, die Lösungen für all seine Probleme auf einmal finden zu müssen.

Und jetzt?

In diesen Momenten heißt es: Ruhig bleiben, tief einatmen, langsam ausatmen, den inneren Motor herunterfahren und alle äußeren Faktoren, die für Stress sorgen, verbannen. Es geht darum, sich nur auf eine einzige Sache zu fokussieren.

Mit fremden Menschen in direkten Kontakt zu treten, ist ein grandioses Gefühl. Ein bisschen wie Lotto spielen. Du weißt nie, was passiert, wenn du den Schein abgibst, aber du bist jedes Mal voller Hoffnung und guter Laune, denn jeder Fremde, jede Begegnung, jede Geschichte, die du durch diesen einen magischen Moment erlebst, könnte dein Leben für immer verändern.

ICH SEHE DICH!

Ich kann mich noch gut an jenen Morgen im April erinnern, als ich nach dem Aufstehen in die Küche ging, um meine Espressomaschine anzustellen. Nach einer Viertelstunde stellte ich fest, dass sie merkwürdige Geräusche von sich gab. Ich wusste nun zwei Dinge: Erstens: Ich musste sie zur Reparatur bringen (Aufwand!). Zweitens: Es gab keinen Guten-Morgen-Espresso (was in dem Moment viel entscheidender war). Dann fiel mir das neue Café ein, das wenige Wochen zuvor um die Ecke eröffnet hatte, an dem ich aber bislang immer vorbeigegangen war. Ich betrachtete meine kaputte Espressomaschine als Zeichen, sprang unter die Dusche, zog mich an und machte mich auf den Weg. Im Café angekommen, begrüßte mich eine freundliche junge Frau mit den Worten: »Guten Morgen, was kann ich Gutes für dich tun?« Ich lächelte zurück und antwortete: »Das ist wirklich ein guter Morgen, denn er hat mich gerade hierher zu dir ins Café geführt. Das war gar nicht geplant, aber...« Dann erzählte ich ihr, was gerade geschehen war, und beendete meine Geschichte mit dem Satz: »Du musst mir jetzt also den besten Espresso zaubern, den du jemals gezaubert hast. Ich bin übrigens Lars, ich wohne gleich um die Ecke.« Der Besitzer des Ladens, der unser Gespräch mit angehört hatte, kam aus der kleinen Küche nach vorne und erkundigte sich, was für eine Espressomaschine ich hätte und in welcher Rösterei ich meine Bohnen kaufen würde. Nachdem wir uns eine Weile über Kaffeebohnen und Herstellungsmethoden unterhalten hatten, stellte er mich seiner Frau vor. Es dauerte keine zehn Minuten, und ich kannte von allen Menschen, die dort arbeiteten, die Vornamen. Und alles begann damit, dass ich einer fremden Person mit einem Lächeln im Gesicht eine kleine Geschichte erzählt habe. Dadurch schuf ich eine emotionale Verbindung und machte ihr durch die Blume eines der schönsten Komplimente, die es gibt: »Ich sehe dich!«

Während einer Lesereise in Stuttgart. Ich holte mir frühmorgens in einem Café am Hauptbahnhof einen Espresso und setzte mich zu zwei Studentinnen und sprach sie an: »Darf ich mich kurz zu euch setzen? Mein ICE nach München geht erst in zehn Minuten. Ich bin also gleich wieder weg. Ein Wahnsinnsbuch übrigens!« Ich deutete auf Gabriel García Márquez' Roman *Die Liebe in den Zeiten der Cholera*. Sie nickten, sahen mich etwas überrascht an und ich nahm Platz. »Darf ich euch was fragen?«, nahm ich das Gespräch wieder auf. »Würdet ihr 50 Jahre auf den Mann eures Herzens warten?« So philosophierten wir zu dritt über die große ewige Liebe und vergaßen dabei, dass auch wir zwei Minuten zuvor noch Fremde waren.

WIE DU UND ICH

Wir wachsen in dem Bewusstsein auf, dass alles Fremde Gefahr bedeutet – fremde Menschen, fremde Kulturen, fremde Gewohnheiten. Fremde Menschen sind gefährlich. Wir können ihnen nicht vertrauen. Sie könnten uns verletzen, uns etwas wegnehmen. Die Wahrheit aber ist: Die meisten Fremden sind nicht gefährlich. Sie sind wie du und ich. Sie haben die gleichen Träume, Ängste und Sorgen, lesen die gleichen Bücher, sind mit den gleichen Fernsehserien aufgewachsen, hören die gleiche Musik. Es gibt so viele Gemeinsamkeiten. Lass dich von den Schubladen in deinem Kopf nicht in die Irre führen. Wenn man mit Fremden redet, entsteht immer eine magische Spannung, ein Kribbeln, eine Unterbrechung der Routine. Wenn du aber die wunderbaren Menschen ignorierst, mit denen du deine Lebenszeit auf dieser Erde teilst, verpasst du die schönsten Erlebnisse.

BITTE LÄCHELN!

Ist dir schon mal aufgefallen, dass Lachen ansteckend ist? Wenn du eine Gruppe siehst, die sich in der S-Bahn königlich über etwas amüsiert und laut lacht, wirst du automatisch ebenfalls anfangen zu lächeln. Das Gleiche passiert, sobald du mit einem freundlichen Lächeln durchs Leben gehst. Ob abends in der Bar oder tagsüber auf der Straße – ein Lächeln steckt an. Immer. Deswegen habe ich eine Bitte an dich: Wer auch immer dir heute begegnet, wo auch immer, suche den Blickkontakt, sag »Hi« oder »Guten Morgen« und verbinde es mit einem herzlichen Lächeln. Und – das ist ganz wichtig – erwarte keine Gegenleistung dafür, keine Antwort, keine positive Reaktion. Ein Tipp: Achte darauf, was um dich herum passiert, und kommentiere es. Über Hunde und kleine Kinder kann man immer reden. »Das ist aber ein süßer Vizsla. Und seine langen Schlappohren! Ich bin direkt verliebt.« Schon bist du im Spiel und anhand der Reaktion seines Herrchens wirst du schnell erkennen, ob er bereit ist weiterzureden. Wenn ja, cool. Wenn nein, auch cool. Verteile immer mal wieder kleine Komplimente – über Klamotten, Frisuren, Schuhe, was dir eben auffällt. Sprich deine Gedanken laut aus, verbinde sie mit einem Lächeln und ich verspreche dir, dass du mit dieser kleinen Übung deine Welt bereits zu einem schöneren Ort gemacht hast. Du wirst dich dabei so lebendig fühlen wie lange nicht mehr. Du hast die Freiheit, alles zu sagen, was du sagen möchtest. Sei authentisch. Sei ganz du. Sei neugierig auf die Person, die vor dir steht, und zeige ehrliches Interesse.

PROJEKT: MEINE TRAUMWELT

»Nichts in dieser Welt
ist so attraktiv
wie Selbstvertrauen.«
BLAKE LIVELY

Ich habe ein kleines Projekt gestartet. Ich nenne es »Meine Traumwelt«. Inspiriert hat mich dazu Neil Strauss, einer der coolsten Typen, die ich kenne, und dazu noch ein sagenhafter Schriftsteller. Es geht darum, auf fremde Menschen zuzugehen und sie zu bitten, in einem Satz ihre perfekte Welt zu beschreiben, was sie sich wünschen, wonach sie sich sehnen oder was ihnen jetzt gerade im Leben fehlt, um glücklich zu sein.

WONACH SEHNST DU DICH?

Als ich mit Susanne in Berlin unterwegs war, landeten wir nach unserer kleinen U-Bahn-Aktion in der Kreuzberger Markthalle 9. Es gibt dort unzählige Verkaufsstände, Bars und kleine Restaurants, gute Musik und Menschen, die nach der Arbeit mit Freunden ihren Tag ausklingen lassen. Ich entdeckte einen Mann in meinem Alter, der alleine an einem der Tische saß, was wegen des hohen Andrangs schon einmal ungewöhnlich war. Alles an ihm, seine Körpersprache, sein Gesichtsausdruck und seine Energie gab den Menschen ganz klar zu verstehen: »Sprich mich nicht an!« Aus diesem Grund saß er auch alleine in der

Ecke. Während Susanne nach einem freien Platz für uns suchte, ging ich zu ihm, lächelte ihn an, wartete kurz und als er nichts erwiderte, fügte ich hinzu: »Hi, ich würde mich gerne zu dir setzen. Ist das okay für dich? Ich heiße Lars. Und du?«

Er schaute mich überrascht an, zuckte mit den Schultern und ich setzte mich. Susanne kam ebenfalls dazu. Ich stellte die beiden einander vor und erzählte ihm von meinem Projekt und dass es mir eine Freude wäre, auch seinen Wunsch zu erfahren. Er willigte ein, nahm den Stift und schrieb auf den Zettel: »Ich wünschte, die Welt wäre ein friedvollerer Ort und die Menschen freundlicher zueinander«.

Ich besorgte uns drei Espresso und er begann zu erzählen, dass seine Eltern gestorben waren und er nie viele Freunde hatte, oft einsam war und immer noch ist. Wegen eines Jobs sei er aus Österreich nach Berlin gezogen, aber er würde sich in dieser Stadt einfach nicht wohlfühlen, alles sei zu groß und kalt und anonym. Dieser Mann, dessen unbewusste Botschaft an die Welt es war, ihn bloß nicht anzusprechen, wünschte sich in Wahrheit nichts sehnlicher, als Freunde zu finden, Menschen zu treffen, gemeinsam zu lachen, zu tanzen und Spaß zu haben.

Sobald du beginnst, Menschen nicht sofort in eine Schublade zu stecken, sie nicht zu verurteilen, passiert etwas Wunderbares. So auch hier. Ich beobachtete den Mann, wie er mit Susanne sprach, wie er vor Glück lächelte, wie der Ballast des Frusts für einen Moment von ihm wich.

Wenn du deinen Mund aufmachst, hält das Leben lauter sensationelle Überraschungen für dich bereit.

Ich möchte dich dazu anspornen, ob du Single bist oder eine feste Beziehung hast, ob du haufenweise Freunde oder nur sehr wenige hast, diese verdammte Angst vor Ablehnung zu überwinden und nur eine einzige Sache zu tun: Lerne die Menschen kennen. Wir haben alle die gleichen Träume und ähnliche Ziele, vor allem aber will sich niemand freiwillig wegen seiner

Traurigkeit isolieren. All die fremden Menschen in den öffentlichen Verkehrsmitteln, in den Cafés, in den Parks, auf den Straßen sind nicht unsere Gegner, nur weil wir ihre Namen und ihre Geschichte noch nicht kennen. Sie sind auch weder deine Richter noch deine Kritiker. Sie sind potenzielle Freunde, Liebhaber, Geschäftspartner, Seelenverwandte oder Mentoren.

MIT DEN ANDEREN REDEN

Sobald du begreifst, dass dir nichts passieren kann, du täglich ein bisschen übst, dich der Welt zu öffnen, wird dein Leben ein völlig anderes werden. Diese Einstellung kostet dich keinen einzigen Cent, nur den Willen und den Mut, an dich und diese neue Welt, die auf dich wartet, zu glauben. Worte haben eine unglaublich heilende Kraft. Sie wirken wie Medizin, nur dass sie keine Nebenwirkungen haben. Rede mit den Menschen, gib ihnen die Chance, dich kennenzulernen, nimm ihre Liebe auf, und du wirst nie mehr über unfreiwillige Einsamkeit nachdenken müssen. Ja, ich weiß schon, was du gerade denkst. Ich weiß es deswegen, weil ich dich kenne, weil ich auch dort war, wo du dich gerade befindest. Dieser Ort voller Angst, Unsicherheit, Selbstschutz und Selbstverleugnung. Gehen dir diese Gedanken gerade durch den Kopf? »Ich bin peinlich, langweilig, nichts Besonderes. Ich weiß bei Fremden nie, was ich sagen soll. Ich werde ganz sicher ausgelacht oder zurückgewiesen. Und was mache ich, wenn niemand mit mir sprechen will?« Weißt du was? Beweise es mir!

- ◇ *Beweise mir,* dass du peinlich bist, dass du langweilig bist, dass du nichts Besonderes bist.
- ◇ *Beweise mir,* dass du nicht weißt, was du sagen sollst.
- ◇ *Beweise mir,* dass du zurückgewiesen wirst.
- ◇ *Beweise mir,* dass niemand mit dir sprechen will.

Wie oft hast du es denn versucht? Wie oft hast du der Welt die Möglichkeit gegeben, dich kennenzulernen, und zwar so, wie du tatsächlich bist? Sag es mir: Wie oft? Es gibt nur einen einzigen Grund, warum du glaubst, zurückgewiesen zu werden, und der heißt: fehlende Praxis. Mag sein, dass deine ersten Versuche, auf fremde Menschen zuzugehen, noch etwas ungeschickt aussehen werden. Vielleicht wird es dir die Sprache verschlagen oder du beginnst zu stottern, wenn der süße Junge plötzlich nicht weitergeht, sondern stehen bleibt, weil er dich toll findet. Und jetzt? Wo ist das Problem? Am Anfang ist alles schwer, aber es wird mit jedem Versuch leichter. Wenn du übst, wenn du Erfolge erzielst, wenn die Lebensfreude einsetzt, wenn dein inneres Strahlen reaktiviert wird, wirst du dich wie in einem Zauberland fühlen, weil sich plötzlich so viele neue Möglichkeiten ergeben.

Vielleicht führt es dich zu einem neuen Job, der perfekt zu dir passt, oder du lernst jemanden kennen, der in dein Projekt investieren will, für das du schon länger dringend Sponsoren suchst; vielleicht führt es dich zu deinem neuen Partner, auf den du schon so lange gewartet hast und mit dem du dich aufs Wunderbarste ergänzt, zu deinem neuen besten Freund oder zu einem aufregenden Sexabenteuer; vielleicht führt es dich zu interessanten Gesprächen und unglaublichen Erfahrungen, die du für den Rest deines Lebens fest verankert in deinem Herzen tragen wirst; vielleicht führt es dich an magische Orte.

Denke immer daran: Der Feind sitzt nur in deinem Kopf.

Es ist nicht die Welt, die gegen dich ist. Es sind auch nicht die anderen Menschen, die dir etwas Böses wollen. Du bist es. Du ganz allein. Es sind die Lügen und die frei erfundenen Geschichten, die du dir selbst immer wieder über dich erzählst. Und du glaubst sie auch noch, jeden Tag, jede Minute. Aber damit ist jetzt Schluss. Ein für alle Mal. Du wirst mich nicht los. Ich werde an deiner Seite bleiben, bis du es verstehst. Das ist keine Drohung, sondern ein Versprechen!

WIE DU EIN GESPRÄCH BEGINNST – UND NICHT VERLIEREN KANNST

> *»Glück ist,*
> *wenn Vorbereitung*
> *auf Gelegenheit trifft.«*
> SENECA

Früher habe ich oft den Fehler gemacht, in den ersten Augenblicken eines Gesprächs beeindrucken zu wollen. Ich dachte, mit Erfolgen oder spannenden Erlebnissen angeben zu müssen, um überhaupt wahrgenommen zu werden, um besonders zu wirken. Was für ein Stress, was für eine Anspannung, was für ein Spaßkiller. Die Wahrheit ist: Niemand mag Angeber! Selbst die Angeber mögen keine Angeber. Wenn ich heute mit meinen Klienten unterwegs bin – auf Partys, in Klubs oder bei großen Veranstaltungen, beobachte ich dieses Phänomen immer wieder. Unabhängig von Herkunft, Alter oder finanziellem Status, die meisten treten mit dem Gedanken an einen anderen Menschen heran, ihn von sich überzeugen zu wollen. Sie führen ein Verkaufsgespräch, und das wird immer in die Hose gehen.

DIE KUNST DES TÜRENÖFFNENS

Ich will es dir anhand eines Beispiels näher verdeutlichen. Meine gute Freundin Jenny, die in Kreuzberg ein Schweizer Restaurant betreibt, feierte einen kleinen Empfang für geladene Gäste. Sie hatte einen DJ engagiert, die Tanzfläche war voller fröhlicher Menschen, die Stimmung heiter. Der perfekte Moment, um mit Susanne das Ansprechen zu üben. Wir gingen an die Bar, bestellten zwei Gin Tonic und beobachteten das Geschehen.

»Beschreib mir, was du siehst«, sagte ich zu ihr. »Ich werde meine Augen schließen und du erzählst mir, was passiert.«

»Wieso?«, fragte Susanne.

Jede Menge Türöffner

»Ich möchte, dass du ein Gespür für die Schönheit des Augenblicks bekommst, dass du dein Bewusstsein dafür schärfst, dass um dich herum lauter interessante Dinge passieren. Und jedes einzelne dieser Details, die von den meisten Menschen übersehen werden, ist ein potenzieller Gesprächsaufhänger, ein Türöffner. Hey, der DJ spielt gerade *I Got 5 On It*.«

»Witzig, ist mir auch gerade aufgefallen.«

»Türöffner! Wie schmeckt dein Gin Tonic?«

»Lecker, den kann man ja auch mit Gurke trinken.«

»Türöffner! Siehst du den Typen da drüben am Fenster mit der weiß-roten *San Francisco-49ers*-Jacke?«

»Ja.«

»Als ich 15 war, hatte ich von den 49ers eine Hose, eine Baseballkappe und ein Trikot. Ich war ein Riesenfan. Warte.«

Ich stellte meinen Drink auf die Theke und ging direkt auf den Mann zu, der zwischen zwei Frauen stand und sich angeregt mit ihnen unterhielt. Nach zwei Minuten kam ich grinsend zu Susanne zurück.

»Und?«

»Was, ›und‹?«, lächelte ich.

»Was hast du gesagt? Ich will es ganz genau wissen!«

»Ich habe gesagt: ›Entschuldigung, dass ich so in euer Gespräch reinplatze, aber du hast mir gerade den Magic Moment des Abends beschert. Deine Jacke ist der absolute Hammer! Als

Kind war mein ganzer Kleiderschrank voller *49ers*-Klamotten. Ich glaube, es gibt kein einziges Familienfoto, auf dem ich mal normal aussah. Danke für die kleine Zeitreise. Hi, ich bin übrigens Lars. Woher kennt ihr Jenny?‹ Dann habe ich allen dreien die Hand gegeben und ihnen noch einen schönen Abend gewünscht. Die *49ers*-Jacke des Mannes war mein Türöffner, um ihn und seine beiden Freundinnen kennenzulernen.«

»Krass!«

»Nein, ist es nicht. Es ist nur eine Frage der Übung. Ich könnte das mit jedem Menschen hier im Raum machen. Mit jedem Einzelnen hätte ich mindestens eine Gemeinsamkeit. Man muss nur genau hinsehen. Und jeder Mensch hier im Raum weiß etwas, was ich nicht weiß. Diese Neugierde wird mich niemals im Stich lassen. Das gibt mir Sicherheit. Jetzt bist du dran!«

»Okay, was soll ich tun?«

»Kehren wir zu deiner Aufgabe zurück. Ich schließe meine Augen und du erzählst mir, was du siehst, was du fühlst, was du denkst. Nicht lange überlegen, einfach loslegen!«

»Mal sehen, also rechts von dir an der Wand befindet sich ein Stand mit Röschtis. Ich glaube, es gibt drei verschiedene Toppings, aber ich kann nicht genau erkennen, was auf dem Schild steht. Vor dem Schild steht ein Mann mit braunen lockigen Haaren und schwarz-rot kariertem Hemd, der ganz sympathisch aussieht. Hmm, was noch? Gerade kommen drei Frauen durch die Tür. Eine von ihnen ist eine Schauspielerin, glaube ich. Würde gerne einen zweiten Gin Tonic trinken, damit ich was in den Händen halten kann und nicht so nervös bin. Ich frage mich, wo die Toiletten sind. Uff, reicht das?«

Ich öffnete meine Augen, klatschte mit ihr ab und sagte: »*SEN-SA-TIO-NELL!* Ich wusste es: Du bist ein Naturtalent. Jeder einzelne Punkt deiner Beobachtung wäre für sich genommen schon ein superguter Gesprächsaufhänger. Wirklich jeder! Schau mal unauffällig über meine Schulter. Steht der heiße Typ mit den braunen Locken noch vor dem Röschti-Stand?«

Susanne stellte sich auf die Zehenspitzen und nickte.
»Ja, ich glaube, er hat gerade etwas bestellt.«
»Sehr gut. Hast du Hunger?«
»Nein, eigentlich nicht.«
»Okay, dann lautet deine Mission: mir etwas zu essen zu holen. Ich möchte, dass du jetzt zu dem Röschti-Stand gehst, dich neben den Typen stellst, drei Sekunden auf die Tafel schaust und überlegst, was du bestellen sollst. Dann drehst du dich leicht zu ihm und sagst zum Beispiel: ›Hey, darf ich dich was fragen? Was hast du als Topping genommen? Ich kann mich nicht entscheiden. Ich nehme einfach das Gleiche, was du genommen hast.‹ Dann wird er dir sagen, was er bestellt hat. Vielleicht wird er auch noch etwas anderes sagen, aber das wissen wir jetzt noch nicht. Was zählt, ist, dass du eine Verbindung aufgebaut hast. Ab diesem Augenblick ist alles möglich. Er kann dich fragen, ob ihr euch an den Tisch setzen wollt, um gemeinsam zu essen. Du kannst ihn etwas fragen. Du kannst dich vorstellen und sagen: ›Hi, ich bin die Susanne. Woher kennst du Jenny?‹ Wie auch immer er reagiert, was auch immer er sagt, du kannst in diesem Spiel nicht verlieren. Es ist unmöglich. So, ich bin gespannt.«
»Muss ich wirklich?«
»Du musst gar nichts, aber ich möchte, dass du dich heute Abend wie eine Königin fühlst, und deswegen denkst du jetzt nicht weiter darüber nach, sondern gehst. Los! Niemand beobachtet dich. Auch ich nicht. Ich drehe mich um. Ach, eine Sache noch: Du siehst heute Abend sensationell aus!«

GEHT DOCH!

Zehn Minuten später überreichte mir Susanne zwei Röschti mit Käse und Zwiebeln und strahlte. »Ich höre«, lächelte ich.
»Also, ich habe gefragt, was er bestellt hat, und dann habe ich das auch bestellt. Dann hat er gleich gesagt, dass er das immer

hier bestellen würde, woraufhin ich gesagt habe, dass ich zum ersten Mal hier sei. Darauf sagte er nichts und ich habe kurz überlegt und ihn gefragt, woher er Jenny kennen würde. Er ist ein Stammgast und wohnt hier in der Nähe. Dann hat er seinen Teller mit Röschti bekommen, hat mir einen guten Appetit gewünscht und ist zu seinen Freunden zurück.«

»Siehst du, du hast alles richtig gemacht, hast ein Gespräch begonnen, wurdest weder abgewiesen noch ausgelacht und wirst heute Abend mit einem völlig neuen Glücksgefühl ins Bett gehen, weil du zum ersten Mal diesen einen Schritt gemacht hast, Mut bewiesen hast, dafür mit zwei köstlich duftenden Röschtis belohnt wurdest, die wir uns jetzt geschwisterlich teilen werden. Und die Nacht ist noch jung, Susanne. Alles ist möglich.«

Dieses Spiel haben wir an dem Abend noch einige Male wiederholt. Sie fragte den Barkeeper, warum im Gin Tonic eine Gurke schwimmen würde ... und bekam eine freundliche Antwort. Sie fragte einen weiblichen Gast, ob sie wissen würde, wo sich die Toiletten befänden ... und bekam eine freundliche Antwort. Ich zwang sie, mit mir zu *Jenny from the Block* zu tanzen ... und niemand lachte sie aus. Lauter kleine Erfolge, die dafür sorgten, dass die Mauer um Susanne zu bröckeln begann.

Das Geheimnis lautet: Authentizität.

Wenn du nachher also deine Wohnung verlässt, um an deiner Challenge genauso viel Spaß zu haben wie Susanne, frag dich einfach: Was passiert gerade? Wo befinde ich mich? Was oder wer fällt mir auf? Was ist ungewöhnlich? Was macht den Moment gerade einzigartig, besonders, interessant? Du kannst jede Information für dich verwenden. Sei einfach ein aufmerksamer Beobachter. Und wenn es »nur« diese drei Vögel sind, die oben im Baum sitzen und sich gegenseitig ein Lied vorsingen, nutze auch diese Situation für dich. Halte jemanden an und erzähle ihm von deiner Beobachtung. Beende den Satz zum Beispiel mit den Worten: »Ist das nicht schön?«

Nie mehr Single (wenn du es nicht willst)

Der erste Schritt muss immer der sein, sich selbst zu finden – was du liebst, was dich anspricht und dir inneren Frieden bringt. Erst im nächsten Schritt geht es darum, einen Partner zu finden, der dir etwas geben kann, was ohne ihn nicht da wäre. Wenn er dich nur darin bestärkt, was du schon besitzt, wird diese Beziehung nicht von langer Dauer sein.

SEI EINFACH DU SELBST

*»Sei, wer du bist, und sag, was du fühlst.
Denn die, die das stört, zählen nicht, und die,
die zählen, stört es nicht.«*

THEODOR SEUSS GEISEL

Auch wenn du mir das vielleicht nicht glaubst, aber ich war mein halbes Leben lang ein Außenseiter, ein Einzelgänger. Jedenfalls fühlte ich mich so. Laute Menschen waren mir immer etwas suspekt, weil meine Welt doch so leise war. Während die anderen sich gegenseitig ihre Dramen vorhielten, zog ich mich zurück, schaute einen Film oder beschäftigte mich mit einem Buch. Meine Rechtfertigung dafür hieß: »Ich bin eben eher der introvertierte Typ. Ich brauche keine falschen Menschen in meinem Leben.«

Es geht im Leben aber nicht darum, sich wegen der falschen Menschen zu isolieren, sondern darum, die richtigen Menschen zu finden. Auch ich hatte große Angst davor, fremde Menschen anzusprechen, vor allem dann, wenn es sich um attraktive Frauen handelte. Bis ich eines Tages die Zusammenhänge erkannte zwischen innerer Zufriedenheit und äußerer Attraktivität.

Wirklich entscheidend waren aber die praktischen Erfahrungen, die ich nicht zu Hause in der Einsamkeit, sondern draußen im Leben gesammelt habe. Wonach suchen denn die meisten Singles? Nach einem Partner? Auch, aber primär handelt diese Suche von etwas anderem: der Verbesserung der eigenen Lebensqualität. Es geht darum, endlich sein wahres Ich zu akzeptieren, mehr Freude im Alltag zu empfinden, Spaß zu erleben und Dinge zu tun, die einem eine tiefe innere Befriedigigung verleihen. Das Unglaubliche daran ist: Wenn du diese Punkte erfolgreich angehst, werden die interessantesten Menschen, die du aktuell noch für unerreichbar hältst, wie von selbst an deine Tür klopfen. Ich habe zwei Fragen an dich:

- ◇ Was würdest du tun, wenn du wüsstest, dass du nicht scheitern könntest?
- ◇ Was würdest du tun, wenn du wüsstest, dass niemand über dich urteilen würde?

Leg deinen Schutzmantel ab und sei wirklich ehrlich zu dir:

- ◇ Was würdest du ausprobieren?
- ◇ Wie würdest du dich kleiden?
- ◇ An welche Orte würdest du reisen?
- ◇ Wo würdest du wohnen?
- ◇ Welchen Beruf würdest du lernen?
- ◇ Was würdest du anders machen?
- ◇ Was würdest du den Menschen in deinem persönlichen Umfeld gerne einmal sagen?
- ◇ Wie würdest du dich verhalten?

Und jetzt ... tu es! Mach all die verrückten Dinge, die du noch nie getan hast, aber schon immer tun wolltest. Verdammt, zeig der Welt, wer du wirklich bist! Ich habe eine weitere Frage an dich: Macht es wirklich Sinn, mit angezogener Handbremse durch das Leben zu fahren? Lass sie los und gib Vollgas! Schreib eine Liste mit all den kleinen und großen Dingen, die sich seit so langer Zeit in deinem Herzen befinden, und werde aktiv. Worauf wartest du? Es wird nie einen perfekteren Moment geben als jetzt. Sobald du Dinge tust, für die du eine unbändige Leidenschaft hast, strahlt diese Leidenschaft wie das Licht der Sonne durch dich durch und zieht automatisch Menschen in deinen Radius, die gut für dich sind: Klienten, Freunde, Liebhaber. Achte darauf, welche Tätigkeiten dich von innen erleuchten, welche Hobbys dir echte Freude bereiten, und leg dort all deine Energie hinein. In diesen Augenblicken wirst du ganz du sein, voller Glück und Liebe, dass die richtigen Menschen wie von selbst kommen werden. Dieser Zustand ist ein Moment der Wahrheit, der puren Schönheit. Du wirst im Leben niemals attraktiver und anziehender auf andere Menschen wirken. Du hast Zweifel? Beweise mir das Gegenteil!

Perfekt ist langweilig

Lache über dich. Stehe zu deinen »Fehlern«, die in Wahrheit gar keine Fehler sind, und mache sie ganz bewusst zum Gesprächsthema. Erzähle Geschichten, die anderen peinlich wären. Bist du am Wochenende nicht am Türsteher des Klubs vorbeigekommen, hast dir vor gesammelter Mannschaft Tomatensoße aufs weiße Hemd gekleckert, läufst in deiner Freizeit gerne in grünen Strumpfhosen durch die Wälder und spielst Robin Hood? Sehr gut! Berichte davon, im Büro, auf Partys, und zwar voller Leidenschaft! Wenn du deine vermeintlichen Schwächen nicht ernst nimmst und sogar öffentlich darüber lachen kannst, beweist du in Wahrheit nichts anderes als echtes Selbstbewusstsein. Du wirst somit zum Vorbild für andere, weil sie dir voller Begeisterung zuhören und sich denken: Wow, ich wünschte, auch ich würde mich trauen, das auszuleben, was tief in mir vorgeht. Ein weiterer Vorteil ist, dass die Menschen plötzlich mit dir Spaß haben und deine Gesellschaft zu schätzen wissen. Indem du vermeintliche Defizite zugibst, nimmst du den Menschen in deiner Gegenwart den Druck, sich untereinander beweisen zu müssen, und kreierst ein angenehmes Klima, in dem sich alle wohlfühlen. Exakt so verhält sich ein wahrer Champion. Ist dieses Gefühl nicht unglaublich befreiend?

Und bevor die Zweifel gleich wiederkommen: Du bist wunderschön. Ja, du! Hör damit auf, dir zu wünschen, wie jemand anderes auszusehen. Hör damit auf, Aufmerksamkeit von Menschen bekommen zu wollen, die dich verletzen. Hör damit auf, deinen Körper zu hassen, dein Gesicht, deine Persönlichkeit, deine Schrammen und deine Narben. Beginne, sie zu lieben. Ohne sie wärest du nicht du. Und warum möchtest du überhaupt jemand anderes sein? Sei selbstbewusst und stolz, so zu sein, wie du bist. Lächle! Dein Lächeln wirkt wie ein Zauberspruch und wird die richtigen Menschen magisch anziehen. Wenn dich jemand dafür hasst, dass du glücklich bist, nur weil

Was andere von dir halten, ist bedeutungslos. Was du von dir hältst, bedeutet die Welt – einfach alles!

du du bist, zeig ihm deinen Mittelfinger, aber höre niemals auf zu lächeln. Sag es dir immer wieder: Mein Glück ist nicht mehr von anderen Menschen abhängig. Ich suche nicht mehr nach äußerer Bestätigung. Ich bin glücklich, weil ich liebe, wer ich bin. Ich liebe es, nicht perfekt zu sein. Ich liebe meine seelischen und körperlichen Wunden. All das bin ich. Sie machen mich aus. Und dieses Ich ist wunderschön.

Fabelwesen und Zauberschwerter

Ich möchte dir von einem tollen Erlebnis während der Frankfurter Buchmesse erzählen. Es war Samstag, der erste Publikumstag, und ich spazierte von meinem Hotel langsam in Richtung Messe, wo ich einen Vortrag halten sollte. Von allen Seiten strömten die Besucher herbei. Je näher wir dem Eingang kamen, desto hektischer und gestresster verhielten sie sich, kaum ein Lächeln war in ihren Gesichtern zu vernehmen. So verhalten sich die Menschen also in ihrer Freizeit, dachte ich und ging erst mal in einem italienischen Restaurant einen Espresso trinken. Minuten später, als ich mich wieder in den Strom der Menge einreihte, tauchten plötzlich etwa 20 kostümierte Menschen auf: lustige Trolle, goldene Feen mit Zauberstäben, Krieger mit Schwertern und sonstige bunte Fabelwesen. Von Hektik keine Spur. Plötzlich herrschte Vorfreude, Gelächter und supergute Laune. Was für ein Kontrast! Während jene Menschen, die wir gemeinhin als »normal« bezeichnen, sich freiwillig dazu entschieden haben, genervt und gestresst zu sein, hatten die »Verrückten in den Mangakostümen« hingegen die beste Zeit ihres Lebens.

HUNDERT PROZENT WAHRES ICH

Hab keine Angst davor, 100 Prozent du selbst zu sein, und vor allem entschuldige dich nicht dafür. Du polarisierst? Super! Du bist anders als die anderen? Noch besser! Du läufst gerne als Kampfdruide über Buchmessen? Lass es die ganze Welt wissen. Wenn dich Menschen nicht für die Person respektieren, die du bist, dann sag ihnen genau vier Worte: »Vielen Dank, auf Wiedersehen.« Warum kostbare Lebenszeit verschwenden? Warum dein wahres Ich verstecken? Finde die Menschen, die auf deiner Wellenlänge senden, und sortiere diejenigen aus, die es nicht tun. Indem du offen und ohne Scham erzählst, wer du bist, was du machst und wohin du gehen willst, filterst du automatisch all jene aus, die eine andere Vorstellung vom Leben haben, und es bleiben nur noch die übrig, die dich so mögen, wie du bist.

Wenn du der Meinung bist, dass etwas richtig ist, dann mach es, und vor allem: Kopf hoch, Brust raus, stehe dazu! Die größte Tragödie, die ich mir vorstellen kann, ist, sich am Ende seines Lebens die Frage stellen zu müssen: Was, wenn mein Leben nicht das richtige war? Menschen, die die Meinung anderer höher bewerten als ihre eigene und nicht das tun, was ihrer wahren Persönlichkeit entspricht, sondern stets in der Hoffnung handeln, ihrer Umgebung zu gefallen, werden sich zwangsläufig eines Tages dieser Frage stellen müssen. Diese Menschen sind nicht frei. Sie verstellen sich und schlüpfen in eine Rolle, weil sie dem Irrglauben unterliegen, dass die Gesellschaft sie nur auf diese Weise akzeptiert, und weil sie Angst haben, abgewiesen zu werden. Sie wollen um jeden Preis dazugehören. Da sie ihren eigenen Wert nicht erkennen, gehen sie den Weg des geringsten Widerstandes und passen sich ihrer Umgebung an. Das Problem dabei ist allerdings: Diese Menschen können sich nicht für immer belügen. Versprich mir bitte, dass das bei dir nicht der Fall sein wird.

Verschwende deine wertvolle Lebenszeit also nicht damit, Menschen, die eine andere Meinung haben, krampfhaft von dir überzeugen zu wollen.

Das ist ihr gutes Recht. Sie müssen dich nicht lieben. Du sie aber auch nicht. Wann immer du beginnst, dein wahres Ich zu leben, werden Menschen auftauchen, die damit nicht umgehen können. Nutze sie als Erinnerung, dass du nicht so werden möchtest wie sie. Stattdessen geh lieber raus, bedanke dich für einen neuen Tag in dieser wunderschönen Welt und sprich jemanden an, der dich an ebendiese Tatsache erinnert.

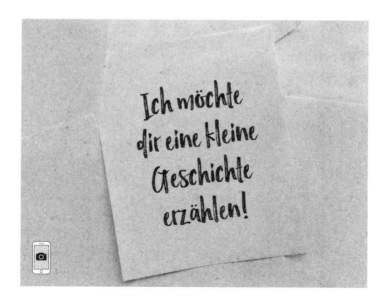

WARUM DAS RICHTIGE MINDSET ENTSCHEIDEND IST

*»Meine moralischen Werte
sind mir wichtiger
als Geld oder Titel.«*
MUHAMMAD ALI

Wenn die Person deiner Träume aus dem Nichts auftaucht, funktioniert es nach dem gleichen Prinzip wie mit dem Schokoladenkuchen während der Detox-Challenge: Sei darauf vorbereitet! Hierzu ist das richtige Mindset nicht nur hilfreich, es ist sogar notwendig.

Ich bin der Ansicht, dass eine erfolgreiche Kommunikation zwischen Menschen zu 90 Prozent am richtigen Mindset liegt. Natürlich ist es wichtig, was du sagst. Aber wie du etwas sagst, macht am Ende den Unterschied aus. Das Wie ist immer entscheidend. In einem guten Gespräch geht es darum, bei deinem Gegenüber positive Gefühle entstehen zu lassen und dass du ein Gewinn für ihn bist. Und zwar ohne dich anzupreisen oder ihm Honig ums Maul zu schmieren. Das kannst du erreichen, indem du dir jeden Tag die Gesetze der Champions immer wieder laut durchliest, um deinen Geist zu schärfen.

> *Ein Mindset beschreibt, grob gesagt, die Art und Weise, wie du über dich und deine innere wie äußere Welt denkst, vor allem aber, wie du mit dir selbst redest.*

15 SÄTZE FÜR CHAMPIONS

1. Ich versuche, die Welt nie nur aus meiner Sicht zu sehen.
2. Ich mache nichts, um anderen zu gefallen.
3. Ich sorge dafür, dass sich die Menschen in meiner Anwesenheit wohlfühlen.
4. Ich rücke meine Gesprächspartner stets in ein gutes Licht.
5. Ich spreche nicht schlecht über andere und fälle keine Urteile.
6. Ich kritisiere nicht, sondern biete Lösungen an.
7. Ich verlange für meine Hilfe keine direkte Gegenleistung.
8. Ich versprühe Lebensfreude.
9. Ich lasse mich von schlechter Laune nicht anstecken.
10. Ich beklage mich nie über Situationen, die sich ändern lassen.
11. Ich übernehme Verantwortung für jeden Moment meines Lebens.
12. Ich lasse meinen Selbstwert nicht durch andere definieren.
13. Ich bin unabhängig in meinen Entscheidungen.
14. Ich stehe zu mir und meinen Werten.
15. Ich denke immer positiv.

Eine positive und großartige Lebenseinstellung führt zu positiven und großartigen Gedanken, die zu einem positiven und großartigen Tag werden, aus dem ein positiver und großartiger Monat wird, ein positives und großartiges Jahr und schließlich ein positives und großartiges Leben.

Dieses Mindset hilft dir, deine Gedanken in eine neue Richtung zu lenken, auch wenn du vielleicht noch nicht hundertprozentig dahinterstehst. Sie laut auszusprechen und ständig zu wiederholen, ist ein erster wichtiger Schritt. Gib dir Zeit. Indem du dir immer wieder vorsagst, wie liebenswert und großartig und wunderbar du bist, stellst du diese Tatsachen irgendwann nicht mehr infrage und handelst entsprechend. Je häufiger du die Punkte deines Mindsets liest, desto fester verankerst du sie in deinem Unterbewusstsein. Du wirst dich gut fühlen, weil es dir Sicherheit gibt. Wenn du das nächste Mal deine Wohnung verlässt und einen attraktiven Menschen siehst, weißt du, dass du …

- … nicht zögern und ihn ansprechen wirst,
- … selbstbewusst auf ihn zugehst,
- … nicht wartest, bis er dich sieht, sondern derjenige bist, der aktiv wird,
- … ihm einfach so ein Lächeln schenkst,
- … keine Angst haben musst, weil du vorbereitet bist,
- … ihn auf keinen Fall an dir vorbeigehen lässt,
- … dich freust, einem Fremden ein Kompliment zu machen,
- … keine Erwartungen hast, sondern Dankbarkeit dafür empfindest, diese Chance zu bekommen.

Mit dieser wunderbar lebensbejahenden Einstellung wirst du zwar nicht jeden, aber automatisch die richtigen Menschen in dein Leben ziehen. Und wenn du es nicht ausdrücklich willst, wirst du so auch nicht lange alleine bleiben. Wenn du dafür sorgst, dass sich andere Menschen bei dir wohl und geborgen fühlen und du selbst dabei Fröhlichkeit und Lebensfreude ausstrahlst, wirst du dich vor Einladungen jeglicher Art nicht mehr retten können. Darauf gebe ich dir Brief und Siegel.

DEIN WAHRES GESICHT

In Japan sagen sie, dass jeder Mensch drei Gesichter hat: dein erstes Gesicht, das du der Welt zeigst. Dein zweites Gesicht, das du deinen engsten Freunden und deiner Familie zeigst. Und dein drittes Gesicht, das du niemandem zeigst. Es ist das Gesicht, das am nächsten an deiner Wahrheit ist; eine Reflexion dessen, wer du wirklich bist. Lass dich also von dem ersten Gesicht, das die Menschen dir am Anfang zeigen, nicht abschrecken. Nimm es ihnen nicht übel, sondern zeige ihnen, dass ihre Fassade bei dir nicht notwendig ist. Das schaffst du durch Vertrauen und Mitgefühl. Denke immer daran: Du kennst ihre Geschichte nicht. Du weißt nicht, was sie erlebt haben. Du siehst nur die Maske.

> **»DAS IST ES …**
>
> *… worauf wahre Liebe hinausläuft – einem Menschen zu erlauben, so zu sein, wie er wirklich ist. Die meisten Menschen lieben dich für das, was du vorgibst zu sein. Und um ihre Liebe zu behalten, spielst du ihnen etwas vor, du schauspielerst. Und du fängst damit an, deine Fassade zu lieben. Es stimmt, wir sind alle gefangen hinter unserem Image, und verhalten uns entsprechend. Das Traurige daran ist, dass die Menschen sich so sehr an ihr Image gewöhnen, dass sie ihre Maske nicht mehr ablegen können, als wäre sie festgewachsen. Sie lieben die Kette, die sie in Gefangenschaft hält. Sie vergessen, wer sie wirklich sind. Und wenn du versuchst, sie daran zu erinnern, hassen sie dich dafür, weil sie glauben, dass du ihnen ihren wertvollsten Besitz wegnehmen willst.«*

Jim Morrison hat das gesagt. Seine Aussage ist ein gutes Beispiel dafür, wie unser Verstand funktioniert, wie schwer es unsere positiven Gedanken haben, sich Gehör zu verschaffen. Lass uns nur auf seinen ersten Satz konzentrieren: Es kommt nicht darauf an, was die Menschen von dir denken. Wenn du versuchst, anderen gefallen zu wollen, wirst du für immer hinter der Fassade deines ersten Gesichtes gefangen bleiben und dich selbst vergessen. Es kommt darauf an, was du von dir denkst. Stell dich vor einen Spiegel. Was siehst du? Wen siehst du? Stell dir vor, dieser Mensch im Spiegel wäre ein Fremder. Was würdest du von ihm halten? Was wäre dein erster Eindruck? Würdest du dich gerne einmal mit ihm unterhalten? Welche Gefühle hinterlässt er bei dir? Trainiere deinen Geist und hinterfrage dich immer wieder selbst: Welches meiner drei Gesichter zeige ich?

WERDE DEIN EIGENER ROCKSTAR!

*»Wie andere Menschen dich behandeln,
ist ihr Karma.
Wie du darauf reagierst, ist deines.«*
WAYNE DYER

Wenn ich das sage, starre ich oftmals in fragende und irritierte und schon bei dem Gedanken daran beschämte Gesichter: »Ein Rockstar, ich? Um Himmels willen!«
Zugegeben, diese Aussage klingt auf den ersten Blick verwirrend, weil sie konträr zu dem zu stehen scheint, was ich sonst sage. Ein Rockstar, wie Jim Morrison einer war, lebt schließlich vom Applaus seines Publikums, dem Zuspruch, dem finanziellen Erfolg seiner künstlerischen Tätigkeit, der künstlich kreierten Legende und der permanenten äußeren Bestätigung in Form von Auszeichnungen und Preisen und öffentlichkeitswirksamen Inszenierungen. All das meine ich aber nicht.

FOLGE DEINER BESTIMMUNG

Ein wahrer Rockstar ist für mich jemand, der seiner Bestimmung um jeden Preis folgt, selbst dann, wenn er der einzige Mensch auf der Welt wäre, der darin einen Sinn sähe. Ein wahrer Rockstar ist für mich jemand, der seine innere Größe nicht an der Zahl seiner Instagram-Follower oder Konzertbesucher bemisst, sondern an den Herzen, die er bewegt hat. Ein wahrer Rockstar ist für mich jemand, der sich nichts anderes vorstellen kann, als ein Rockstar zu sein, der die Dinge tun muss, die er tut – unabhängig davon, ob er dafür geliebt oder gehasst wird oder sogar einen noch höheren Preis dafür zahlen muss. Für einen wahren Rockstar hat äußere Bestätigung keine Bedeutung. Jesus war so ein Rockstar. Muhammad Ali war so ein Rockstar. Malala ist so ein Rockstar. Und so viele andere Menschen sind es ebenfalls, deren Namen wir nie erfahren werden, weil sie zu sehr damit beschäftigt sind, anderen zu dienen, anstatt krampfhaft zu versuchen, berühmt werden zu wollen. An ihnen sollte man sich ein Beispiel nehmen. Von ihrer Lebensgeschichte sollte man lernen und aus ihr Mut schöpfen. Sie haben das Mindset eines wahren Champions, eines friedvollen Kriegers, der nicht kämpft, um zu gewinnen, sondern um die Welt zu einem besseren Ort zu machen. Diese Geisteshaltung erzeugt die stärkste Form von Anziehung, von echter Attraktivität, und wird sich, sobald du sie verinnerlicht hast und tatsächlich danach handelst, auf alle Bereiche deines Lebens auswirken: auf deinen Freundeskreis, auf deine Familie, auf deinen Arbeitgeber, auf deinen (nächsten) Partner. Mit dieser Einstellung änderst du einfach alles. Du fragst dich: Warum? Ich sage: Why not? Warum nicht?

Wenn du begriffen hast, dass es so einfach ist, wird sich dein ganzes Leben verschieben. Nicht nur dein Selbstbewusstsein wird größer, dein ganzes Umfeld wird es dir gleichtun. Die Schwere verschwindet, weil du plötzlich ganz klar sehen kannst. Du wirst auf deine Ernährung achten und dich sportlich und geistig betätigen, weil du erkennst, wie positiv die Menschen darauf reagieren. Du wirst dich wieder wohl in deinem Körper fühlen, wirst viel motivierter sein als früher, automatisch an deinem Arbeitsplatz erfolgreicher werden und eine völlig neue Energie ausstrahlen. Auf einmal setzt du dich für Dinge ein, die dir wichtig sind. Du verabredest dich plötzlich mit interessanten Menschen, nutzt deine Zeit, zeigst der Welt, dass es dich gibt, und beginnst, überall auf deinem Weg tiefe Fußstapfen der Liebe zu hinterlassen. Steve Jobs hat einmal gesagt: »Wenn du die Welt verändern willst, musst du schon völlig wahnsinnig sein. Es sind immer die Verrückten, die Erfolg haben. Die anderen geben irgendwann auf, weil der Moment kommt, an dem es, rational betrachtet, keinen Sinn mehr ergibt, weiter an sich zu glauben. Die Wahnsinnigen tun es trotzdem, weil sie nicht anders können, und verändern die Welt.« Keine Sorge, du musst nicht gleich die ganze Welt verändern. Es reicht schon, wenn du deine Welt veränderst. Schritt für Schritt. Übernimm wieder die Verantwortung für den Film, in dem du die Hauptrolle spielst, werde kreativ und schreibe die nächsten Szenen genau so, wie du es dir wünschst, und dann…

… GO FUCKING WILD!

Eines Tages wird jemand in dein Leben treten, der dich erkennen lässt, warum es mit all den anderen vorher nicht funktioniert hat. Du wirst ihn sehen und plötzlich dankbar sein für all die Menschen, die dich abgewiesen haben. Du wirst erkennen, dass ihre Aufgabe lediglich darin bestand, für einen Moment in dein Leben zu treten, um dich zurück auf deinen wahren Weg zu führen, von dem du kurz abgekommen warst. Dann ist er da. Dieser eine besondere Mensch, mit dem du dich blindlings verstehst, der deine Worte hört, bevor sie deinen Mund verlassen haben, mit dem du völlig frei sein kannst: sexuell, spirituell, geistig und körperlich. Wenn dieser eine Mensch in dein Leben tritt, tja, dann gibt es nur noch eine Sache zu tun: Dreh komplett durch! Ich meine das wirklich wörtlich. Nimm ihn an die Hand, lass dich komplett fallen und go fucking wild!

Die meisten Menschen erleben diesen magischen Zustand jedoch nur selten, weil sie den Fehler machen, ihr persönliches Glück außerhalb von sich selbst zu suchen. Sie machen sich etwas vor und belügen sich selbst, indem sie zu sich sagen: Wenn ich erst mal umgezogen bin; wenn ich erst mal dieses eine Projekt abgeschlossen habe; wenn ich erst mal den neuen Job in der Tasche habe; wenn ich erst mal meinen Beachbody erreicht habe; wenn erst mal die Kinder aus dem Haus sind, dann wird alles anders. Dann kann das Leben beginnen. Dann bin ich bereit. Der Haken an dieser Theorie ist allerdings, dass das Leben nicht wartet. Ob du willst oder nicht, die Zeit läuft weiter. Ich frage dich: Wie soll jetzt das Glück zu dir kommen, wenn du darauf programmiert bist, permanent alles auf morgen zu verschieben? Glaubst du ernsthaft, ein Umzug, ein neuer Job oder gar eine neue Beziehung werden daran etwas ändern? Diese Menschen, die nicht an die Macht des Augenblicks glauben, werden dann ebenfalls dort sitzen, in ihrer neuen Wohnung, mit ihrem neuen Job, und zu sich sagen: Prima, morgen geht's also los. Und wenn ich dann meinen Traumprinzen endlich gefunden habe, ach, dann wird alles zauberschön.

WIR SIND, WER WIR SEIN WOLLEN

Ich glaube, dass wir sind, wer wir sein wollen. Es ist eine aktive Entscheidung. Niemand wird kommen, um dich zu retten. Nur du kannst das tun. Niemand wird kommen und dir das geben, wonach du dich sehnst. Du musst rausgehen und es dir holen, dafür kämpfen. Niemand außer dir weiß, was du willst, und niemand wird sich so traurig fühlen wie du, wenn du nicht bekommst, wovon du träumst. Also gib jetzt nicht auf. Auf dem Traum steht noch immer dein Name. Verschiebe es nicht mehr auf morgen. Richte deine Konzentration auf diesen Moment und versuche jetzt zu erkennen und zu verstehen, dass in dir die Lösung all deiner Probleme liegt. Es ist bereits alles da. Willst du etwas an deiner Situation ändern, dann gehe an den Ort zurück, an dem alles beginnt – zu dir. Liebe dich selbst! Hör sofort damit auf, anderen Menschen hinterherzulaufen. Achte wieder auf dich, auf die Stimme deines Herzens. Sei du selbst. Die richtigen Menschen – diejenigen, die wirklich in dein Leben passen – werden zu dir kommen. Und bleiben. In dir ist der Schatz versteckt, nach dem du schon so lange suchst. Du hast ihn nur deswegen noch nicht gefunden, weil du bisher an den falschen Orten gesucht hast. Du könntest mit diesem Mindset beginnen, es dir ausdrucken und dir immer mal wieder laut vorlesen:

MEIN MINDSET
»Mein Lebensziel besteht darin, mit mir im Reinen zu sein und inneren Frieden zu finden. Ich werde zerstörerische Gefühle und Menschen aus meinem Leben ausschließen und verletzende Handlungen und Gedanken aus meinem Alltag eliminieren. Ich werde aufhören, nach Menschen zu suchen, die nicht nach mir suchen. Ich werde Platz schaffen, um in meiner Persönlichkeit wachsen zu können und um daraus Kraft und Liebe zu schöpfen, die für mich und die Menschen in meinem Umfeld einen positiven Einfluss haben. Ich habe noch große Träume und verdiene ein Leben, das ich liebe. Diese Liebe wird mich ab sofort begleiten.«

Denke immer daran: Das, was du fühlst, und alles, was du bist, strahlst du auch aus. Wie soll sich jemand in dich verlieben, wenn du dich selbst nicht liebst? Wenn du mit dem Gedanken durch dein Leben gehst »Ich bin so unglücklich, immer gerate ich an die Falschen und immer sind meine Beziehungen eine absolute Katastrophe«, wirst du es sehr schwer haben, Menschen anzuziehen, mit denen du eine positive, gesunde und erfüllende Beziehung führen kannst. Der Grund dafür ist ganz einfach: Du identifizierst dich so sehr mit dem Gedanken, schlechte Beziehungen zu führen, dass ebendiese eintreten. Du schaufelst dir dein eigenes Grab! Du sendest das Signal »unglücklich plus schlechte Beziehung« in die Welt und natürlich können nur jene Menschen dein Signal empfangen, die ihr Radar auf diese Wellenlänge eingestellt haben. Du bekommst, wonach du unbewusst suchst. Wenn du dich so stark auf deine innere Einsamkeit konzentrierst, auf dein Unglück, dein Pech, deine gescheiterten früheren Partnerschaften, fütterst du nur deine innere Stimme, die dir permanent einreden will, dass für dich genau dieser Weg vorgeschrieben ist. Wozu das führt, weißt du ja: noch mehr Unglück, noch mehr Tränen, noch mehr unerfüllte Beziehungen. Dieser Kreislauf ist giftig und wird dich nicht weiterbringen. Auch hier gilt der Leitsatz: Ändere deine Gedanken, und du änderst deine Welt.

DIE DREI GESETZE DES GEISTES

1. *Das Gesetz der Anziehung*: Du wirst immer jene Menschen in dein Leben ziehen, die im Einklang mit deinen mächtigsten Gedanken stehen.

2. *Das Gesetz der Beziehung*: Deine äußere Welt ist eine Reflexion deiner inneren Welt. Bist du von innen hässlich, kannst du außen keine Schönheit erwarten.

3. *Das Gesetz der Erwartung*: Was immer du voller Selbstvertrauen erwartest, wird zu deiner eigenen, ganz persönlichen selbstprophezeienden Erfüllung.

DER ECHTE TRAUMMANN

Als Stefanie zu mir kam, hatte sie sich gerade frisch getrennt. Sie ist 36, sehr attraktiv, arbeitet als Ärztin, hat einen breiten Freundeskreis und ist finanziell unabhängig – der Prototyp einer erfolgreichen Frau. Jedenfalls war das das Bild, das sie gerne nach außen verkörperte. Für sie stand fest, dass ihr Exfreund und alle Männer vor ihm an ihrer Seite »die Schuldigen« waren und der Grund, warum sie nicht glücklich sein konnte. Ihr Lieblingssatz, den sie gerne wiederholte, bestand aus zwei Worten: »Alles Arschlöcher!«

Ich fragte sie: »Was glaubst du? Waren deine Arschlöcher vorher schon Arschlöcher oder hast du sie erst dazu gemacht?«

»Was ist das denn für eine dämliche Frage?«, echauffierte sich Stefanie und beantwortete meine Frage mit einem Stirnrunzeln.

»Wenn all deine Arschlöcher also schon immer Arschlöcher waren«, sagte ich bewusst provozierend, »dann machst du also einem Arschloch den Vorwurf, ein Arschloch zu sein.«

Stefanie sah mich an, als wollte sie mir den Hals umdrehen, und sagte nur: »Auf welcher Seite stehst du eigentlich?«

»Ich will, dass du es verstehst«, antwortete ich. »Du verhältst dich nämlich wie eine junge Gazelle in der Savanne. Sie sieht die Löwen, wie sie groß und stark auf einem Hügel in der Abendsonne posieren, und fühlt sich von deren Gebrüll angezogen. Sie läuft zu ihnen und die Löwen fragen sich: Hoppla, was macht denn diese süße lebensmüde Gazelle da? Die Löwen machen sich einen Spaß daraus und fangen an, mit ihr zu spielen, bis es ihnen langweilig wird und sie zubeißen. Verletzt humpelt die Gazelle davon, bis sie kurze Zeit später, als die Wunde verheilt ist, wieder ein paar Löwen auf dem Hügel in der Abendsonne sieht und sich angezogen fühlt und zu ihnen hüpft und gebissen wird. Was ich dir damit sagen will: Du kannst einem Löwen nicht zum Vorwurf machen, dass er ein Löwe ist. Vielleicht sollte die Gazelle besser lernen, dass Löwen nicht gut für sie sind, und sich andere Spielkameraden suchen.«

»Aber was ist, wenn ich nun mal nur auf Löwen stehe?«, lachte Stefanie.

»Ist das so oder machst du nur, was du immer gemacht hast?«

»Keine Ahnung.«

»Und warum legst du überhaupt den Schlüssel zu deinem Glück in die Hände anderer Menschen?«

»Das muss man doch, oder?«

Stefanies Erwartungshaltung an die Männer war: »Mach mich glücklich!« Sie gab damit die Verantwortung ab. Das konnte nur schiefgehen. Indem sie auch nur solche Männer auswählte, die gar nicht in der Lage waren, ihre Erwartungshaltung zu erfüllen, sprang sie also von einer vorprogrammierten Enttäuschung zur nächsten. Wir mussten ihr Muster durchbrechen und neue positive Erlebnisse in ihrem Leben etablieren. Der Spaß konnte beginnen! Da Stefanie nach ihrer Trennung schon bei einer Dating-App angemeldet war, trafen wir eine Vereinbarung: »Gib Männern, die dich gut behandeln wollen, eine faire Chance!«

Es geht darum, mit anderen sein Glück zu teilen, aber sein Glück nicht von anderen abhängig zu machen.

Stefanie sah mich anfangs etwas ungläubig an, aber dann stellte ich ihr einfach ein paar Fragen:

»Wie viele Dates hast du letzte Woche gehabt?«

»Fünf.«

»Wie vielen Männern hast du die Chance gegeben, dich wirklich kennenzulernen?«

»Na ja, was soll ich machen? Das waren eben alles Langweiler.«

»Woran hast du das ausgemacht?«

»An ihrer Art eben.«

»Vielleicht waren sie einfach nur unsicher. Vielleicht waren sie von deiner Schönheit überwältigt und wollten dir zu sehr gefallen, was wiederum auf dich unattraktiv gewirkt hat, weil sie keine Herausforderung mehr waren. Wir wissen es nicht, werden es aber herausfinden. Deine Challenge besteht darin, ab sofort jedem Mann, den du kennenlernst, drei Chancen zu geben. Du musst deine antrainierte Gewohnheit überwinden, Männer, die offensichtlich keine Arschlöcher sind, langweilig und unsexy zu finden. Gib ihnen die Möglichkeit, dir zeigen zu dürfen, wie wunderbar du bist. Lass dich darauf ein und blocke nicht sofort alles ab, wo ›Gefühl‹ drauf steht. Und stelle Fragen. Interessiere dich. Lass den Zynismus zu Hause und versuche, Spaß zu haben. Erlebe es! Haben wir einen Deal?«

»Wir haben einen Deal«, sagte Stefanie. »Ich glaube zwar nicht, dass das was bringen wird, aber es kann ja nur besser werden.«

»Es kann nur besser werden und es wird besser. Ich habe übrigens ein spezielles Dating-Mantra für dich. Du wirst es dir ab sofort jeden Tag laut vorlesen. Ich möchte außerdem, dass du diesen Zettel immer dabeihast. Wenn du das Gefühl hast, während eines Dates gelangweilt zu sein, gehst du kurz auf die Toilette und liest ihn dir dreimal durch. Immer noch Deal?«

»Immer noch Deal.«

DAS DATING-MANTRA

Intelligente und warmherzige Menschen ziehen mich magisch an. Ein schöner und durchtrainierter Körper erregt meine Aufmerksamkeit, aber er wird auf Dauer nicht ausreichen, um mein Herz mit Liebe zu füllen. So war das immer, deswegen gebe ich neuen Menschen ab sofort die faire Chance, mir mehr als das von ihnen zeigen zu dürfen. Ich gebe ihnen hiermit die Erlaubnis, mich zu überlisten. Ich werde ihnen sagen: »Hey du, gib mir das Gefühl, dass ich von dir lernen und zusammen mit dir wachsen kann. Wenn du das schaffst, bin ich dein.« Intelligente und warmherzige Menschen ziehen mich magisch an.

In den ersten Tagen verfluchte sie mich dafür, da ihr erster Impuls der war, sofort die Flucht zu ergreifen. Sie tat es aber nicht, sondern begab sich zwangsläufig in Situationen, denen sie vorher immer ausgewichen war. Stichwort: Langeweile.

Mein Ziel war es nicht, dass sie sofort ihren Traummann findet, sondern dass sie mit ihren alten Gewohnheiten bricht und neue Energien zulässt. Nach ein paar Wochen lernte sie einen Mann kennen, den sie früher niemals beachtet hätte. Sie schloss ihn jetzt aber nicht mehr aus Prinzip kategorisch aus, sondern gab ihm eine faire Chance, obwohl er genau das Gegenteil von dem machte, was sie an ihren früheren Partnern scheinbar so faszinierend fand: Er rief an, auch wenn es keinen Grund dafür gab, er überlegte sich Unternehmungen fürs Wochenende; er besorgte Karten fürs Theater, er ging mit ihr im Park spazieren, er brachte abends Blumen mit, er kochte mit ihr, er nahm sie mit zu seinen Freunden, er hinterließ ihr morgens kleine Zettel, vor allem aber hörte er ihr wirklich zu. Durch all diese Taten erkannte sie, was für ein wunderbarer Mensch er ist, und verliebte sich schließlich in ihn. Sie hätte das niemals für möglich gehalten. Das war vor über drei Jahren und sie sind heute noch immer ein glückliches Paar.

FÜNF FRAGEN, UM HERAUSZUFINDEN, OB ER ODER SIE ZU DIR PASST:

1. Wie lauten deine kurzfristigen Lebensziele?
2. Was sind deine langfristigen Lebensziele?
3. Wie denkst du über Beziehungen?
4. Was denkst du über mich?
5. Und wenn du an mich denkst, was fühlst du dabei?

HABE ICH RECHT ODER EINE BEZIEHUNG?

> »Ein weiser Mensch
> gibt nicht die richtigen Antworten,
> er stellt die richtigen Fragen.«
> LEVI STRAUSS

Um es auf den Punkt zu bringen: Jegliche Form von Schuldzuweisung ist Zeitverschwendung. Unabhängig davon, wie sehr sich jemand schuldig gemacht hat und wie stark du ihn dafür tadeln und zur Rechenschaft ziehen willst, du wirst dich dadurch nicht verändern. Schuldzuweisungen sind nur dafür gut, den Fokus von dir abzulenken, wenn du selbst auf der Suche nach dem wahren Grund deiner Frustration und deines eigenen Unglücklichseins bist. Du wirst einen anderen Menschen vielleicht erfolgreich dazu bringen, dass er sich schlecht fühlt, wenn du ihm sein Versagen oder Fehlverhalten vor Augen hältst. Aber du wirst es auf diese Weise nicht schaffen, den wahren Grund zu eliminieren, weswegen du in diesem Moment unglücklich bist.

Was passiert denn, wenn wir uns verlieben? Am Anfang trifft unser Herz lauter unvernünftige Entscheidungen. Wir machen uns keine Gedanken über die Zukunft, sind stattdessen überglücklich im Jetzt und könnten die ganze Welt umarmen.

Wenn du deinem Partner permanent seine Unvollkommenheit vorhältst, macht dich das nicht besser, die Partnerschaft nicht liebevoller, vor allem macht es dich nicht glücklicher.

Wir schweben auf einer Wolke voller Glückseligkeit und Dank unserer rosaroten Brillen übersehen wir all die »Fehler« unseres Partners. Für eine kurze Weile lassen wir keinen Raum für negative Energie zu und unsere kleine Welt ist zu schön, um wahr zu sein. Bis unser Ego die Kontrolle zurückerobert und die alten Denkmuster reaktiviert. Aus dem Zustand der Leichtigkeit wird wieder ein Zustand der Schwere. Aus Glück wird Angst. Unser Herz verliert an Macht und der Verstand übernimmt wieder die Kontrolle, indem er beginnt, abzuwägen und Vergleiche zu ziehen.

VERLIEBT, VERLIEBT?

Wir können es gerne durchspielen. Du hast also einen Partner gefunden und ihr seid verliebt. Von heute auf morgen fühlst du dich wie ausgewechselt. Deine Seele bekommt wieder Luft zum Atmen, du bist gut drauf, das frühe Aufstehen fällt dir leicht, alltägliche Dinge scheinen dir völlig mühelos von der Hand zu gehen, du hast Spaß, bist aktiv, strahlst Lebensfreude aus und verbringst deine Zeit nur noch auf dem Sofa, um dort mit deinem Partner zu knutschen. Du denkst dir: So könnte es für immer bleiben! Doch irgendwann kommt der Moment, an dem dein Ego dir vorgaukelt, dass dein Partner deine tiefsten Sehnsüchte nicht mehr stillen kann. Du ziehst deine rosarote Brille ab und beginnst, dich wieder mit Belanglosigkeiten zu beschäftigen: die Unordnung im Wohnzimmer; den Brief, den er vergessen hat, für dich zur Post zu bringen; das schmutzige Geschirr in der Spüle. Du stellst deine Beziehung, die bis vor Kurzem noch dein absolutes Paradies war, plötzlich infrage, und die alten Gefühle sprudeln zurück an die Oberfläche: Wut, Kontrollsucht, Eifersucht, Angst, Besitzanspruch und emotionale Forderungen. Natürlich machst du deinen Partner für den Umschwung deiner Gefühle verantwortlich und forderst von ihm, dass er sich ändern soll. Du suchst den Grund deines Unglücklichseins außerhalb von dir! Merkst du, wie sinnlos das ist?

Auch wenn es schwerfällt:

- ◇ Hör auf, über dich und deinen Partner Urteile zu fällen.
- ◇ Hör auf, nach dem Schuldigen zu suchen.
- ◇ Hör auf, die Menschen, die du liebst, ändern zu wollen.

Nimm dich zu 100 Prozent so an, wie du bist, und akzeptiere deinen Partner zu hundert Prozent so, wie er ist. Richte deinen Fokus auf dein Wachstum. Wenn du dich zum Positiven veränderst, wird sich deine Umwelt mit dir verändern. Werde zu deinem eigenen Vorbild, deinem eigenen Rockstar! Wenn du das schaffst, wirst du sehen, wie sich eine neue Lebensqualität ausbreitet. In diesem Zustand hast du Platz geschaffen für Liebe und Lebensfreude, die vorher von deinem Ego blockiert wurden.

DIE VIER MANTRAS DER LIEBE
NACH THICH NHAT HANH

Ich bin bei der Lektüre der Bücher des buddhistischen Mönchs Thich Nhat Hanh auf eine unglaublich machtvolle Formel gestoßen. Egal, ob du gerade frisch verliebt bist, in einer langjährigen Beziehung steckst, ob deine aktuelle Beziehung gut läuft oder kriselt, ob du von jemandem enttäuscht wurdest und jetzt durch die Bars ziehst, um deinen Traumpartner zu finden, oder ob du ein zufriedener Single bist: Die folgenden Mantras werden dir helfen, deine Beziehungen auf ein neues Level zu heben.

Zur Erklärung: Der Begriff »Mantra« bezeichnet ein heiliges Wort oder einen heiligen Satz, der beispielsweise während der Meditation immer wieder laut wiederholt wird, um ihn im Bewusstsein zu verankern. Dieses Prinzip findest du an vielen Stellen meines Buches. Die folgenden Mantras sind in einer Beziehung tatsächlich extrem wirkungsvoll, wenn sie nicht nur still gedacht, sondern laut und deutlich ausgesprochen werden.

1. Mantra: »Liebling, ich bin ganz für dich da.«

Wenn du jemanden liebst, ist deine volle körperliche und geistige Anwesenheit das schönste Geschenk, das du geben kannst. Nimm deinen Partner in den Arm und sage: »Liebling, ich bin jetzt ganz für dich da.« Biete deinem Partner deine Nähe an, und zwar voll und ganz, ohne Ablenkungen. Verbanne die Vergangenheit, die Zukunft und all die Projekte, um die du dich zu kümmern hast, vollständig aus deinem Kopf. All das darf in dem Augenblick keine Rolle spielen. Sei ganz für deinen Partner da und höre zu. Deine Absicht sollte sein, ihn zu verstehen.

2. Mantra: »Liebling, ich weiß, dass du ganz für mich da bist.«

Damit zeigst du deinem Partner, dass du ihn wahrnimmst. Es gibt kaum etwas Schlimmeres für einen Menschen als das Gefühl, nicht mehr gesehen zu werden. Nimm deinen Partner in den Arm und sage: »Liebling, ich bin so glücklich, dass es dich gibt und dass du für mich da bist.« Denke immer daran: Du brauchst keinen Grund, um deine Liebe in Worte zu packen. Überschütte deinen Partner mit dieser Aufmerksamkeit, und er wird aufblühen. Versuche es! Geliebt zu werden bedeutet, in seiner Existenz gewürdigt zu werden.

3. Mantra: »Liebling, ich sehe, dass du leidest, deswegen bin ich ganz für dich da.«

Bevor du etwas unternimmst, um deinem Partner zu helfen, ist deine körperliche Anwesenheit oft schon ausreichend, um seine Sorgen zu verkleinern und für eine erste Erleichterung zu sorgen. Die Gewissheit zu haben, mit seinem Problem nicht alleine zu sein, ist von großer Bedeutung. Es ist tatsächlich wichtig, dass du das Mantra laut aussprichst: »Liebling, ich sehe, dass es dir nicht gut geht, deswegen bin ich jetzt ganz für dich da.«

4. Mantra: »Liebling, ich leide, bitte hilf mir!«

Das vierte Mantra ist in der praktischen Umsetzung sicher das schwierigste. Es handelt davon, wenn man selbst derjenige ist, der leidet. Wir alle kennen dieses Gefühl, von einem Menschen, den wir lieben, verletzt zu werden. Manchmal leidest du in diesen Momenten so stark und der Schmerz ist so schlimm, dass du denkst, dein Herz zerbricht gleich. Du willst nur noch alleine sein, die Tür hinter dir schließen, den Schlüssel aus dem Fenster werfen und einsam in deinem Selbstmitleid versinken. Du flüchtest dich vor der Welt und der Schmerz nimmt immer mehr zu. In dem Augenblick möchtest du deinen Partner dafür bestrafen, dass er dir dieses Leid zugefügt hat. Im vierten Mantra geht es allerdings darum, genau dieses Gefühl zu erkennen und zu überwinden.

Mit nur einem Satz hast du plötzlich den Grundstein gelegt, um deinem Partner zu erklären, dass er durch sein fehlerhaftes Verhalten, warum auch immer, deine Traurigkeit verursacht hat – und zwar ohne unnötige Schuldzuweisungen!

Wenn du es schaffst, in diesem schwierigen Moment die Tür offen zu lassen, auf deinen Partner zuzugehen und ihn zurück in euer Boot zu holen und das Mantra zu sagen, wird dein Leiden nur durch diese Tat sofort geringer werden. Warum? Weil du dein Ego und deinen falschen Stolz überwunden hast. Du demonstrierst damit eine seltene Größe.

Wenn er dich liebt, wird er gar nicht anders können, als dir zuzuhören, weil er deine Stärke erkennt. Auf diese Art lassen sich Missverständnisse oft sehr schnell wieder lösen. Und wieder nur ein einziger Satz, der aber die Macht hat, alles zum Positiven zu verändern: »Liebling, ich leide, bitte hilf mir!«

VIER WORTE, DIE DEINE BEZIEHUNG RETTEN

*»Wenn du dich sorgst,
was andere Menschen über dich denken,
wirst du immer ihr Gefangener sein.«*

LAO TSE

Thomas hatte sich nach 20 Jahren Ehe von seiner Frau getrennt und traf sich ab und zu mit einer Dame, die er auf einer Party kennengelernt hatte. Am Telefon sagte sie ihm, dass sie ehrlich mit ihm sein wolle. Es gäbe noch einen anderen Mann. Da sie ja nicht fest zusammen wären und sich auch erst seit Kurzem kennen würden, war das für sie anfangs kein Problem gewesen, doch jetzt, da ihre Gefühle für ihn größer würden, wolle sie die Sache mit dem anderen beenden, weswegen sie sich noch ein Mal mit ihm treffen wolle. Als Thomas mir die Geschichte erzählte, sah er traurig aus, da sie daraufhin Streit bekamen, das Telefonat unglücklich beendeten und seitdem weder geschrieben noch gesprochen hatten. Was war passiert?

WIE MISSVERSTÄNDNISSE ENTSTEHEN

Zusammengefasst sagte sie ihm, dass sie ihn sehr mag, weswegen sie eine andere Bekanntschaft beenden wird. Sie sagte ihm ganz klar, dass sie nur mit ihm zusammen sein möchte. Sie sagte ganz eindeutig »Ja« zu ihm. Thomas hörte hingegen Folgendes: Sie trifft sich doch nur mit ihm, um noch einmal Sex zu haben und wenn man weiß, dass es das letzte Mal sein wird, ist das hemmungsloser Supersex. Die ganze Nacht lang. Mit viel Wein. Vielleicht in einem Hotelzimmer. Wieso sagt sie mir das? Will sie mit mir Spielchen spielen? Will sie mich verletzen? Das lasse ich nicht zu! Wenn sie mit ihm Schluss machen will, wieso nicht am Telefon? Wieso will sie ihn noch einmal sehen? Sie kennt ihn doch kaum. Es kann sich nur um Sex drehen. Da mache ich nicht mit!

Wer da zu Thomas gesprochen hat, war seine innere Stimme, die von seinen alten (und falschen) Glaubenssätzen manipuliert wurde. Nicht er dachte das, sein gekränktes Ego war es. In dem Augenblick des Telefonats hat er ihre Worte nach seinen vergangenen Erfahrungen frei interpretiert, sie automatisch als wahr fehlgedeutet und sie dann für seine Gedanken verantwortlich gemacht. Er hat sie beschuldigt. Er hat mit dem Finger auf sie gezeigt. Er hat Behauptungen in den Raum geworfen und ihr Vorwürfe gemacht. Sie hingegen fällt aus allen Wolken, da sie gar nicht weiß, warum Thomas so reagiert. Sie wollte nur ehrlich sein und ihm nichts verheimlichen. Es kommt zum Streit, aus dem beide ohne Lösung, dafür maximal frustriert herausgehen ... und zwar alleine und ohne Händchen zu halten.

VIER MAGISCHE WORTE

Hätte Thomas, anstatt seiner fehlerhaften Interpretation zu glauben, einfach die vier magischen Worte »Wie meinst du das?« ausgesprochen, wäre das Drama erst gar keines geworden, denn sie hätte ihm vielleicht ganz ruhig Folgendes geantwortet: »Weißt du, ich gehöre nicht zu dieser Whatsapp-Generation, die mal schnell nebenbei eine Beziehung beendet. Für mich hat das keinen Stil. Ich bin keine 15 mehr. Es war ja nicht mal eine richtige Beziehung, eher eine kleine Liaison, dennoch ist es eine Frage des Anstands und des gegenseitigen Respekts, dass ich ihm das persönlich sagen möchte. Außerdem möchte ich nicht, dass er sich wegen mir schlecht fühlt. Ich möchte es ihm genau erklären, und das geht am besten im direkten Gespräch. Ich werde mich mit ihm auf ein Glas Wein treffen, alles besprechen und danach zu dir fahren. Freust du dich dann, mich zu sehen?«

Dieses Prinzip funktioniert überall: Stell dir vor, du bist in einem wichtigen Meeting und berichtest über das große Projekt, das du gerade umgesetzt hast. Ein Kollege, mit dem du persönlich nicht viel zu tun hast, sagt darauf recht emotionslos: »Das Resultat ist nicht so geworden, wie es besprochen war!« Was passiert? Sehr wahrscheinlich fühlst du dich angegriffen. Du denkst, du bist nicht gut genug. Du gehst automatisch davon aus, dass seine Aussage negativ und als Kritik gemeint war. Die anderen Kollegen schauen dich an und erwarten, dass du darauf antwortest. Du kannst jetzt versuchen, zu begründen und dich zu rechtfertigen, du kannst in den Angriff übergehen, du kannst es überspielen und diese selbst erzeugte negative Energie mit durch den Tag nehmen oder du stellst eine einzige Frage: »Wie meinen Sie das?«

Präge dir diesen kurzen magischen Satz gut ein, denn er wird dir in den unterschiedlichsten Situationen immer wieder erstaunliche Dienste erweisen.

Schon bekommst du eine klare Antwort. Die Situation ist geklärt. Du gehst nicht mehr von Annahmen aus, die du als gegebene Tatsache interpretierst, und hörst vielleicht ein: »Es ist viel besser geworden, als wir alle angenommen haben. Das hätte keiner gedacht. Gut gemacht«.

Oder stell dir vor, du stehst in der Küche und hast das Abendessen vorbereitet. Dein Partner kommt etwas später als geplant nach Hause, begrüßt dich kurz, wirft dabei einen flüchtigen Blick auf den Inhalt der Kochtöpfe und sagt beim Verlassen der Küche: »Ich habe heute nicht so viel Hunger.« Du hast jetzt zwei Möglichkeiten. Du fängst an, diese Worte zu interpretieren, und fühlst dich damit augenblicklich schlecht, indem du zum Beispiel folgende Dinge annimmst:

- ◇ Ihm schmeckt mein Essen nicht.
- ◇ Ich bin kein guter Koch.
- ◇ Ich kann gar nichts.
- ◇ Nicht mal ein paar einfache Spaghetti bekomme ich in der Küche auf die Reihe.
- ◇ Ich bin ein totaler Versager.

Oder du fragst einfach: »Schatz, wie meinst du das?« Dann kommt dein Partner aus dem Bad zurück und antwortet: »Ich habe mich gerade noch mit dem Geschäftsführer dieser Firma getroffen, der mich vielleicht abwerben will, und er hat in dem Restaurant nicht nur etwas zu trinken, sondern auch zu essen bestellt. Der Höflichkeit wegen habe ich dann auch etwas bestellt, weswegen ich jetzt eigentlich schon satt bin. Aber mach mir doch bitte einen kleinen Teller, dann können wir gleich zusammen essen und ich erzähle dir alles in Ruhe. Den Rest nehme ich dann morgen mit zur Arbeit und setze mich damit mittags nach draußen in die Sonne. Du weißt ja, am nächsten Tag schmeckt deine Pasta sowieso besser. Ich bin gleich bei dir, lass mich nur schnell duschen.« Es ist so einfach!

> *Denke immer daran: Dein Partner und du, ihr sitzt im gleichen Boot. Ihr müsst nicht gegeneinander kämpfen. Ihr seid ein Team, teilt ein Leben, folgt dem gleichen Traum.*

WAS IST, WENN NICHTS MEHR GEHT?

Manchmal ist allerdings der Moment gekommen, an dem du Menschen aus deinem Leben verbannen musst... und das ist gut so! Um eine Freundschaft nicht zu zerstören, muss man manchmal den Schritt wagen und die Entscheidung treffen, »nur« Freunde zu bleiben, auch wenn es anfänglich ungewohnt ist und schmerzt. Ich erlebe es immer wieder, im Freundeskreis, bei Klienten, auch bei mir selbst, dass es ungemein befreiend sein kann, wenn die Bürde einer Partnerschaft nicht mehr zwischen zwei Menschen steht. Oftmals fangen sie genau dann wieder an, miteinander zu reden, wenn der Druck weg ist, wenn die Ehrlichkeit wieder eingekehrt ist, wenn man sich wieder darauf konzentrieren kann, freundschaftlich füreinander da zu sein.

Sei mutig genug, dir selbst die Liebe zu schenken, die andere dir vorenthalten haben!

Manchmal ist aber auch der Zeitpunkt gekommen, um endgültig Abschied zu nehmen und nicht mehr zurückzublicken: Wenn es sich so anfühlt, als müsstest du etwas an deiner Situation ändern, dann liegt es daran, dass es so ist. Wenn es sich falsch anfühlt, dann liegt es daran, dass es falsch ist. Wenn du weißt, dass du dich am falschen Ort befindest, dann steh jetzt sofort auf und geh.

Zeit, sich zu verabschieden

Falls er dich weiter verletzt, anstatt dich glücklich zu machen, bitte, bitte, bitte pack deine Sachen und geh. Du verdienst so viel Besseres im Leben. Du verdienst jemanden, der alles für deine Liebe tun würde, der dich in allen Phasen deines Lebens unterstützt, der deine Träume versteht und für dich da ist, der die Tränen, die an deinen Wangen herunterlaufen, in ein Lächeln verwandelt. Ich kann dich ja verstehen. Du willst kämpfen und alles dafür tun, um die »Liebe deines Lebens« nicht verlassen zu müssen. Aber du belügst dich selbst, weil du den Ort, an dem du dich gerade befindest, so gut kennst und dich darin eingerichtet hast. Der Schmerz kommt dir vertraut vor, als wäre er schon immer ein Teil von dir. Stell dir jetzt einmal vor, wie schön es wäre, jemanden an deiner Seite zu haben, der dich gut behandelt, der antwortet, wenn du ihm schreibst, der sich gut fühlt, wenn du dich gut fühlst. Und anstatt in dein Kissen zu weinen, hättest du das schönste Lächeln der Welt, weil es genau das ist, was du verdienst. Ich weiß, du hast Angst vor diesem Schritt. Wie wäre es, wenn du deine Angst durch Neugierde ersetzt? Schreib das nächste Kapitel deiner Geschichte um, und plötzlich wird ein neuer Mensch vor dir stehen, der dich erkennen lässt, warum es mit dem anderen nicht funktioniert hat. Und übrigens:

- ◇ Du bist wunderschön.
- ◇ Du wirst geliebt.
- ◇ Du wirst gebraucht.
- ◇ Du bist aus einem bestimmten Grund auf dieser Welt.
- ◇ Du bist stärker, als du glaubst.
- ◇ Du wirst das überstehen.

SCHLUSS MIT EWIGEN ZWEITEN CHANCEN

Denke immer daran: Je öfter du Menschen eine neue »zweite Chance« gibst, desto weniger Respekt werden sie für dich empfinden. Sie beginnen, deine Güte und Liebe zu missbrauchen, weil sie wissen, dass ihnen wieder neue »zweite Chancen« gegeben werden. Sie haben keine Angst, dich zu verlieren, weil sie wissen, dass du niemals fortgehen wirst. Deswegen: Lasse niemals zu, dass sich eine Person gut fühlt, indem sie dich schlecht behandelt!

Wenn dich eine Beziehung nicht zu einem besseren Menschen macht, bist du schlichtweg mit der falschen Person zusammen.

- ◇ Gute Dinge passieren, wenn du dich von schlechten Menschen fernhältst.
- ◇ Jemanden zu verlieren, der dich nicht respektiert, nicht wertschätzt und nicht gut behandelt, ist in Wahrheit kein Verlust, sondern ein großer Gewinn.
- ◇ Sag »Nein!« zu Menschen, die dir das Gefühl geben, es sei unmöglich, dich zu lieben.

DU WIRST NIEMALS
DEINEN WERT VERLIEREN!

Ist es nicht unglaublich, dass das gleiche Universum, das Meere und Berge und Wälder und Flüsse und Blumen und Sterne und Galaxien erschaffen hat, der Meinung war, dass diese Welt auch jemanden wie dich braucht? Bitte denke an diese Worte, wenn du dich das nächste Mal ungeliebt und wertlos fühlst... und besorg dir zur Sicherheit schon einmal einen 100-Euro-Schein.

Ich habe einen Auftritt einmal damit begonnen, dass ich einen 100-Euro-Schein in die Luft gehalten und mein Publikum gefragt habe: »Wer von euch möchte gerne diesen Schein in seinen Händen halten?«

Alle Teilnehmer streckten einen Arm in die Höhe, manche sogar alle beide. Natürlich machten sie das. Hätte ich auch getan. Ich sah mich zufrieden um und sagte: »Wunderbar, einer von euch wird diesen Schein gleich bekommen, aber vorher muss ich mit ihm noch etwas machen.«

Ich zerknüllte den Geldschein, öffnete ihn, spuckte hinein und zerknüllte ihn erneut. Dann fragte ich: »Und jetzt, wer möchte ihn immer noch?« Wieder schnellten die Hände in die Luft.

»Und jetzt?« Ich warf den zerknäulten und vollgespuckten Geldschein auf den Boden, trampelte darauf herum und schliff ihn mit meinen Schuhen den Boden entlang. Mit zwei Fingern hob ich ihn vorsichtig auf und hielt den dreckigen und völlig versifften Geldschein für alle gut sichtbar in die Luft. Wieder gingen die Hände nach oben. »Meine Lieben«, sagte ich, »ihr habt gerade eine unfassbar wertvolle Lektion gelernt, und zwar im wahrsten Sinne des Wortes. Was auch immer ich mit dem Geldschein gemacht habe, ihr wolltet ihn in jedem Stadium seines äußeren Zustandes haben, weil ihr seinen wahren Wert zu keinem Zeitpunkt infrage gestellt habt. Dieser schmutzige 100-Euro-Schein hat jetzt den gleichen Wert wie vor fünf

Minuten, als er noch schön sauber und glatt war. Denkt bitte immer daran: Jeder von euch ist dieser Geldschein! Im Laufe unseres Lebens werden wir alle einmal fallen gelassen. Auf uns wird herumgetrampelt und gespuckt werden. Die Wahrheit ist aber: Was immer dir in der Vergangenheit geschehen ist und in der Zukunft passieren wird, du wirst, ebenso wie dieser 100-Euro-Schein, niemals deinen wahren Wert verlieren.

> **DEIN TALISMAN**
> *Deine Aufgabe: Nimm einen 100-Euro-Schein, schreibe deinen Namen darauf und verstaue ihn in einem Seitenfach deines Portemonnaies. Du kannst auch einen anderen Ort wählen. Wichtig ist nur, dass du ihn immer dabei hast. Achtung: Dieser Geldschein ist nicht zum Ausgeben gedacht, sondern dient dir ab sofort als Talisman in schwierigen Momenten. Er ist eine permanente Erinnerung daran, wie wertvoll du bist und dass dein wahrer innerer Wert durch nichts zerstört werden kann.*

ÜBER DIE RICHTIGEN MENSCHEN AUF DEINEM WEG

»*Wenn du dich ins Abenteuer stürzt, macht es keinen Sinn, Ratschläge von Menschen anzunehmen, die niemals ihr Zuhause verlassen haben.*«
RUMI

Ich sage, wie es ist: Sobald du die Entscheidung triffst, eine gewohnte Situation zu verlassen, um als Persönlichkeit zu wachsen, und neue Dinge plötzlich in deinem Leben eine wichtige Rolle einnehmen, wirst du Freunde verlieren. Und je weiter du dich dabei von deinem alten Leben entfernst, desto weniger alte Freunde werden dich dabei begleiten. Es spielt keine Rolle, ob du einen Partner verlässt, der schlecht für dich ist, oder einen Job kündigst, der dir Bauchschmerzen bereitet, es wird immer Menschen aus deinem gewohnten Umfeld geben, die dich davon abbringen wollen und ich werde dir erklären, warum das so ist.

Manche Menschen werden dich verlassen. Das ist nicht das Ende deiner Geschichte. Es ist nur das Ende ihrer Rolle in deiner Geschichte.

Diese Menschen mögen dich, weil du wie sie ein Teil der grauen Masse bist: durchschnittlich, ohne große Ambitionen. Sie erkennen sich selbst in dir, und das gibt ihnen ein gutes Gefühl. Die Gleichung ist einfach: Deine Mittelmäßigkeit gibt ihnen die Erlaubnis, ebenfalls so zu sein. Sobald du aber nach etwas Größerem strebst, für dein Leben ein Ziel definierst und auch danach handelst, wenn du plötzlich neue Prioritäten setzt und nicht mehr pausenlos für jeden zu erreichen bist, fühlen sich manche Menschen davon auf den Schlips getreten, weil du sie an ihre eigene Untätigkeit, ihr eigenes Versagen erinnerst. Sie werden versuchen, dich mental zu entmutigen. Sie werden dich verunsichern und mit zu Boden drücken. Sei darauf vorbereitet! Du wirst auf deinem Weg einige Menschen verlieren. Das ist gut so. Du wirst sie nicht vermissen.

NICHT OHNE MEINE FREUNDE?

Immer wieder treffe ich auf Menschen, die versuchen, ihren Freundeskreis mit auf ihre Reise zu nehmen. Am Anfang habe ich auch diesen Fehler gemacht. Ich war so überwältigt von meinen neu gewonnenen Erkenntnissen, dass ich allen davon erzählt habe. Es ist nur so: Nicht jeder Mensch möchte spirituell wachsen. Viele fühlen sich ziemlich wohl an dem Ort, an dem sie sich gerade befinden. Und dann kommt jemand daher und versucht, ihnen etwas zu erklären, was sie gar nicht begreifen können.

Sei dir über Folgendes im Klaren: Wenn du ein höheres Bewusstsein erlangst, verändern sich automatisch deine Ansichten und Interessen. Während dieses Überganges wirst du dich selbst neu wahrnehmen und dich dabei beobachten können, wie stark du dich gerade veränderst. Deine innere Wahrnehmung auf dich selbst und die Welt verschiebt sich und deine äußere beginnt, sich dem anzugleichen. Dann wirst du merken, dass die Verhaltensweisen, Gewohnheiten und Entscheidungen einiger Menschen aus deinem Umfeld keinen Sinn mehr für dich ergeben. Wichtig ist, dass du nicht versuchst, diese jetzt verbiegen zu wollen, damit sie sich dir anpassen. Das kann nur schiefgehen! Die Wahrheit, die du akzeptieren musst, lautet, dass einige Menschen, selbst wenn es gute Freunde sind, nicht dazu in der Lage sind. Ihr Lieblingsort nennt sich Komfortzone. Lass sie dort! Es geht jetzt um dich.

Frag dich selbst: Warum solltest du dich einschränken lassen, nur weil eine andere Person Angst vor dieser Veränderung hat? Setze deine Ziele nicht herab, nur um andere Menschen glücklich zu machen. Du kannst die Persönlichkeit dieser Menschen nicht ändern, also versuche es erst gar nicht. Ich frage dich noch einmal, weil ich weiß, dass du Zweifel hast: Macht es Sinn, deine wertvolle Lebenszeit mit Menschen zu verbringen, die nicht an deine Arbeit glauben, die aktiv Stimmung gegen dich und deine Träume machen? Macht es Sinn, dafür zu kämpfen, die Herzen genau dieser »Hater« zu gewinnen, die dich gar nicht gewinnen sehen wollen? Ich rate dir: Verbringe dein kostbares Leben mit Menschen, die dich auf deiner Reise unterstützen und dir helfen möchten, über die riesigen Hürden (die kommen!) zu springen.

Manchmal muss man sich einfach von falschen Menschen trennen, um zu den richtigen in seinem Leben zu gelangen.

Nicht aus Egoismus, Arroganz oder Selbstverliebtheit, wie es diese falschen Menschen oftmals nennen, sondern weil es für deinen inneren Seelenfrieden unbedingt notwendig ist. Außerdem: Sein Leben mit Gleichgesinnten zu verbringen, macht so unendlich viel mehr Spaß, als permanent seine Träume erklären zu müssen, um am Ende doch nur unverstanden und mit Bauchschmerzen und Tränen ins Bett zu gehen. Dein neues Mindset lautet deshalb ab sofort: Ich bin dankbar für all die »Hater« in meinem Leben, denn ihre Taten erinnern mich daran, wie ich nicht werden möchte.

10 IDEEN, WIE DU MENSCHEN EIN BESONDERES GEFÜHL SCHENKEN KANNST

Fast jeder Mensch sehnt sich in irgendeiner Form nach Anerkennung, sei es für seine berufliche Leistung, in der Schule, von seinen Eltern, im Fußballverein… Bei jedem ist es etwas anderes. Verwende diese Erkenntnis ruhig für dich, um den richtigen und wichtigen Menschen in deinem Umfeld (Freundeskreis, Nachbarn, Arbeitskollegen, Kindern) das Gefühl zu geben, etwas ganz Besonderes für dich zu sein. Wenn deine Welt also gerade nicht ganz so schön ist, wie du sie gerne hättest, erschaffe sie dir, indem du Liebe und gute Energie verströmst.

1. Wenn du angesprochen wirst, höre mit dem, was du gerade tust, augenblicklich auf, lächle und schaue deinem Gegenüber dabei direkt in die Augen. Wenn du bei etwas Wichtigem unterbrochen wirst, sag lieber: »Ich bin gleich ganz für dich da, ich mache das eben noch fertig«, als ihm nur halbherzig zuzuhören.

2. Mache dir Notizen von Vorlieben (ausgefallene Hobbys, Lieblingsbücher, besondere Restaurants et cetera) von Menschen, die dir nahestehen, sodass du ihnen immer mal wieder »wie aus dem Nichts« eine Freude machen kannst, die ihr Herz berührt und sie glücklich macht.

3. Wenn du bemerkst, dass das Selbstwertgefühl eines anderen Menschen gerade im Keller ist, nimm ihn liebevoll in den Arm und sag: »Ich finde, dass du unglaublich bist. Und ich hoffe, du weißt das!«

4. Verteile Komplimente, vor allem wenn es sich um Dinge oder Kleinigkeiten handelt, die außer dir niemand bemerkt (du bemerkst sie jetzt natürlich, weil Aufmerksamkeit zu deinen neuen Stärken zählt). Wenn eine Arbeitskollegin zum Beispiel seit Kurzem mit einem Workout und einer Ernährungsumstellung begonnen und jetzt schon ein wenig an Gewicht verloren hat, könntest du zu ihr sagen: »Andrea, ich mag diese neue Energie, die von dir ausgeht. Das gefällt mir sehr.«

5. Lobe die Menschen, wenn sie einen guten Job gemacht haben, vor allem, wenn die Aufgabe nur eine scheinbar kleine war, die von anderen nicht einmal bemerkt wurde.

6. Sag deinen Freunden einmal ganz unverblümt und direkt, was du toll, besonders, bewundernswert und liebenswert an ihnen findest (nicht lange überlegen, einfach machen).

7. Interessiere dich für ihre Hobbys und Leidenschaften und gib ihnen die Möglichkeit (in größerer Runde!) zu glänzen, indem sie erzählen können, was ihnen daran so viel Freude macht. Ein Beispiel: »Hey Stefan, du hast doch vor Kurzem deine Privatpilotenlizenz erhalten. Darfst du jetzt wirklich richtige Flugzeuge fliegen? Der Wahnsinn! Das musst du uns genauer erzählen.«

8. Erkenne ihre (oft übersehenen) Fähigkeiten als Elternteil oder ihre Rücksichtnahme als Sohn, Tochter, Bruder oder Schwester und stelle das auch vor anderen heraus.

9. Beginne ein Gespräch mit den Worten: Es ist wirklich schön, wie du ...

10. Auch wenn es vielleicht komisch klingen sollte, sag einfach mal zu einem lieben Freund oder Arbeitskollegen: »Ich möchte, dass du weißt, dass du eine Bereicherung für mein Leben bist. Danke, dass du bist, wie du bist.«

Wenn du nur hin und wieder ein bisschen aufmerksamer durch dein Leben gehst, für andere Menschen Dinge tust, über die du dich selbst freuen würdest, wirst du schnell feststellen, dass diese Liebe, die du aussendest, den Weg zu dir zurückfinden wird. Vielleicht nicht immer von der gleichen Person, aber sie kehrt auf anderen Wegen zu dir zurück.

Wie man ein erfülltes Leben führt (und nebenbei seine Beziehung rettet)

Der wichtigste Satz zu Beginn: »Ich muss mich damit nicht abfinden!« Für mich steckt in diesen sechs Wörtern unglaublich viel Kraft, denn sie bedeuten erstens, dass nichts für immer ist und zweitens, dass es nach oben keine Grenzen gibt.

ICH KANN MICH NICHT ÄNDERN!

*»Erfolg ist, dich zu mögen, zu mögen,
was du tust, und zu mögen,
wie du es getan hast.«*

MAYA ANGELOU

Du musst dich mit dem Leben, das du zu diesem Zeitpunkt führst, nicht abfinden, selbst dann nicht, wenn es objektiv betrachtet gar nicht so schlecht ist. Du willst nämlich kein Leben führen, das nur gar nicht so schlecht ist. Du willst ein großartiges, ein herausragendes, ein königliches Leben voller Glück, Liebe und Fülle. Darum geht es. Zu erkennen, dass dieses Leben ein unfassbar kostbares Geschenk ist. Ich möchte, dass du über die Bedeutung deines Lebens nachdenkst und dir diese eine Frage stellst: Was werde ich heute aus meinem Leben machen? Vergiss die Vergangenheit. Es ist belanglos, was du vor zehn Jahren tun wolltest und was du damals über deine Zukunft gedacht hast. Denke auch nicht darüber nach, was in einem Monat sein könnte, in einem Jahr oder in zehn Jahren. Richte deinen Fokus nur auf die Gegenwart.

DOCH, DU KANNST!

Viele Menschen unterliegen dem Irrglauben, dass Veränderungen und die damit gewünschten Resultate eine Ewigkeit dauern. Und falls sie durch eine Laune des Schicksals doch schnell in Erfüllung gehen, werden sie nicht bleiben. So denken sie. Und weil sie so denken, wird auch genau das passieren. Für manche Bereiche des Lebens stimmt das sogar. Du wirst nicht in einer Woche 15 Kilo an Gewicht verlieren oder nach einem Monat eine neue Sprache fließend sprechen oder nach einem Jahr den Universitätsabschluss in der Tasche haben, aber sobald du die Prioritäten in deinem Leben geändert hast und sich die Rezeptoren in deinem Nervensystem an all die Glückshormone gewöhnt haben, die du ihnen ab sofort täglich geben wirst, und du dein Programm konsequent durchziehst, und zwar in einer Umgebung, die dich darin bestärkt, nicht aufzugeben, wird diese Veränderung eintreten ... und sie wird bleiben!

HÖRE NIEMALS AUF ZU LERNEN

Alles ist am Anfang schwer, aber es wird leichter. Von Tag zu Tag. Vergleiche dich nicht mit anderen! Sie standen auch einmal dort, wo du gerade stehst. Genau da! Auch sie mussten die volle Strecke gehen. Wenn du im Fernsehen einen Sportler siehst, der in seiner Disziplin sehr gut oder sogar der Beste der Welt ist, dann siehst du dort jemanden, der jahrelang jeden Tag stundenlang trainiert hat – ohne Applaus, ohne Kameras, ohne Öffentlichkeit. Jeder Champion, jeder Meister war einmal ein Anfänger, ein Beginner. Wen auch immer du zum Vorbild hast, er stand vor dem Weg, der jetzt vor dir liegt. Es gibt keinen Unterschied zwischen ihnen und dir. Höre niemals auf zu lernen, zu wachsen, und sei immer wieder bereit, den einen entscheidenden Schritt weiterzugehen, um eben doch den Unterschied auszumachen. Zwischen all denen, die aufgeben, und dir. Du wirst nicht aufgeben! Und wenn du glaubst, ein Ziel tatsächlich erreicht zu haben, nimm dir etwas Neues vor. Und genieße diesen Weg, der dich mit jedem Tag, der vergeht, stärker, klüger, weiser und schöner macht. Ja, genau: SCHÖNER! Je mehr Ziele (und

Mini-Ziele!) du erreichst, desto unwiderstehlicher wirkst du auf deine Außenwelt. Warum? Weil du beginnst, dich selbst zu lieben. Weil du beginnst, dich selbst wertzuschätzen. Weil du beginnst, endlich stolz auf dich zu sein. Auf deine Leistungen. Auf deine Fehlschläge. Auf deine Verbesserungen. Auf dein Leben. Diese Ausstrahlung wird wie durch Zauberhand dafür sorgen, dass die coolsten und interessantesten Menschen ihre Zeit mit dir verbringen möchten.

Du kannst schon jetzt stolz auf dich sein. Sieh dir all die Meilensteine deines Lebens an, all die fantastischen Dinge, die du bereits erreicht hast, all die Erfolge, an die du zu selten oder gar nicht mehr denkst, weil du glaubst, sie seien bedeutungslos. Sie sind es nicht. Du bist es nicht. Du bist wunderbar, ganz und gar wunderbar. Zeig der Welt heute, dass es dich gibt, und gib dein Bestes, damit du am Ende des Tages mit folgenden Gedanken dankbar und zufrieden einschlafen kannst:

»Danke für diesen Tag. Morgen früh, wenn sich meine Augen wieder öffnen, werde ich erneut mein Bestes geben. Ich gebe mir die Zeit, die ich brauche. Ich muss nicht perfekt sein, aber mit jedem Schritt werde ich dazulernen und mich verbessern.«

Wie viel Zeit gibst du einem Baby, um das Laufen zu erlernen? Darauf kann es nur eine Antwort geben: so viel Zeit, wie nötig ist. Ich habe jedenfalls noch nie erlebt, dass Eltern gesagt haben: »Ich gebe meinem Baby vier Wochen. Wenn es bis dahin nicht auf beiden Beinen steht und selbstständig läuft, dann war's das. Dann müssen wir uns damit abfinden, dass unser Kind das eben nicht kann.« Natürlich geben wir unseren Kindern genau die Zeit, die sie brauchen, um das Laufen zu lernen. Nimm dir dieses Beispiel zu Herzen, auch wenn du heute groß bist: Wenn etwas nicht sofort funktioniert, sag nicht, dass du es nicht kannst, sondern probiere, bis du deinen Weg gefunden hast. Lass dir Zeit, falle hin, hole dir ein paar blaue Flecken, stehe wieder auf, atme durch und gehe den nächsten kleinen Schritt.

DU HAST ES IN DER HAND

Wenn es darum geht, Neues auszuprobieren oder auch mal einen ungewöhnlichen Weg einzuschlagen, höre ich oft das Argument: »Ich kann mich nicht ändern, weil ich bin, wie ich bin. Ich möchte mich außerdem nicht verbiegen lassen. Ich mache die Dinge auf meine Art und basta!«

Das ist völlig okay. Die Fragen, die sich mir jetzt jedoch stellen, sind folgende: Wohin hat dich das geführt? Bist du glücklich mit dem Ergebnis? Hast du die Dinge erreicht, die du dir wünschst? Albert Einstein hat einmal gesagt: »Probleme kann man niemals mit derselben Denkweise lösen, durch die sie entstanden sind.« Man kann ein neues Leben also nicht herbeiführen, indem man nach alten Mustern handelt. Klingt logisch! Keine Angst, du musst dich nicht verbiegen, um deine Träume zu erreichen. Die gute Nachricht lautet: Du musst dich nicht einmal ändern. Es ist sogar ziemlich schwer, sich als Mensch zu ändern, aber es ist gar nicht so schwer, eine Gewohnheit zu ändern. Lass uns an dieser Stelle ansetzen. Du bleibst der gleiche Mensch, die gleiche wunderschöne und wertvolle Persönlichkeit. Und ganz wichtig: Du behältst die Kontrolle. Das Problem bist ohnehin nicht du!

Der erste Schritt

Erlange ein Bewusstsein dafür, dass dieses Gefühl, das dich in die Dunkelheit treibt, in die Traurigkeit, in die soziale Isolation, wohin auch immer, nur ein angelerntes Verhaltensmuster ist. Dieses Gefühl bist nicht du. Ich wiederhole diesen Satz jetzt, weil er so unglaublich wichtig ist: Es ist ziemlich schwer, sich als Persönlichkeit zu ändern, aber es ist gar nicht so schwer, eine Angewohnheit oder seine Denkweisen zu ändern. Wenn du ein bestimmtes Muster so oft angewendet hast, wenn etwas bereits dein halbes Leben ein Teil von dir ist, glaubst du irgendwann an diese Illusion, dass du das bist. Du glaubst daran, dass du ein Verlierer bist, ein Mensch, der es nicht wert ist, geliebt zu werden. Ich sage dir ganz deutlich: Du bist kein Verlierer! Du handelst lediglich nach einem Programm, das dich glauben lässt, ein Verlierer zu sein. Das ist ein gewaltiger Unterschied.

Der zweite Schritt

Der zweite Schritt besteht darin, deine Grenzen zu durchbrechen und auf die andere Seite zu springen, um das nächste Level zu erreichen. Damit haben die meisten Menschen große Schwierigkeiten, weil sie in ihren Gewohnheiten festhängen und nie gelernt haben, eine tief greifende Entscheidung zu fällen und zu sagen: »Stopp! Das alles hier bin nicht ich. So habe ich mir mein Leben nicht vorgestellt. So möchte ich nicht in Erinnerung behalten werden. Dieses Leben, das ich gerade führe, ist nicht das, wofür ich stehe. Meine aktuelle Situation ist nicht gut für meine Freunde, für meine Familie, nicht gut für mich. Deswegen endet diese Geschichte hier. Jetzt! In dieser Sekunde! Genug ist genug!«

Schließe deine Augen, nimm in deiner Vorstellung einen kleinen Ast in die Hand, der vom Meer an den Strand gespült wurde, zeichne eine dicke Linie in den Sand und sprich es laut aus:

»Mein altes Leben endet hier!«

DEIN SCHLÜSSEL ZUM GLÜCK

In dir steckt so viel mehr. So viel Schönheit, Eleganz und Anmut. So viel Kraft und künstlerisches Talent. Lass es zu! Gib dir selbst die Erlaubnis, all das, was schon immer in dir war, an die Oberfläche kommen zu dürfen. Es gibt dabei keine Regeln. Wichtig ist, dass du etwas Neues und völlig Unerwartetes tust, um dich so schnell wie möglich aus dem alten und vertrauten

Zustand der Schwere herauszuholen. Zu einer depressiven Klientin habe ich einmal gesagt: »Steh auf! Und jetzt, sag es laut, fünfmal: Ich bin froh, dass ich kein Darmbakterium in einem Thunfisch bin.« Diese Frau war so geschockt, weil sie womöglich mit allem gerechnet hätte, nur nicht mit so einem eigenartigen Spruch. Und siehe da, zum ersten Mal seit langer Zeit zeichnete sich ein vorsichtiges Lächeln in ihrem Gesicht ab. Ich habe sie mit einer völlig skurrilen Aktion aus ihrem gewohnten Denkmuster herausgerissen und für einen Moment die Tür zu ihrem Herzen geöffnet. Das wurde dann ihre tägliche Aufgabe: jeden Morgen fünfmal diesen Satz laut in den Badezimmerspiegel sprechen.

»DANKE, DASS ICH KEIN DARMBAKTERIUM IN EINEM THUNFISCH BIN!«

Zuerst zierte sie sich ein wenig, weil sie das in all ihren 65 Lebensjahren noch nie getan hatte, aber dann gewöhnte sie sich daran. Nach einer Weile fand sie sogar echten Gefallen daran, richtig aus sich herauszugehen.

Ich frage dich: Wann hast du das letzte Mal so richtig laut gebrüllt? Es ist ungemein befreiend.

Ich verändere den Zustand der Menschen aus einem einfachen Grund: Sie müssen aufwachen! Ich hole sie aus ihrem Hamsterrad heraus und schüttle sie ordentlich durch, damit sie begreifen, dass es an der Zeit ist, sich ihr Leben zurückzuholen. Die meisten Menschen wissen nämlich, was funktioniert und was nicht, sie wissen, was ihnen guttut und was nicht, was sie dringend ändern müssten. Aber sie tun es nicht. Der Grund dafür ist, dass ihr alter Geisteszustand – ihr dunkles Haus – diese Veränderung nicht zulässt. Deswegen habe ich es mir zur Lebensaufgabe gemacht, den Menschen Mut zu machen, um diese Veränderung anzunehmen. Denn genau dort befindet sich der Schlüssel zu ihrem Glück.

> *Jede dauerhafte Veränderung entsteht aus einem veränderten Zustand heraus.*

DER LETZTE TAG DEINES LEBENS

> *»Eine Wahrheit kann erst wirken,*
> *wenn der Empfänger für sie reif ist.«*
> CHRISTIAN MORGENSTERN

Wäre heute der letzte Tag deines Lebens, würdest du immer noch tun, was du gerade tust oder tun wirst? Du solltest dir diese Frage immer wieder stellen. Stell dir vor, du würdest wissen, dass dein Leben nur noch kurze Zeit dauern würde, sähe dein Tag immer noch so aus wie heute? Wären deine Gedanken noch die gleichen? Hättest du dann noch gerne das Leben, das du zurzeit lebst? Falls die Antwort »Nein!« lautet, solltest du dann nicht besser sofort etwas ändern? Vielleicht erhebt die Stimme in deinem Kopf Einspruch und ruft: »Aber wie sollte eine Veränderung bei all den Verpflichtungen und schwierigen Lebensumständen derzeit aussehen?« Darauf gibt es keine pauschale Antwort, die auf jeden Menschen zutrifft. Sich diese Fragen aber überhaupt zu stellen und darüber nachzudenken, bringt dich ein wichtiges Stück weiter, denn du schaffst damit in deinem Bewusstsein Raum für diese Veränderung.

VIER SCHRITTE

Ich habe vier mögliche Schritte für dich aufgeschrieben, die dir dabei behilflich sein können, dein Bewusstsein zu sensibilisieren. Denn es geht um nichts geringeres als dein Leben:

1. Frage dich, ob du den Beruf, den du heute ausübst, noch einmal ergreifen würdest

Wenn du die Chance bekämest, den Reset-Knopf zu drücken und noch einmal ganz neu anzufangen, würdest du dich tatsächlich für den Job entscheiden, weswegen an jedem Morgen deines Lebens der Wecker klingelt? Oder würdest du doch etwas anderes machen? Und würde ein Beruf, der etwas näher an deinem persönlichen Paradies läge, eine radikale Rundumerneuerung bedeuten, wie deinen Job zu kündigen, eine neue Ausbildung anzufangen, wieder an die Universität zu gehen? Oder gibt es bestimmte Bereiche deines Berufs, die auch in deiner Wunschvorstellung eine Rolle spielen? Hol einen Zettel heraus und schreib all deine Gedanken dazu auf!

2. Finde heraus, welche Angst dich blockiert

Es gibt zwei Fragen, die einem im Leben immer wieder begegnen:

◇ Was würdest du tun, wenn du wüsstest, dass du nicht scheitern könntest?
◇ Was würdest du tun, wenn du wüsstest, dass niemand (Partner, Familie, Nachbarn, Kollegen, Freunde) über deine Entscheidungen urteilen würde?

Zwei Fragen, über die es sich wirklich nachzudenken lohnt, da sie dich direkt zu deinen wahren Sehnsüchten führen, die du vielleicht aus Angst (Versagensangst, Reputationsverlust, et cetera) verdrängt hast. Würdest du gerne einen Bauernhof übernehmen und Landwirt werden? Eine Surfschule auf Madeira eröffnen? Astrophysik studieren? Pilot werden? Ein Startup gründen? Einen historischen Roman über Barcelona schreiben?

Schreib eine Liste mit all den Dingen, die gerade in deinem Kopf herumschwirren! Denk nicht zu lange darüber nach und wäge auch nicht ab. Zur Erinnerung: Du kannst nicht scheitern und niemand fällt ein Urteil über dich. Und jetzt stell dir vor, wie du einige dieser Sachen tatsächlich in die Tat umsetzt. Schließe deine Augen. Und, kannst du dich sehen? Wie geht es dir damit? Schlägt dein Herz schon schneller? Bist du aufgeregt? Würdest du am liebsten auf der Stelle ganz viel Zeit und Energie und Leidenschaft in die Punkte auf deiner Liste investieren, um darin richtig gut zu werden? Falls die Antwort »Ja!« lautet, du aber trotzdem seit Jahren nicht das tust, was du von Herzen liebst, könnte es daran liegen, dass dich die Angst zu scheitern zurückhält. Jeder von uns kommt im Laufe seines Lebens an diesen Punkt, an dem er sich fragt: Gehe ich nun diesen einen Schritt weiter oder eben nicht? Die Wahrheit ist: Angst ist kein guter Ratgeber! Lassen wir sie über unsere Zukunft entscheiden, bestehlen wir uns selbst. Denke immer daran, denn es ist so unfassbar wichtig: Einer dieser Tage in der scheinbar noch so fernen Zukunft wird tatsächlich dein letzter sein. Und wenn dieser Tag kommt, sollten wir in der Lage sein, auf ein Leben zurückzublicken, das auf Entscheidungen basierte, die wir aktiv getroffen haben, und auf Risiken, die wir bewusst eingegangen sind, und nicht auf Chancen, die wir ausgelassen haben, weil wir zu ängstlich waren, um sie wahrzunehmen.

Frag dich an dieser Stelle ruhig einmal selbst: Was wäre das Schlimmste, was mir passieren könnte? Und dann, nachdem du das »Was wäre wenn«-Spiel bis zum Ende durchgespielt hast und du zu einer Antwort gekommen bist, frag dich erneut: Wäre das wirklich so schlimm?

3. Stelle dir dein Wunschleben vor

In deiner absoluten Traumwelt, wo würdest du gerne leben? Was würdest du dort am liebsten den ganzen Tag machen? Wenn du dort eine Arbeit hättest, worin bestünde sie und wo wäre sie? Warum wäre diese Arbeit wichtig für dich? Und was genau würde dir daran Spaß machen? Vergleiche dein Wunschleben nun mit dem Leben, das du aktuell führst. Falls das meiste übereinstimmt, kann ich nur sagen: »Gratulation! Du brauchst nicht weiterlesen, geh einfach zurück in dein zauberhaftes Leben und genieße jede Sekunde davon.« Für die meisten von uns klafft zwischen unserer Traumwelt und dem Leben, das wir zurzeit führen, jedoch eine Lücke. Bei dem einen ist sie größer, bei dem anderen kleiner. Die alles entscheidende Frage, die uns aber eint, lautet: Was bist du bereit zu tun, um diese Lücke zu schließen? Bevor du allerdings vorschnell den ersten Schritt gehst, solltest du eine exakte Vorstellung von dem haben, was du tatsächlich willst. Also was du wirklich wirklich willst! Nimm dir genug Zeit dafür. Schreib auch hier eine Liste, notiere all deine Gedanken und sei dabei so präzise wie möglich.

4. Überlege dir Zwischenstationen

Was ich jetzt schreibe, wird dir bekannt vorkommen: Erfolge, so klein sie auch sein mögen, sind von entscheidender Bedeutung. Sie motivieren dich, nicht aufzugeben, und geben dir sichtbare Bestätigung in Zeiten, in denen die Zweifel sich mehren. Wie bei jeder langen Reise kann man nicht direkt vom Start bis ans Ziel springen, sondern muss sich von einer Etappe zur nächsten hangeln. Der Trick besteht darin, sich Zwischenstationen einzubauen. Versuche deswegen herauszufinden, welche Schritte vor dir liegen und welche kurz- und mittelfristigen Ziele es auf diesem Weg zu erreichen gilt. Frag dich zum Beispiel: Brauche ich dafür eine Weiterbildung, eine Umschulung oder eine bestimmte Zusatzqualifikation? Falls ja, kann ich dieses Ziel in meiner Freizeit erreichen? Kann ich zur Abendschule gehen? Gibt es Onlinekurse oder Wochenendseminare? Reicht es aus, dass ich die neuen Inhalte lerne und mich auf diesem Gebiet fachlich auskenne oder brauche ich ein staatlich anerkanntes Zertifikat? Diese Schritte werden dazu führen, dass du eine genaue Vorstellung von dem bekommst, was dich erwartet.

EIN LEBEN
NACH DEINEN REGELN

*»Das Glück deines Lebens
hängt von der Beschaffenheit
deiner Gedanken ab.«*

MARK AUREL

Mein Ziel ist, auch mithilfe dieses Buches, dir zu helfen, genau das Leben zu führen, das du dir vorstellst. Wichtig sind mir dabei die Worte *für dich*. Es ist doch so: Wir wünschen uns nicht nur ein gutes Leben, sondern ein gutes Leben, in dem wir selbst die Regeln bestimmen. Ein Leben nach unseren Bedingungen. Demnach geht es um *deine* Bedingungen. Nicht um meine, die deiner Eltern, deiner Freunde, deiner Lehrer oder die deines Partners. Stell dir vor, dein Leben wäre ein Kinofilm. Welchen Titel würdest du ihm geben? Was wünschst du dir als Spruch für deinen Grabstein? Was sollen die Menschen später über die Art und Weise, wie du dein Leben gelebt hast, sagen? Worum geht es dir im Leben? Was ist dir persönlich wichtig? Beachte dabei, dass ein erfolgreiches, wertvolles und glückliches Leben aus zwei Eckpfeilern besteht:

◇ dem Sichtbaren (dein äußerer Erfolg)
◇ dem Unsichtbaren (deine innere Erfüllung)

Über den ersten Punkt möchte ich an dieser Stelle nicht viel sagen, denn Erfolg, sei es im Beruf oder im Privatleben, folgt bestimmten Gesetzmäßigkeiten, die sich stets wiederholen. Hier dreht sich alles um das sogenannte Handwerkszeug, das du in Form einer guten Ausbildung, eines Trainingsprogramms, der Umsetzung einer besonderen Idee und durch Lebenserfahrung bekommst. Du erwirbst Wissen, wendest dieses im Rahmen deiner beruflichen Tätigkeit an, erzielst Erfolge in Form deines Einkommens, erreichst dadurch einen bestimmten Level an finanziellem Wohlstand, der wiederum führt zu einer Wohnung, einem Haus, einem Auto – all die Dinge, die man mit Geld kaufen kann. Die meisten Menschen konzentrieren sich nur auf diesen Eckpfeiler. Sie investieren den Großteil ihrer Zeit und Energie darauf, sichtbaren Erfolg zu schaffen, definieren darüber oftmals den Wert ihrer Person und vernachlässigen dabei völlig den zweiten Eckpfeiler, den Erfolg, den man nicht sehen kann, mit dem man auf Partys nicht angeben kann – die innere Erfüllung.

Wenn ich mit Millionären spreche, ist es immer wieder interessant zu beobachten, wie sehr sich deren Aussagen ähneln, wenn sie über sichtbaren und unsichtbaren Erfolg reden. Ich kann es in einem Satz zusammenfassen: »Früher habe ich zu Menschen aufgesehen, die viel Geld hatten. Heute sind es Menschen, die mit sich im Reinen sind.«

DIE KUNST, EIN ERFÜLLTES LEBEN ZU FÜHREN

Beide Säulen, auf denen dein Leben basiert, sind wichtig. Deine erste Säule, die Fülle, die sich in Form von finanziellem Wohlstand sichtbar macht, ist etwas ganz Wunderbares, allerdings nur dann, wenn deine zweite Säule, deine innere Erfüllung, nicht darunter leidet. Bringst du beides in Harmonie, wirst du ein rundum glückliches Leben führen. Lass uns einen Moment bei der zweiten Säule bleiben. Beachte dabei: Was dich erfüllt und von innen leuchten lässt, ist höchst individuell. Was dir Seelenfrieden bringt, kann deiner besten Freundin schlaflose Nächte bereiten und umgekehrt.

Als ich mit der Schule fertig war, kann ich mich noch gut an die Diskussionen mit meinem Vater erinnern, einem Lehrer für Französisch und Englisch. Es ging darum, was nach dem Abitur aus mir werden sollte. »Ich könnte keine Nacht ruhig schlafen, wenn ich dein Leben führen müsste«, sagte mein Vater damals. »Diese Unsicherheit, nicht zu wissen, was morgen ist.« Ich habe darauf immer geantwortet: »Papa, deswegen bist du ein Beamter geworden. Für dich ist die Sicherheit so wichtig wie für mich die Freiheit. Zu wissen, wo ich die nächsten 30 Jahre meines Lebens jeden Morgen hingehen werde, wäre für mich ein Albtraum. Dann könnte ich keine Nacht ruhig schlafen.«

Es gibt kein Richtig und kein Falsch

Jeder von uns träumt von anderen Dingen und für jeden von uns sind andere Dinge wichtig. Dabei gibt es kein Richtig und kein Falsch. Es gibt nur das, was du persönlich als richtig, als deinen Weg empfindest. Den falschen Weg zu gehen und äußeren Erfolg zu haben, ohne dabei innere Erfüllung zu verspüren, ist jedoch die ultimative Niederlage und führt fast immer ins Verderben. Was nützt es dir, in einem großen Haus zu leben und von der Außenwelt Anerkennung zu bekommen, wenn dein Herz jeden Tag ein bisschen mehr daran zerbricht? Manchmal beobachte ich Menschen, die, finanziell betrachtet, alles erreicht haben und ihr Leben trotzdem mit einer Mischung aus Selbsthass, Wut und Verbitterung vergeuden. Diese Menschen könnten alle Vorteile, die das Leben zu bieten hat, nutzen und genießen, und doch schaffen sie es nicht, Frieden mit sich zu schließen. Wie gesagt, die ultimative Niederlage.

Wenn man die Emotionen und die subjektiven Betrachtungsweisen einmal beiseitelässt, könnte man jetzt natürlich sagen, dass unser Gehirn eben so funktioniert. Es ist von der Natur nicht erschaffen worden, um den Menschen glücklich zu machen, sondern um sein Überleben zu sichern.

Der Mensch überlebt, indem sein Gehirn Angst erzeugt, denn ein mentaler Zustand der Angst wird immer dazu führen, dass du dich von Gefahr fernhältst. Dieser Zustand sorgt, bildlich gesprochen, dafür, dass du auf dem Sofa sitzen bleibst und dich einsam und ungeliebt und hässlich fühlst. Auf diese Weise wirst du zwar depressiv und unglücklich, aber immerhin wirst du überleben. Das Gehirn sucht nicht ohne Grund permanent nach jenen Dingen, die schlecht laufen, und lockt dich von den guten Dingen des Lebens weg. Es steckt auch kein Zufall dahinter, dass es sich so lange mit völlig belanglosen Dingen beschäftigen kann, bis du völlig fertig und tränenüberströmt am Boden der Verzweiflung liegst.

Und dafür sollte man wieder auf die Stimme seines Herzens hören und sich vermehrt den unsichtbaren Dingen des Lebens widmen, jenen Dingen, die man mit Geld einfach nicht kaufen kann.

Das Gehirn, oder diese bestimmte Stimme in deinem Kopf, ist dann hochzufrieden, denn in diesem Zustand kann ihm nichts passieren. Genau deswegen ist es aber so wichtig, ein Bewusstsein dafür zu erlangen und zu verstehen, dass man eben nicht nur irgendwie überleben, sondern wirklich leben will.

DAS LEBEN UND STERBEN DES ROBIN WILLIAMS

Am 11. August 2014 ist Robin Williams gestorben. Er hat sich das Leben genommen, indem er sich in seinem Haus erhängt hat. Robin Williams war nicht einfach nur ein berühmter Schauspieler und Komiker, er war ein wahrer Meister darin, die Gesetzmäßigkeiten des sichtbaren, des äußeren Erfolges zu entschlüsseln. Er wusste ganz genau, was er tun musste, um das zu erreichen, was er wollte. Natürlich gab es in seiner Karriere auch Tiefen und natürlich musste auch er mit Niederlagen zurechtkommen, aber wie du später noch ausführlich lesen wirst, sind diese »Rückschläge« nichts anderes als wichtige Bestandteile eines erfolgreichen Weges.

Ein rundum geglücktes Leben?

Robin Williams träumte von einer eigenen Fernsehshow. Jeder sagte, das sei unmöglich. Er schaffte es. Dann nahm er sich vor, seine Show *Mork & Mindy* zur beliebtesten und gleichzeitig erfolgreichsten Sitcom des Landes zu machen. Er wusste, was er tun musste, tat es und erreichte auch das. Er träumte von einer wunderbaren Familie. Er schaffte es. Er wollte so viel Geld verdienen, dass seine Frau, seine Kinder und er in Fülle leben konnten und sie sich niemals finanzielle Sorgen machen müssten. Er schaffte es. Dann wollte er ein Comedy-Album aufnehmen. Er machte es und gewann damit einen Grammy Award. Er wollte Filme drehen und ein Hollywoodstar werden. Er schaffte es. Er wollte einen Oscar gewinnen, und zwar für seine wahren schauspielerischen Fähigkeiten und nicht für seine größte und unerreichte Fähigkeit, den Clown zu mimen. Mit seiner ernsthaften Rolle in *Good Will Hunting* schaffte er es. Er träumte davon, die ganze Welt zum Lachen zu bringen, und er schaffte auch das. Ich lehne mich nicht zu weit aus dem Fenster, wenn ich behaupte, dass es nur wenige Menschen auf der Welt gibt, die derart beliebt sind oder waren, und zwar unabhängig von Alter, Geschlecht, Hautfarbe, Religion oder Herkunft. Die Menschen liebten und verehrten ihn rund um den Globus. Robin Williams war ein Phänomen. War er ein Meister, wenn es darum geht, sichtbaren Erfolg zu erzielen? Daran besteht kein Zweifel. Er war einer der Besten! Wie kann also ein Mann, der von so vielen Menschen derart geliebt und verehrt wird, sich das Leben nehmen und seine Frau, seine Kinder, seine Familie einfach so zurücklassen? Der Grund ist, dass er gelitten hat. Er hat Drogen genommen und Alkohol getrunken, um diesem Leid zu entkommen. Er selbst hat das immer wieder öffentlich thematisiert. Dieses Leid muss am Ende so groß gewesen sein, dass er keinen anderen Ausweg gesehen hat, als sich mit seinem eigenen Gürtel aufzuhängen. Ich kann mir nur schwer vorstellen, dass Robin Williams wirklich sterben wollte. Ich kann mir aber sehr gut vorstellen, dass er wollte, dass der Schmerz aufhört.

Wie sehr leidest du?

Als ich von seinem Tod erfuhr, habe ich lange darüber nachgedacht. Übrigens auch, als Michael Jackson, Whitney Houston und Amy Winehouse unter ähnlichen Umständen unsere Welt verließen. Warum haben sie es getan? Amy Winehouse habe ich noch persönlich kennenlernen dürfen. Wir haben damals lange miteinander gesprochen, über die Liebe und unsere Erwartungen ans Leben, und ich wünschte, dass ich vor ihrem Tod die Chance bekommen hätte, noch einmal mit ihr reden zu können.

> *Die Antwort, warum jemand diesen Schritt geht, bewusst oder unbewusst, ist letztlich immer im Leid zu finden.*

Ich habe mir deshalb die Frage nach dem Leid auch einmal deutlich gestellt: Lars, leidest du? Ich weiß noch, dass ich das ungewohnt fand, auch weil ich mich nicht erinnern kann, dass mir diese Frage vorher jemals so präzise gestellt worden wäre. Und ich muss zugeben, es klingt auch sonderbar: »Leidest du?«

Die meisten Menschen würden auf diese Frage wohl mit einem klaren »Nein!« antworten. Ich habe damals auch so reagiert. Ich hatte einen coolen Job, die besten Eltern, die man sich nur wünschen konnte, einen großen Bruder, der immer für mich da war, eine wunderbare Freundin, gute Freunde, die ich jederzeit nachts um Hilfe hätte bitten können, ich war gesund und finanziell unabhängig. Warum also hätte ich leiden sollen? Und wie das schon klingt, so bedürftig, so Hilfe suchend, so schwächlich! Ich habe damals ein anderes Wort gebraucht, welches ich besser fand, um mich nicht wirklich mit mir beschäftigen zu müssen. Ich nannte es Stress! Heute beobachte ich das gleiche Phänomen bei Führungskräften, die durch ihren äußeren Erfolg glauben, vor nichts Angst zu haben. Doch Angst ist nichts anderes als eine Form von Stress. Es hat die gleiche Bedeutung, klingt aber nicht so schwach und unmännlich. »Ich, ängstlich? Auf gar keinen Fall, ich bin gerade nur etwas gestresst.« Nimmst du jetzt diesen Stress, von dem der Manager gerade gesprochen hat, und verfolgst ihn zu seiner Quelle zurück, landest du direkt bei seiner Angst – zu versagen, nicht gut genug zu sein, den Boss zu enttäuschen, den nächsten Auftrag nicht zu bekommen, keine guten Quartalszahlen vorlegen zu können und so weiter.

Leicht oder schwer?

Worauf ich hinauswill, ist dies: Als ich mein Leben beobachtet habe, meine Verhaltensweisen und Gefühlslagen, ist mir aufgefallen, dass es nur zwei übergeordnete Zustände gibt, in denen man sein kann – im Zustand der Leichtigkeit und im Zustand der Schwere. Ein Beispiel für diese Leichtigkeit ist das Gefühl des Glücks. Natürlich kann man nicht versuchen, ständig glücklich zu sein. Es geht auch nicht darum, wie ein Glücksflummi durch die Gegend zu hüpfen. Das wäre gekünstelt und würde sich nicht richtig anfühlen. Unser Nervensystem braucht Abwechslung, deswegen gehören zum Zustand der Leichtigkeit neben dem Gefühl des Glücks auch Liebe, Bewunderung, Leidenschaft, Freude, Zufriedenheit, Mut, persönliche Erfüllung, körperliche Betätigung, freudige Erwartung und so weiter… also alles, was dir ein gutes Gefühl gibt. In diesen Zuständen fühlst du dich immer sicher und geborgen. Niemand muss dir sagen, was du tun sollst, weil sich alles im Fluss befindet. Die Dinge passieren wie von selbst. Du behandelst dich und deine liebsten Menschen gut, weil im Zustand der Leichtigkeit keine andere Option möglich ist. Du tust es einfach, ohne lange darüber nachzudenken. Der andere Gemütszustand, der uns das Leben zur Hölle machen kann, ist der Zustand der Schwere, der alle Formen des Leidens beinhaltet: Frustration, Wut, Angst, Neid, Hass, Überforderung, Stress, Ärger, Arroganz, Hochmut, Depression, Verbitterung, Langeweile, Eifersucht und so weiter.

IST DAS LEBEN WIRKLICH SO?

Früher habe ich gedacht: Natürlich bin ich manchmal überfordert, gestresst, einsam oder wütend. So ist das Leben. Das ist normal. Es kann gar nicht anders sein. Man kann es schlichtweg nicht vermeiden, immer mal wieder für eine kurze Zeit in den Zustand der Schwere hineinzurutschen und dann nach einer Weile wieder zu verlassen. Mittlerweile denke ich völlig anders. Es ist eben kein Teil des Lebens, keine von der Natur vorgegebene Gesetzmäßigkeit, die unverrückbar ist. Es ist nur unser Gehirn, das uns all das vorgaukelt. Wenn du dieses Prinzip, das zugegebenermaßen ziemlich raffiniert und hinterlistig ist, nicht verstehst, kannst du – wie Robins Williams es war – die Nummer eins auf deinem Gebiet sein, von allen Menschen auf dieser Welt geliebt werden, eine wunderbare Familie haben, fantastische Kinder, eine Frau, die dich liebt, du kannst Preise gewinnen und mehr Geld besitzen, als du ausgeben kannst, und trotzdem noch immer in deinem Leid gefangen sein.

Wie dein Gehirn dich leiden lässt

Sobald du dich von deinen Gedanken trennst, bist du frei. Wenn du es schaffst, nichts mehr zu müssen, sondern nur noch zu sein, wird sich dir eine völlig neue Welt auftun. Ziehe, wenn es um dein Leid geht, eine neue Grenze, damit du Raum schaffst, um das Leid als das erkennen zu können, was es ist, um dich davon zu befreien. Die Wahrheit ist: Nicht du leidest, dein Gehirn spielt ein Programm ab, das dich leiden lässt. Wenn du dieses Programm, also deine Gedanken, umprogrammierst, änderst du deine Welt. Mein Mantra, das du gerne ebenfalls benutzen darfst, lautet:

MEIN MANTRA

Wenn Probleme auftauchen, betrachte ich sie und lasse sie einfach weiterziehen. Sie finden bei mir keinen Resonanzboden. Ich bin wie ein Blatt der Lotusblume, an der durch seine besondere Beschichtung die Regentropfen einfach abperlen. Probleme brauchen Energie, um zu leben. Es ist wie mit dem Feuer und dem Sauerstoff. Ohne Luft kann das Feuer nicht brennen. Ohne meine Zustimmung kann mir ein Problem auch nicht meinen Tag vermiesen.

Für jede Situation gibt es eine Lösung

Betrachtet man ein Problem nicht als Problem, sondern als eine neue Situation, für die es eine Lösung gibt, entziehst du deinem Gehirn augenblicklich jegliche Möglichkeit, dich leiden zu lassen. Das ist eine unglaubliche Erfahrung, weil sie dich mental frei macht. Wenn du nämlich eine neue Situation so annimmst, wie sie ist – ohne sie zu interpretieren, was in der Regel immer dazu führt, dass du in den Zustand des Leidens gerätst –, wirst du auch viel schneller zu einer Lösung kommen, die das Problem auflöst. Warum? Weil du die Kontrolle behältst. Dazu kommt, dass es wesentlich einfacher ist, eine Lösung zu finden, wenn du dich in einem Zustand der Leichtigkeit befindest. Nicht umsonst heißt es, dass Wut und Angst keine guten Ratgeber sind. Natürlich darfst du dich aufregen und dich angepisst fühlen und auf die ungerechte Welt schimpfen und die Dinge, die unsere Politiker von sich geben, ätzend finden und auch in diesen Zuständen wirst du nach einer Weile zu persönlichen Lösungen kommen, aber erstens bekommst du die Lebenszeit, die du mit deinem Zorn verbracht hast, nie wieder zurück, und zweitens gibt es einen so viel eleganteren und schöneren Weg, sein Leben zu leben. Denn auch das musst du dir immer wieder klarmachen: All die vielen kleinen Hürden, denen du täglich begegnest und für die du Lösungen finden musst, sind in der Summe dein Leben. Es ist allein deine Entscheidung, wie du dich fühlst, während du über sie springst.

Hattest du schon einmal einen Chef oder Bekannten oder Arbeitskollegen und dachtest dir: Argh, diesen verdammten Drecksack würde ich am liebsten umbringen! Das ist völlig normal. Du hast also diesen Gedanken, weswegen du aber deinen Bekannten oder Arbeitskollegen trotzdem nicht wirklich umbringen möchtest. Warum? Weil du diesem Gedanken keinen Glauben schenkst. Du weißt, dass er nicht der Wahrheit entspricht. Der Gedanke lügt also und du weißt das sogar. Trotzdem glauben die meisten Menschen, dass sie mit ihren Gedanken in einer persönlichen Verbindung stehen. »Aber ich denke doch diesen Gedanken, also muss es doch etwas mit mir zu tun haben«, sagen sie dann. Wenn das stimmen würde, wäre jeder Mensch ein Mörder. Gedanken sind nur Gedanken. Sie fliegen herum, landen in deinem Gehirn und fliegen weiter. Jeder einzelne Gedanke existiert seit vielen Millionen Jahren und viele Millionen Menschen haben ihn schon vor dir gedacht und werden ihn auch nach dir noch denken. Nimm ihn auf gar keinen Fall persönlich.

Gedanken sind Schwingungen, die schon immer da waren. Das ist es. Nicht mehr und auch nicht weniger.

Wenn du also wirklich verstehst, dass deine Gedanken nicht deine Gedanken sind, wird dein Schmerz in exakt diesem Moment aufhören zu existieren. Mehr noch, du wirst dich unter Umständen sogar königlich darüber amüsieren, über was und wen du wie mal wieder nachgedacht hast.

EIN GEHEIMTIPP

Wenn das nächste Mal also einer dieser schrägen Gedanken angeflogen kommt, um dich zu terrorisieren, wirst du ihn voller Selbstbewusstsein angrinsen und ihm laut zurufen: »Na, sieh sich einer diesen kleinen Gedanken an, wie er wieder versucht, sich heimlich von der Seite anzuschleichen. Ich muss dich aber leider enttäuschen, kleiner Gedanke, denn ich glaube nicht mehr an dich. Hat dir das keiner erzählt? Weißt du, ich habe mich dazu verpflichtet, mein Leben ab sofort im Zustand der Leichtigkeit zu verbringen. Und mit meinem Leben meine ich alle Menschen, die ich liebe. Ich weiß, dass ist jetzt hart für dich, kleiner Gedanke, aber du bist kein Teil mehr meines Lebens. Ja, das macht dich jetzt traurig, und ja, das wird jetzt nicht leicht für dich sein, aber du packst das. Sieh mich an, ich habe es auch geschafft und mir geht es besser denn je.«

Behandle diese Gedanken wie ungezogene Kinder

Eine schöne Übung, die nicht nur Spaß macht, sondern auch nachhaltig Eindruck hinterlässt, besteht darin, seine unliebsamen Gedanken so zu behandeln, als seien sie kleine ungezogene Rotzbengel. Wenn du beginnst, dich wegen einer Sache, die dir durch den Kopf geistert, schlecht zu fühlen, sagen wir, der bevorstehenden Prüfung, könntest du zum Beispiel so vorgehen:

»Wo warst du denn? Du bist zu spät! Glaubst du, ich habe nichts Besseres zu tun, als hier zu sitzen und darauf zu warten, bis du endlich auftauchst? Also schön, pack schon mal deine Sachen aus. Ich bin gleich bei dir. Ich gehe erst mal in die Küche und mache mir einen Kaffee. Willst du auch einen? Ach, darfst du ja noch nicht. Einen Kakao vielleicht? Hmm, da fällt mir ein, dass ich gar keine Milch eingekauft habe. Na ja, ich bin jedenfalls gleich bei dir. Und bitte zieh deine Schuhe vorne aus. Das letzte Mal war alles schmutzig. Ich bin in fünf Minuten bei dir. Und bis dahin überleg dir bitte gründlich, warum ich die Prüfung morgen nicht bestehen soll, so wie du es mir ja einzureden versuchst. Also, fünf Minuten. Und bitte keine Mutmaßungen, sondern handfeste Beweise, die auch vor einem ordentlichen Gericht standhalten würden, okay? Da fällt mir ein, dass ich frisches Gemüse eingekauft habe. Ich könnte dir einen Karotten-Spinat-Ingwer-Smoothie mixen. Findest du eklig? Na gut, dann gibt's halt nix. Also, bis gleich. Ran an die Arbeit.«

Das perfekte Abwehrschild gegen negative Energien

Du merkst schon, wie absurd und eigenartig das klingt, aber genauso absurd und eigenartig ist es, ständig nach der Pfeife dieser unliebsamen Gedanken zu tanzen. Je häufiger du auf diese Art mit ihnen sprichst, desto selbstbewusster wirst du und desto stärker wird dein Abwehrschild gegenüber dieser negativen Energie werden. Am Anfang wird es vielleicht noch etwas ungewohnt sein, aber bei regelmäßiger Übung wird es von Tag zu Tag leichter. Betrachte diese Form des Selbstgespräches wie einen Muskel, der stärker wird, je öfter du ihn trainierst. Du wirst negative Gedanken niemals vollständig abblocken können, aber sie werden dich erstens nicht mehr traurig zu Boden ziehen und zweitens nicht mehr lange in deinem Bewusstsein bleiben. Du gibst ihnen keinen Platz mehr, um sich entfalten zu können. Du fühlst dich wegen ihnen nicht mehr schlecht, weil du sie nicht mehr auf dich persönlich beziehst, sie nicht mehr interpretierst und dich aktiv entscheidest, kein Opfer mehr zu sein. Vielleicht möchtest du zu diesem Zweck einmal das Bild eines Güterzuges verwenden. Diese Gedanken verhalten sich nämlich genau so. Sie fahren laut und tosend durch den Bahnhof, auf dem du stehst, wühlen kurz alles auf und bringen die Kleidung in Unordnung, sind dann aber auch schon wieder verschwunden. Und je mehr du trainierst, je länger du darüber meditierst, desto kürzer werden auch die Phasen der mentalen Aufwühlung werden.

Tausche deine Erwartungen aus

Kannst du dich noch an deinen letzten Streit erinnern oder an den Moment, an dem du dich ungeliebt gefühlt hast, missverstanden oder ungerecht behandelt? Könnte es sein, dass deine Verärgerung über diese Situation, dein Frust und deine Traurigkeit immer auf sehr konkreten Erwartungen beruhten, die du an deinen Partner hattest und die von ihm nicht erfüllt wurden? Das Problem mit Erwartungen ist, dass sie dich und alle Menschen, die es betrifft, in eine Box stecken. In dieser Box ist es eng, dort gibt es keinen Freiraum für Neues, dort ist alles, was nicht exakt zu deinen Erwartungen passt, eine gefühlte Niederlage. Mit diesen Erwartungen hast du dir, ohne es zu wissen, dein eigenes Gefängnis gebaut. Wie also mit ihnen umgehen? Erwartungen kommen nie von deinem Herzen, sie kommen immer von deinem Verstand. Um dich von ihnen lösen zu können, musst du also wieder deinem Herzen die Entscheidung überlassen. Mein Tipp: Tausche deine Erwartungen einfach durch Dankbarkeit ein. In dem Augenblick, in dem aus deinen Erwartungen an dich und andere Anerkennung und Wertschätzung wird, ändert sich dein ganzes Leben. Anstatt sich zu streiten, weil dein Freund etwas vermasselt hat, versuche es hiermit: »Baby, ich war gerade dabei, dir zu sagen, dass du unrecht hast, dass es deine Schuld war und dass du dich gefälligst bei mir entschuldigen musst, aber dann dachte ich mir, ich nutze die Zeit, um dir mal wieder zu sagen, dass ich dich liebe.«

Etabliere neue Routinen

Ein Tipp: Wenn du gerade so tief im Zustand der Schwere gefangen bist und absolut keinen Ausweg siehst, ändere auf der Stelle deinen Tagesablauf. Etabliere neue Routinen. Aus dem Zustand des Leidens heraus wirst du nämlich keine neuen Erkenntnisse finden. Du musst da raus! Deswegen ist ein schnelles und beherztes Handeln überlebenswichtig. Nimm dir zum

Beispiel vor, ab sofort jeden Tag eine Stunde zu lesen. Und zwar über ein Thema, mit dem du dich vorher noch nicht beschäftigt hast. Das können Biografien von außergewöhnlichen Persönlichkeiten sein, Sachliteratur über Philosophie, Wissenschaft, Spiritualität, Sport oder Kunst. In diesen Büchern wirst du immer Weisheiten und Strategien finden, die dich weiterbringen, weil du erkennen wirst, dass auch die größten Meister ihres Faches einmal gelitten haben, dass auch sie verzweifelt waren, traurig, einsam, dass auch sie einmal von ihrer großen Liebe verlassen wurden und dass auch über sie laut gelacht wurde. Diese Geschichten werden dir Mut machen und zeigen, dass du mit deiner aktuellen Situation nicht alleine bist. Und dann, wenn du die Veränderung nicht nur erlebst, sondern das Muster wirklich verstehst und Fortschritte erzielst, erzähle deinen liebsten Menschen davon. Gib deine neu gewonnenen Weisheiten weiter. Auch dieser Prozess des Gebens wird dafür sorgen, dass du dich besser fühlen und deinen Geist noch fester im Zustand der Leichtigkeit verankern wirst.

DIE ZEHN-SEKUNDEN-CHALLENGE

Im Zen-Buddhismus heißt es: »Du solltest jeden Tag 20 Minuten meditieren, außer du bist zu beschäftigt, dann solltest du es eine Stunde lang tun.« Ich liebe diesen Satz, weil er einen immer wieder daran erinnert, was wirklich von Bedeutung ist. Termine lassen sich verschieben, das eigene Leben nicht. Ich kann mir trotzdem gut vorstellen, dass es dein Tagesablauf noch nicht erlaubt, dir diese Zeit zu nehmen. Bis es so weit ist, habe ich einen Vorschlag für dich. Was hältst du davon, wenn du heute die Zehn-Sekunden-Meditation ausprobierst? Das Prinzip ist einfach: Ein durchschnittlicher Arbeitstag hat acht Stunden. Deine zeitliche Investition beträgt pro Tag: acht mal zehn Sekunden = 80 Sekunden.

Die Altruismus-Meditation

Einmal pro Stunde lässt du deine Arbeit – egal, was du gerade tust – für zehn Sekunden ruhen. Dann schließt du deine Augen, atmest tief ein und aus, legst deine Handflächen zusammen vor dein Brustbein und wünschst dir für die Menschen in deiner Umgebung Liebe, Frieden und Glückseligkeit.

Vielleicht denkst du jetzt: Was soll das bringen? Gute Frage! Stell dir eine geöffnete Parfümflasche vor, mit der jemand einmal pro Stunde für zehn Sekunden durch deine Büroräume läuft. Der Duft hat zwar nur zehn Sekunden, um in der Luft zu verströmen, bleibt aber viel länger im Raum wahrnehmbar und sorgt so im Laufe des Tages für ein konstant sanftes und angenehmes Aroma. Ähnlich verhält es sich mit deiner 10-Sekunden-Meditation. Sie wird sich ganz sicher positiv auf die restlichen 59.50 Minuten auswirken. Probiere es einfach mal aus und beobachte, wie du dich währenddessen fühlst.

ICH ZIEHE NUR FRIEDEN IN MEIN LEBEN

Einer meiner liebsten Glaubenssätze lautet: »Ich ziehe nur Frieden in mein Leben!« Jedes Mal, wenn ich ihn lese, bekomme ich eine Gänsehaut. Auch jetzt. Du darfst ihn gerne für dich verwenden. Schreib ihn auf einen Zettel, stecke ihn in dein Portemonnaie und hab ihn ab sofort immer dabei, um ihn jederzeit lesen zu können.

Ich erinnere mich immer wieder aufs Neue an diesen Glaubenssatz – wenn ich alleine bin, aber auch, wenn andere Menschen um mich herum sind. Ich handle nach diesem Glaubenssatz, wenn ich ein Geschäft betrete, in einem Restaurant etwas bestelle und den Postboten grüße. Ich handle nach ihm, wenn ich durch das Internet surfe, telefoniere und im Auto sitze. Ich sage diesen Satz in aller Stille zu mir. Er ist die absolute Wahrheit und ich werde nichts anderes zulassen. Er funktioniert immer und überall. Ich ziehe nur Frieden in mein Leben.

Ändere deine Gedanken, und du änderst deine Welt

Die Sache ist die: Falls du dich weiter belügst, wie du dich immer belogen hast, und weiter so denkst, wie du immer gedacht hast, wirst du auch weiter so handeln, wie du immer gehandelt hast. Und falls du weiter so handelst, wie du immer gehandelt hast, wirst du auch weiter das bekommen, was du immer bekommen hast.

Kurz: Nichts wird sich in deinem Leben ändern.

WEISST DU EIGENTLICH, WIE STARK DU BIST?

»*Es ist leichter, eine Lüge zu glauben
die man hundertmal gehört hat, als eine Wahrheit,
die man noch nie gehört hat.*«
ROBERT S. LYND

Falls du deine Lebensqualität verbessern willst, liegt das Geheimnis darin, zuerst deine Glaubenssätze zu ändern, also die Weise, wie du über dich und die Welt denkst. Der Unterschied zwischen der Person, die du bist, und der Person, die du gerne sein möchtest, liegt in dem, was du tust. Jede noch so kleine Handlung ist in der Summe dein Leben. Willst du etwas ins Positive ändern, kannst du noch so viele Bücher lesen, noch so viel darüber nachdenken, mit noch so vielen Menschen darüber reden, wenn du danach keine Entscheidungen triffst, wenn du nicht sofort in Aktion trittst, wird sich nichts ändern – NICHTS!

BEOBACHTE DICH

Heute ist der perfekte Tag, um damit anzufangen. Beobachte dich, was du den ganzen Tag machst, was du sagst, was du isst, wie du anderen Menschen begegnest, wie du über dich denkst, wie du das Leben wertschätzt und was du für deine Träume tust.

»Ach Lars, ich würde so gerne … aber ich kann immer noch nicht … es ist unmöglich!« Zum Thema UNMÖGLICH möchte ich dir gerne folgende Frage stellen: Wie viele Dinge galten einst als unmöglich und sind heute ein völlig normaler Bestandteil unseres Lebens? Was hätte wohl ein Mensch aus dem 19. Jahrhundert darüber gesagt, dass man eines Tages mit einem großen Gerät und sehr vielen Menschen an Bord durch die Luft fliegen oder mithilfe eines kleinen Apparats mit einem Menschen reden könne, der sich am anderen Ende der Welt befindet? Du siehst also, UNMÖGLICH ist keine wissenschaftlich nachprüfbare Tatsache, sondern nur eine ganz persönliche Meinung. Nicht mehr und nicht weniger.

Deswegen: Streiche das Wort aus deinem Vokabular!

Würdest du immer noch gerne?

Vieles ist unmöglich, bis jemand kommt und es einfach tut. Würdest du immer noch gerne? Kannst du es immer noch nicht? Ist es noch immer unmöglich?

Oft gehen diese negativen Gedankenmuster ja noch weiter mit Sätzen wie:

- »Ich bin dafür nicht gemacht.«
- »Ich bin einfach nicht mutig genug.«
- »Ich bin auch nicht gut genug.«
- »Ich bin viel zu hässlich und zu dick.«
- »Ich bin ein hoffnungsloser Fall.«
- »Ich kann nichts! Das war schon immer so.«

Wir alle haben diese innere Stimme, die zu uns spricht und uns immerzu erklären will, warum wir für gewisse Aufgaben nicht geeignet sind. Diese Stimme hat deswegen so viel Macht über dich, weil sie alles über dich weiß. Sie kennt deine Vergangenheit besser als jeder andere, deine Ängste, deine Schwächen, vor allem deine Erfahrungen ... und spielt sie permanent gegen dich aus. Mit der folgenden Geschichte möchte ich dir zeigen, wie du dieser Stimme auf der Stelle ihre Macht über dich nimmst.

DER KLEINE ELEFANT

Ein junger Mann verbrachte seinen Sommerurlaub in Indien. Eines Tages liefen riesige, drei Meter große Elefanten an ihm vorbei. Zu seiner Verwunderung waren diese starken Tiere nur mit einem kleinen Seil miteinander verbunden, das an ihren Vorderfüßen befestigt war. Sie hätten jederzeit ausbrechen können. Trotzdem taten sie es nicht. Als der junge Mann den Trainer der Elefanten entdeckte, ging er zu ihm und fragte, warum nicht ein einziger Elefant versuchen würde, zu fliehen.

»Wenn die Elefanten noch sehr jung sind«, erklärte der Trainer, »verwenden wir die gleichen Seile wie heute, um sie anzubinden. Da sie aber noch klein und unerfahren sind, reicht die Stärke dieser Seile dafür aus. Die Elefanten werden natürlich größer und stärker, trotzdem versuchen sie niemals wegzulaufen, weil sie immer noch glauben, das dünne Seil würde sie daran hindern.«

Der junge Mann war völlig verblüfft. Diese Elefanten hatten die Kraft, ganze Bäume zu entwurzeln und Autos umzuwerfen. Sie hätten jederzeit fliehen und in Freiheit leben können, aber sie taten es nicht, weil sie glaubten, es sei unmöglich.

Manchmal verhalten wir Menschen uns wie diese Elefanten. Wenn wir noch jung sind, sammeln wir wichtige Erfahrungen über das Leben und speichern sie als Tatsache ab. Und dann, wenn wir erwachsen sind, glauben wir oftmals, dass diese Erfahrungen von damals immer noch gültig sind. Was wir dabei vergessen, ist, dass wir nicht mehr dieses kleine und wehrlose Kind sind. Heute besitzen wir die Kraft, unser Leben nach unseren eigenen Vorstellungen zu leben und zu lenken. Heute besitzen wir die Kraft, uns von diesem Seil zu befreien. Wenn du also das nächste Mal glaubst, für etwas nicht gut genug zu sein, habe ich den besten Tipp aller Zeiten für dich: Probiers einfach mal aus. Du bist stärker, als du glaubst.

WIE GLAUBENSSÄTZE DEIN LEBEN BESTIMMEN

> *»Es ist die ständige Wiederholung von positiven Glaubenssätzen, die zum Erfolg führen. Sobald diese Glaubenssätze zu tief sitzenden Überzeugungen werden, passieren große Dinge.«*
> MUHAMMAD ALI

Was sind eigentlich Glaubenssätze und warum sind sie so wichtig? Auf den Punkt gebracht, kann man sagen: Unsere Glaubenssätze erschaffen in ihrer Summe die Welt, wie wir sie subjektiv wahrnehmen. Tatsächlich sind sie für unsere Gefühle, unsere Entscheidungen, unsere Beziehungen, also unser komplettes Leben Tag für Tag verantwortlich und durchdringen es. Sie geben den Takt an und zeigen uns zugleich immer wieder, wo unsere Grenzen liegen. Sie entscheiden oftmals über Glück und Unglück, Erfolg und Misserfolg. Unsere Glaubenssätze sind nie sehr lang, meistens bestehen sie nur aus wenigen Worten, die wir uns gut merken können, und haben eine unvorstellbare Macht über uns. Sie entscheiden zum Beispiel darüber, ob du den gut aussehenden Mann in der Buchhandlung ansprichst oder mit gesenktem Kopf an ihm vorbeigehst, ob du dich bei dem Spitzenunternehmen in New York bewirbst, von dem du weißt, dass sie nur die Besten der Besten einstellen, oder nur im kleinen Betrieb um die Ecke vorsprichst. Wenn du so willst, sind unsere Glaubenssätze die Software, die uns durchs Leben navigiert. Meistens passiert das unbewusst, weshalb es auch so wichtig ist, dass wir uns bewusst mit ihnen beschäftigen und sie, wenn es sein muss, gezielt umprogrammieren.

Denkst du also schlecht über dich, wird die Welt, in der du dich bewegst, nicht gut aussehen können. Wenn du morgens mies gelaunt aufstehst und mit dieser Laune die Wohnung verlässt, wird sich deine Aufmerksamkeit auf dem Weg zur Arbeit sehr wahrscheinlich auf all jene Dinge richten, die mit deiner Gefühlslage im Einklang sind – noch mehr miese Dinge: die verpasste U-Bahn, der unfreundliche Verkäufer am Kiosk, das nasskalte Wetter. Deine eigenen Gedanken (im Inneren) beeinflussen demnach deine Welt (im Äußeren). Hast du gewusst, dass es den berühmten Zauberspruch ABRAKADABRA wirklich gibt? Ursprünglich stammt er aus einem aramäischen Vers und setzt sich aus den Worten »Avra« und »Kehdabra« zusammen, was übersetzt so viel heißt wie: »Während ich spreche, werde ich erschaffen.« Sei demnach aufmerksam, was du denkst und laut aussprichst, weil dein Leben entsprechend aussehen wird.

Der Buddha sagt: »Von der Art des Denkens hängt alles ab. Vom Denken geht alles aus, wird alles gelenkt und geschaffen.«

POSITIVE UND NEGATIVE GLAUBENSSÄTZE

Es gibt positive und negative Glaubenssätze. Sie können unser Leben beflügeln oder behindern. Sie können uns beim Erreichen unserer Ziele unterstützen oder uns sabotieren.

»Ich bin schwach«

Dieser Glaubenssatz stellt uns als schwach dar, obwohl wir das nicht sind. Er spiegelt nicht die Realität wider, sondern lediglich unsere subjektive Realität, also die Art und Weise, wie wir uns wahrnehmen. Erinnere dich an den Elefanten. Er ist nicht schwach. Da er aber denkt, er sei schwach, weil er in seiner Elefantenkindheit permanent darauf konditioniert wurde, hat er diesen Glaubenssatz als feststehende Tatsache in seinem Elefantenunterbewusstsein verankert und bezieht ihn nun auf alle Aspekte seines erwachsenen Elefantenlebens. Aus einer Erfahrung aus der Kindheit wird eine Verallgemeinerung, und die führt dazu, dass er auch als ausgewachsener Elefant nie mehr versuchen wird, das Seil durchzureißen. Er tut dies aus voller Überzeugung, und genau das ist das Problem, was ihn in Gefangenschaft hält. Negative Glaubenssätze hindern uns daran, unseren Träumen zu folgen, sie bremsen uns aus und halten uns klein. Sie nehmen uns den Mut und rauben uns die Kraft und den Willen, Neues zu entdecken. Sie sind der Grund, warum du lieber auf dem Sofa sitzen bleibst, anstatt deine Sachen zu packen und dich ins Abenteuer zu stürzen.

Negative Glaubenssätze enttarnen

Natürlich gibt es auch positive Glaubenssätze: »Ich bin stark« oder »Ich bin klug« oder »Ich bin schön«. Sie entstanden in Momenten, in denen wir uns geliebt und geborgen fühlten, in denen wir von unseren liebsten und wichtigsten Menschen Anerkennung und Wärme gespürt haben, uns wertvoll und gesehen fühlten. Um sie müssen wir uns an dieser Stelle nicht kümmern. Es ist wichtiger, dass wir deine negativen Glaubenssätze finden, als Lügner enttarnen und sie in positive umwandeln. Danach hast du noch genug Zeit, um deine neuen und schon vorhandenen positiven Glaubenssätze zu stärken und zu festigen. Das Fiese an unseren Glaubenssätzen ist, dass sie während unserer frühen Kindheitsphase entstehen und somit jahrelang, teilweise sogar über mehrere Jahrzehnte auf uns einwirken.

Als Kinder haben wir leider keine Chance, uns gegen negative Glaubenssätze zur Wehr zu setzen.

Wenn unsere engsten Bezugspersonen – in der Regel sind das unsere Eltern oder andere uns nahestehende Familienangehörige, Lehrer, Trainer, Nannys und so weiter – also Arschlöcher sind (sorry!) oder aus Unwissenheit keine Ahnung von Kindererziehung haben, wird unsere arme Seele nun pausenlos mit diesem Gift gefüttert. Diese Erfahrungen werden von unserem Gehirn gespeichert und dienen nun als Referenz für alles, was uns in unserem späteren Leben erwartet. Du kannst dir sicher ausmalen, was für Auswirkungen das auf ein Leben haben kann.

Manchmal bilden wir Glaubenssätze aber auch selbst, zum Beispiel, wenn wir uns in der Kindheit öfter ungeliebt gefühlt haben oder wenn wir das subjektive Gefühl hatten, dass uns niemand zuhört, andere Geschwister bevorzugt werden oder wir unseren Eltern im Weg stehen. Durch die Wiederholung einer bestimmten Situation und unserer falschen Interpretation dergleichen entsteht dann ein Glaubenssatz wie »Niemand interessiert sich für mich« oder »Um gesehen und geliebt zu werden, muss man eine besondere Leistung erbringen«.

Mit positiven Glaubenssätzen Kinder stärken

Stell dir vor, deine Mutter hat dich jahrelang ignoriert oder dir immer wieder durch Worte oder Taten demonstriert, dass du nichts wert bist. Stell dir vor, sie hat all ihren Lebensfrust auf dich übertragen und dich niemals ermutigt, diese wunderschöne Welt zu erkunden. Stell dir vor, ihre Standardantwort auf all deine Fragen, lautete: »Lass das sein. Du machst wieder alles kaputt. Du schaffst das sowieso nicht!« Diese schlimmen Sätze werden von dem Kind irgendwann als wahr empfunden, als Realität, egal, ob sie stimmen oder nicht. Dieses Kind wird es später unglaublich schwer haben. Wie viel besser unsere Welt doch wäre, wenn wir dieses Prinzip der Glaubenssätze allen Eltern beibringen würden, wenn wir es den Lehrern zeigen würden, damit sie es an ihre Schüler weitertragen. Es ist viel einfacher, starke Kinder zu erziehen, als später gebrochene Erwachsene wieder halbwegs reparieren zu müssen. Aber es geht auch anders.

EIN BRIEF AN THOMAS EDISON

Eines Tages kam der kleine Thomas von der Schule nach Hause und überreichte seiner Mutter einen Umschlag. Er sagte zu ihr: »Mein Lehrer hat mir diesen Brief für dich gegeben.« Die Mutter öffnete ihn, begann zu lesen und es dauerte nicht lange, bis sie Tränen in den Augen hatte. »Mein Sohn«, antwortete sie schluchzend, »setz dich bitte zu mir, ich möchte dir vorlesen, was dein Lehrer über dich zu sagen hat: Sehr geehrte Frau Edison, Ihr Sohn ist ein Genie. Leider ist unsere Schule zu klein für ihn und hat keine Lehrer, die gut genug sind, um ihn adäquat zu unterrichten. Ich empfehle Ihnen deshalb, Ihren Sohn selbst zu unterrichten.

Viele Jahre nach dem Tod seiner Mutter – Thomas Edison hatte inzwischen die Glühbirne und die Schreibmaschine erfunden und war ein weltberühmter Wissenschaftler – fand er auf dem Speicher eine Kiste mit alten Familiensachen. Dabei stieß er auf ein zusammengefaltetes Blatt Papier, auf dem geschrieben stand: Sehr geehrte Frau Edison, Ihr Sohn ist geistig behindert. Wir können ihn nicht weiter unterrichten. Bitte nehmen Sie ihn umgehend von unserer Schule. Edison war am Boden zerstört und weinte stundenlang. Am Abend schrieb er in sein Tagebuch: Thomas Alva Edison war ein geistig behindertes Kind. Durch eine heldenhafte Mutter wurde er zum größten Genie seines Jahrhunderts.

So lautet die Geschichte. Thomas Edisons Mutter hatte also dafür gesorgt, dass ihr ungewöhnlicher Sohn trotz aller Widrigkeiten in seinem schulischen Umfeld mit den richtigen Glaubenssätzen aufwuchs und sich ein starker Charakter entwickeln durfte. Was für ein Geschenk an die Menschheit. Ich erzähle diese Geschichte gerne frischgebackenen Eltern, um ihnen die Auswirkungen ihrer oft unbewusst eingesetzten Erziehungshandlungen vor Augen zu führen.

DIE SICH SELBST ERFÜLLENDE PROPHEZEIUNG – SEGEN ODER FLUCH?

*»Würdest du erkennen,
wie viel Macht in deinen Gedanken steckt,
du hättest nie wieder einen negativen.«*

PEACE PILGRIM

Es ist wichtig zu wissen, dass wir für all unsere Glaubenssätze, ob positiv oder negativ, immer eine Bestätigung finden werden. Aus unseren negativen Glaubenssätzen entstehen negative Gefühle wie Unsicherheit, Angst oder Scham. Um mit diesen Gefühlen irgendwie umzugehen, entwickeln wir verschiedene Abwehrmechanismen, indem wir uns zum Beispiel in die Einsamkeit zurückziehen oder in den Angriff übergehen, nach Macht streben oder in einen Kontrollwahn übergehen. Wann immer unser Selbstwertgefühl verletzt wird, beginnen wir eine Strategie auszuwählen, um darin Bestätigung zu finden, und beginnen, uns im Teufelskreis zu drehen. Nehmen wir als Beispiel den Glaubenssatz »Ich bin hässlich!«.

WIE EIN TEUFELSKREIS DER SELBSTENTWERTUNG ENTSTEHT

Wenn ich als Kind tatsächlich glaube, hässlich zu sein, entsteht daraus eine Mischung aus Unsicherheit, Angst, Schüchternheit und eine tiefe Verletzung des Selbstwertgefühls. Das wiederum spiegelt sich in meinem zwischenmenschlichen Verhalten wider, was dazu führt, dass in der Schule niemand mit mir spielt, keiner mit mir redet und ich aus der Gruppe ausgegrenzt werde. Ich erfahre Ablehnung und keinen Respekt als menschliches Wesen. Ich werde für das, was ich bin – »ein hässlicher Mensch« – sogar täglich ausgelacht. Das führt zu einem noch stärkeren Rückzug in die Isolation, was wiederum dazu führt, dass ich noch einsamer und noch unsicherer werde – mir selbst gegenüber, Fremden und der Welt außerhalb meines sicheren Kinderzimmers. Ich sitze nun traurig und vom Leben verängstigt in meinem dunklen Kämmerlein und beginne, meine Situation zu interpretieren. Schnell komme ich zu dem eindeutigen und unverrückbaren Ergebnis, dass mich niemand liebt, dass ich es nicht wert bin, geliebt zu werden, und dass man fremden Menschen nicht trauen kann, weil sie mich am Ende ja doch nur auslachen und verletzen. Ich bin völlig im Zustand der Schwere gefangen und werde dort niemals herauskommen. All das ist eine klare Bestätigung und ein Resultat meines Glaubenssatzes »Ich bin hässlich!«.

WARUM DU
IN DEINE ABGRÜNDE TAUCHEN MUSST

Wenn wir unsere aktuellen Probleme lösen möchten, müssen wir auf einer tieferen Ebene verstehen, worin das eigentliche Problem besteht. Hierfür ist es wichtig, dass wir mit unserer inneren Stimme in Dialog treten, um zu erkennen, wo sich unsere wahren Schwachpunkte, die sogenannten Trigger, befinden. Denn wenn ich weiß, welche äußeren Faktoren in mir Gefühle der Schwere auslösen, kann ich sie erkennen, benennen und letztlich eliminieren. Viele Menschen wollen mit diesem Teil ihrer Persönlichkeit jedoch nicht in Kontakt kommen. Sie wollen ihre inneren Verletzungen und Ängste nicht spüren. Das ist ein natürlicher Schutzmechanismus und nur allzu verständlich. Wer mag es schon, sich traurig, ängstlich, minderwertig oder gar verzweifelt zu fühlen? Jeder von uns würde diese Gefühle am liebsten völlig ausschalten, tief vergraben und nur die guten Gefühle wie Glück, Hoffnung und Liebe mit auf die Reise nehmen. Aus diesem Grund verdrängen viele Menschen ihre inneren Verletzungen. Dagegen wäre im Prinzip nichts einzuwenden, wenn diese tiefen Verletzungen auch für immer dort bleiben würden – in der Tiefe des Unterbewussten, also an einem fernen Ort, den wir nie wieder in unserem Leben betreten und der durch eine undurchdringliche Schutzmauer abgeschirmt wäre. Das Dumme ist nur, dass diese Schutzmauer fast immer löchrig ist und das Problem somit ständig weiter im Unbewussten wabert und wuchert und sein Gift absondert. Es ist wie mit dem Besuch beim Zahnarzt. Kümmerst du dich nicht um den kranken Zahn, sind die Schmerzen am Anfang noch durch ein paar Medikamente zu ertragen, der Schmerz ist zwar nie ganz weg, aber immerhin recht gut betäubt. Von Tag zu Tag werden die Schmerzen jedoch größer und hindern dich daran, dein Leben zu leben, weil sie dich irgendwann vollständig unter Kontrolle haben.

Die Gefühle von Traurigkeit, Verständnislosigkeit und Unglück entstehen nicht durch äußere Umstände, sondern immer durch die Konditionierung deiner Gedanken. Es ist immer deine Interpretation einer Situation, die dich leiden lässt, niemals die Situation selbst. Mentales Leid ist immer selbst erschaffen. Du kannst dich aber von diesem Leid befreien.

Wie, zeige ich dir hier.

SCHRITT 1: FINDE DEINE NEGATIVEN GLAUBENSSÄTZE

Nimm ein Blatt Papier und überlege einmal ganz genau, nach welchen Glaubenssätzen du lebst, welche »Gesetze« dein Leben bestimmen, und schreibe sie alle auf. Versuche bitte, die

Sätze so einfach wie möglich zu halten. Um dir eine kleine Orientierung zu geben, habe ich neun Beispiele für dich:

- Ich bin zu fett.
- Nie kann ich etwas zu Ende bringen.
- Ich bin ein Versager.
- Immer werde ich verlassen.
- Ich habe es nicht verdient, geliebt zu werden.
- Im Leben bekommt man nichts geschenkt.
- Ich bin eine große Enttäuschung.
- Immer passiert mir das.
- Die Welt ist ein gefährlicher Ort.

Falls du dich unsicher fühlst, was du aufschreiben sollst, hier noch ein paar ergänzende Hilfestellungen:

- Welche Verallgemeinerungen verwendest du regelmäßig? Sagst du zum Beispiel häufig Sätze wie »Alle Männer sind Schweine« oder »Nie werde ich ernst genommen« oder »Immer werde ich übersehen« oder »Immer werden mir Steine in den Weg gerollt«?
- In welchen Bereichen deines Lebens bist du unzufrieden?
- Wenn du keine Freunde hast, aber gerne Teil eines großen Freundeskreises wärest, frag dich zum Beispiel, was dich daran hindert, Freundschaften zu pflegen. Was denkst du über Freundschaften? Versteckt sich vielleicht der Glaubenssatz »Ich kann niemandem trauen« dahinter, der dich unterbewusst daran hindert, offen auf andere Menschen zuzugehen und echte Nähe zu dulden?
- Was haben deine Eltern, deine Großeltern, deine Lehrer, dein Fußballtrainer, deine besten Freundinnen häufig zu dir gesagt? Wie haben sie mit dir geredet? Respektvoll und auf Augenhöhe oder abschätzig und abwertend? Gibt es einschneidende Erlebnisse, an die du immer wieder denken

musst? Und wenn du an sie denkst, in welchen Situationen ist das? Sind es oftmals ähnliche Orte oder Gefühle, die diese Erinnerungen auslösen?

◇ Gibt es Dinge, die du abgrundtief hasst, aber eigentlich gar nicht genau sagen kannst, warum und seit wann das so ist?

Der Trick besteht darin, wirklich alles zu hinterfragen. Und bitte sei ehrlich. Es wird dich niemand auslachen. Wenn du zum Beispiel den Glaubenssatz aufgeschrieben hast »Ich werde nicht geliebt, niemand mag mich«, dann sieh genau hin und finde heraus, wann sich dieser Satz unbemerkt in deine Gedanken geschlichen und sich dort manifestiert hat. Wann hast du dich zum ersten Mal ungeliebt gefühlt? Wann hast du diese Zurückweisung erfahren? Hat dir jemand wirklich gesagt, dass er dich nicht liebt oder war es nur deine Interpretation, der du bis heute Glauben schenkst? Schaffe Klarheit darüber, wie dieser negative Glaubenssatz entstanden ist. Das Erkennen als solches ist bereits ein gewaltiger Schritt auf dem Weg zur Heilung.

SCHRITT 2: FRAG DICH: IST DAS WIRKLICH WAHR?

Halte Abstand zu deinen negativen Glaubenssätzen und stelle dir jedes Mal, wenn deine innere Stimme wieder Terror macht, folgende Frage: »Ist das wirklich wahr?« Betrachte das Problem nicht als dein Problem, sondern als Problem deiner inneren Stimme. So schaffst du es, dass du dich nicht damit identifizierst und es zu deinem Problem machst. Es ist ganz entscheidend, dass du dir in diesen Situationen immer wieder klarmachst, dass diese innere Stimme, die dir all die falschen Glaubenssätze eintrichtert, nicht du bist, sondern nur die Stimme des kleinen verletzten Kindes in dir (denke an die Elefanten!), das die Situation von damals falsch interpretiert hat.

SCHRITT 3: WIDERLEGE DEINE NEGATIVEN GLAUBENSSÄTZE

Jetzt kannst du den Spieß umdrehen. Suche dir Beweise dafür, dass die Glaubenssätze, die dich behindern, lähmen, zurückhalten und deine Freude am Leben schmälern, ihre Gültigkeit verloren haben. Wenn du zum Beispiel daran glaubst, dass du nie etwas auf die Reihe bekommst oder ein Versager und Taugenichts bist, dann suche dir Ereignisse in deinem Leben, bei denen du etwas geschafft hast, bei denen du Erfolg hattest. Wenn du seit Jahren die tiefe Überzeugung »Niemand liebt mich« gefüttert hast und deinen Fokus immer nur darauf gerichtet hast, dass dich niemand liebt, wird es an der Zeit, diese Überzeugung jetzt mit echten Fakten zu widerlegen.

Erinnere dich daran, wann das letzte Mal jemand lieb zu dir war. Wann hat dir jemand etwas Gutes getan? Wann hat dir jemand eine Freude gemacht? Wann hat dir jemand seine Liebe geschenkt? Wenn ich diesen Glaubenssatz hätte, »NIEMAND LIEBT MICH!«, würde ich mir folgende Situationen ganz bewusst in Erinnerung rufen:

- ◇ Daniel, mein »kleiner Bruder«, hat mir gerade eine Nachricht mit vielen bunten Herzen geschickt – LIEBE!
- ◇ Jenny, meine Cousine, hat mir am letzten Sonntag selbst gebackene Zimtschnecken vorbeigebracht – LIEBE!
- ◇ Als ich krank war, hat mein Kumpel Eric mir bei Besorgungen geholfen – LIEBE!
- ◇ Mein bester Freund Matthias ruft jeden Tag bei mir an – LIEBE!
- ◇ Lilian, die gute Seele, die sich um meine Wohnung kümmert, hat mir gerade Pflaumen aus ihrem Garten mitgebracht – LIEBE!
- ◇ Mein Vater freut sich jedes Mal, wenn ich ihn anrufe und zu Besuch komme – LIEBE!

Und während ich diese Sätze aufschreibe und mich wieder erinnere, von wem ich alles Liebe empfange, wird mir klar, dass mein alter Glaubenssatz schlichtweg falsch ist. Ab sofort habe ich einen neuen Glaubenssatz, und der lautet klar und unmissverständlich: »Ich werde geliebt«. Was glaubst du, wird passieren, wenn ich meine Wohnung jetzt mit diesem Mindset verlasse? Wenn ich mir diesen neuen positiven Glaubenssatz nun täglich vor Augen halte, ihn konstant wiederhole, worauf glaubst du, wird sich zukünftig mein Fokus richten? Bingo, auf all die schönen Dinge des Lebens – auf die Liebe! Und wer sich geliebt fühlt, strahlt diese Liebe aus, die unmittelbar zu einem Lächeln und guter Laune führt, die wiederum ansteckend ist und und und… schon bist du im Strudel der Liebe und ziehst genau das in dein Leben. Deine 30-Tages-Challenge könnte für die kommenden vier Wochen so aussehen: »Ich werde jeden Tag nach Beweisen suchen, dass es dort draußen in der Welt Menschen gibt, die mich mögen, lieben und meine Anwesenheit wertschätzen.« In diesem Moment wird der Zauber einsetzen, weil du plötzlich das Prinzip der sich selbst erfüllenden Prophezeiung anwendest. Ganz automatisch wird sich dein Verhalten ändern, deine Ausstrahlung, deine Aura. Du versuchst nun, deine Ängste zu überwinden und deinen neuen Glaubenssatz aktiv herbeizuführen. Und je öfter du dafür sorgst, dass deine neue Überzeugung bestätigt wird, du also sichtbare Erfolge erzielst, desto stärker wird sie sich in deinem Leben manifestieren.

SCHRITT 4: FRAG DICH: WAS WÄRE, WENN ALLES SO BLIEBE?

Stelle dir bitte zu jedem Glaubenssatz, den du loslassen möchtest, die folgenden Fragen und schreib die Antworten auf einen Zettel. Das wird vielleicht etwas Zeit in Anspruch nehmen, aber es ist ein wichtiger Bestandteil der Veränderung:

- ◇ Was ist an diesem Glaubenssatz lächerlich?
- ◇ Wird mein Leben besser, wenn ich daran festhalte?
- ◇ Wie hoch wäre der Preis, den ich letztlich bezahlen würde, wenn ich weiter an ihn glaube?
- ◇ Welche Vorteile hätte es, wenn ich diesen Glaubenssatz sofort loslassen würde?
- ◇ Wie sähe mein neues Leben aus, wenn ich endlich wieder frei entscheiden könnte?
- ◇ Wie fühlt sich diese neue Freiheit an?

SCHRITT 5: FORMULIERE DEINE ALTEN GLAUBENSSÄTZE UM!

Ich gebe dir fünf Beispiele aus meinem Coaching mit Fabienne, die sich selbst erklären und die dir eine gute Hilfestellung sein werden. Die einzige Regel, auf die du achten solltest, lautet, bei deinen neuen Glaubenssätzen auf Verneinungen und jegliche Formen von Negativität zu verzichten. Anstatt zu schreiben: »Ich möchte nicht mehr ängstlich sein«, verwende bitte eine positive Formulierung wie »Ich bin mutig!«.

- ◇ *»Ich bin eine Belastung.«* – Ich bin eine Bereicherung für die Menschen, die mich lieben und die ich liebe.
- ◇ *»Ich bin zu langsam.«* – Ich gehe meinen Weg in meinem Tempo. Ich bestimme die Geschwindigkeit selbst. Ich bewege mich in der Geschwindigkeit, die gut für mich ist.
- ◇ *»Ich werde nie wieder glücklich werden.«* – Ich entscheide mich jeden Tag aufs Neue für das Glück im Leben. Ich erlaube mir, all die schönen Dinge, die schon jetzt Teil meines Lebens sind, wahrzunehmen. Mit jedem Schritt, den ich gehe, mit jedem Tag, der vergeht, und mit jedem Atemzug werde ich stärker und glücklicher. Ich bin auf dieser Welt, um glücklich zu sein. Dafür tue ich alles.

- »*Niemand mag mich, wie ich bin.*« – Meine Kinder, mein Mann, meine Freunde und alle Menschen, die mich lieben, lieben mich genau so wie ich bin.
- »*Ich muss meinen Eltern gerecht werden.*« – Meine Eltern leben ihr Leben. Ich lebe mein Leben. Meine Eltern lieben mich, egal, wie ich bin, denn ich bin ihr Kind. Ich weiß, dass meine Mama mich liebt. Ich weiß heute, wie sie sich damals gefühlt hat, denn ich bin selbst Mutter. Und als Mutter weiß ich, dass meine Kinder mich brauchen. Ich bin für sie da. Ich bin für mich da. Ich bin auch für meine Eltern da, aber ich bin heute erwachsen und kann meine eigenen Entscheidungen treffen.

SCHRITT 6: SCHAFFE SICHTBARE ERINNERUNGEN

Werde kreativ! Du könntest dir zum Beispiel ein Tagebuch anlegen, in das du jeden Abend hineinschreibst, welche Erfolge du an diesem Tag feiern konntest. Schreibe als neues Ritual kurz vor dem Zubettgehen drei kleine Siege auf, die du an dem Tag erzielt hast. Es reichen einfache Dinge, die dir ein Lächeln ins Gesicht gezaubert haben und dich daran erinnern, wie schön das Leben ist und wie wertvoll du bist. Drei Beispiele:

- Eric hat mich heute in seinem Boot mitgenommen. Ich habe ihn auf der Warschauer Brücke getroffen und wir sind zwei Stunden bei Sonnenschein über die Spree gefahren. Ich durfte sogar ans Steuer, was gar nicht so einfach war, aber ich habe es geschafft – eine tolle Erfahrung.
- Ich habe heute der hübschen Bedienung im Supermarkt ein Kompliment gemacht und sie hat sich darüber gefreut, was wiederum mich gefreut hat.
- Ich bin heute 45 Minuten joggen gewesen.

Auch an schlechten Tagen, wenn du krank im Bett liegst und alles schiefzugehen scheint, wirst du drei Dinge finden, für die du dankbar sein kannst:

- ◇ Ich bin dankbar, dass ich heute keine Kopfschmerzen hatte.
- ◇ Ich bin dankbar, dass ich heute den Weg ins Badezimmer ohne fremde Hilfe geschafft habe.
- ◇ Ich bin dankbar, dass mein Geschmackssinn zurückkehrt und ich langsam wieder ein leckeres Essen genießen kann.

Das Geheimnis besteht darin, diese Liste konsequent zu führen. Am ersten Tag wirst du noch keine Auswirkungen spüren, auch nicht nach einer Woche, aber sobald dieser kleine Akt der Erinnerung an das Gute und Schöne in deinem Leben zur Gewohnheit wird und du ganz automatisch jeden Abend drei positive Erinnerungen notierst, fühlst du die Veränderung. Dein Leben wird sich schon deswegen verbessern, weil du im Laufe des Tages unbewusst nach all den schönen Dingen suchst und sie aktiv in dein Leben ziehst.

DIE GLÜCKSBOX

Die Schriftstellerin Elizabeth Gilbert (Eat Pray Love) hat mich auf eine weitere geniale Idee gebracht. Besorg dir ein schönes großes Glas für deine Glücksbox. Das Prinzip ist einfach: Am Ende jedes Tages notierst du auf einem Zettel den glücklichsten Moment deines Tages – mit Ort und Datum. Und wenn es »nur« dieser eine Augenblick war, als du in das köstliche Schokoladencroissant gebissen hast. Das notierst du, faltest den Zettel und steckst ihn in die Box. Das war's. Wenn es dir mal schlecht geht, du dich ungeliebt fühlst und glaubst, dein Leben sei ein einziger Totalschaden, öffnest du deine Glücksbox, schließt die Augen und ziehst einen Zettel heraus. Denn die Sonne scheint jeden Tag. In deinem Glücksglas findest du die Beweise dafür.

DIE FÜNF WICHTIGSTEN GLAUBENSSÄTZE FÜR DEIN KIND (UND DICH!)

Falls du selbst Mutter oder Vater eines kleinen Kindes bist, sag ihm jeden Abend vor dem Einschlafen diese fünf Glaubenssätze:

1. Du bist klug.
2. Du bist stark.
3. Du wirst geliebt.
4. Du bist in Sicherheit.
5. Du kannst im Leben alles schaffen, was du schaffen möchtest.

Von Tag zu Tag werden sich diese Glaubenssätze immer tiefer in seinem Unterbewusstsein verankern und ein geistiges Fundament bilden, das für den Rest seines Lebens von unschätzbarem Wert ist. Je früher du damit beginnst, desto wirksamer. Und wenn du kein Kind hast oder selbst noch eins bist, sag dir diese fünf Glaubenssätze einfach selbst – wieder und wieder:

1. Ich bin klug.
2. Ich bin stark.
3. Ich werde geliebt.
4. Ich bin in Sicherheit.
5. Ich kann im Leben alles schaffen, was ich schaffen möchte.

SELBSTBEWUSSTSEIN, STÄRKE UND VERTRAUEN

Die alten (negativen) Glaubenssätze kannst du getrost vernichten, die neuen (positiven) sind ab sofort deine täglichen Begleiter. Schreib sie auf kleine Zettel oder bastle Karteikarten, die du immer mal wieder herausholen und durchlesen kannst. Wie damals in der Schule, als du Vokabeln gelernt hast. Lerne deine neuen Glaubenssätze auswendig und sprich sie dir jeden Tag vor. Betrachte es als eine Art mentalen Kampfsport: Trainiere, wiederhole, werde stärker und stärker und stärker. Je länger und intensiver du trainierst, desto besser und stärker werden deine Fähigkeiten, und je öfter du eine Übung wiederholst, desto selbstsicherer wirst du darin. Wenn du auf dem Fußballplatz während der Trainingseinheiten 10 000 Elfmeter geschossen hast, wirst du im Finale der Weltmeisterschaft, wenn ein Schuss zwischen Sieg und Niederlage entscheiden kann, keine Angst mehr vor dem Elfmeterschießen haben, weil du alle Facetten dieser Übung in- und auswendig kennst. »Selbstbewusstsein, Stärke und Vertrauen durch ständige Wiederholung«. So lautet dein neues Motto.

> *Bruce Lee hat einmal gesagt: »Ich fürchte nicht den Mann, der 1000 Übungen einmal trainiert hat, ich fürchte den Mann, der eine Übung 1000 Mal trainiert hat.«*

Darum geht es. Du brauchst nur ein bisschen mehr Übung. Betrachte deine neuen positiven Glaubenssätze wie Muskeln, die sich trainieren lassen. Wenn du dir deine neu formulierten Überzeugungen immer wieder durchliest (genau das ist dein Training!), verankerst du sie mit jedem Mal ein bisschen tiefer in deinem Unterbewusstsein. Wie kleine Blubberbläschen steigen sie dann aus dem Unterbewusstsein an die Oberfläche auf, erreichen dein Bewusstsein und verändern somit dein Leben.

DIE KUNST DER VISUALISIERUNG

*»Erschaffe eine Vision von dem,
was oder wer du sein willst, und dann lebe nach dieser Vorstellung,
als sei sie bereits Realität.«*
ARNOLD SCHWARZENEGGER

Vor vielen Jahren wurde ich vor die Wahl gestellt: Entweder ich höre auf mein Herz oder ich folge dem Ruf des Geldes! Ich stand vor einer überaus schwierigen Entscheidung. Auf der einen Seite befand sich mein Bankkonto, das sehr bald nicht mehr im Plus sein würde, auf der anderen Seite lag ein unterschriftsreifer Buchvertrag, der nur noch auf meine Signatur wartete und alle finanziellen Befürchtungen auf einen Schlag eliminiert hätte. Ich hatte das Angebot bekommen, die Biografie einer äußerst interessanten Persönlichkeit zu schreiben, die auf ihrem Gebiet zu den besten der Welt gehörte. Mein Herz hatte mir aber schon während der Vertragsverhandlungen seine Ablehnung gegenüber dieses Projekts signalisiert, was ich aber gekonnt zu überhören vermochte. Der Grund war nachvollziehbar: Ich war so gut wie pleite! So traf ich mich mit besagtem Superstar, schrieb vier Monate an dem Buch, bezahlte Flug- und Hotelkosten aus eigener Tasche und ignorierte konsequent die Stimme meines Herzens, die mir immer wieder zuflüsterte: »Lars, du musst ja nicht auf mich hören, aber wunderst du dich gar nicht darüber, dass du den Vertrag immer noch nicht unterschrieben hast, der seit Wochen auf deinem Schreibtisch liegt? Und macht dir das Spaß, was du gerade tust?«

IST DOCH ALLES GUT SO, ODER?

Ich saß nun mit einem angefangenen Manuskript in meiner Wohnung und war ziemlich frustriert. Das Geld auf meinem Konto war fast aufgebraucht, der Verlag drängte berechtigterweise auf meine Unterschrift und ich stellte mir nur eine Frage: Wie würdest du dich entscheiden, wenn du eine Million Euro auf dem Konto hättest?

Sofort formierten sich einige alte Glaubenssätze, denn eine ehrliche Antwort auf diese Frage, würde ihnen gar nicht gefallen. Sie machten sich sehr laut in meinem Kopf bemerkbar und redeten auf mich ein. »Du wirst niemals einen neuen Deal bekommen«, riefen sie. »Jedenfalls nicht in der Kürze der Zeit. Du hast nicht mal eine andere Option in der Tasche. Sei doch froh, dass du überhaupt so ein Spitzenangebot bekommen hast. Andere Autoren würden sich einen Zeh dafür abschlagen. Man muss nehmen, was man kriegen kann. Das Leben ist kein Wunschkonzert und geschenkt kriegt man auch nichts. Wenn du jetzt absagst, wirst du in große Schwierigkeiten geraten. Wie willst du deine Miete zahlen? Es wird nichts anderes kommen. Hör auf zu träumen und sieh der Realität in die Augen!«

ENDLICH FREI

Meine alten Glaubenssätze versuchten alles, um mich im Zustand der Schwere gefangen zu halten. Sie gaben sich wirklich große Mühe und fuhren schwere Geschütze auf, doch dann sprang ich auf, unterbrach voller Entschlossenheit mein altes Muster und rief ihnen entgegen: »Woher wisst ihr das? Warum soll ich nicht etwas finden können, was mich wirklich glücklich macht? Sagt schon, woher habt ihr dieses Wissen? Legt mir endlich Beweise vor! Ich sag euch jetzt mal was: Ich bin stark. Ich bin klug. Ich bin gesund. Ich werde geliebt. Ich kann alles schaffen, was ich schaffen möchte. Ich habe in meinem Leben schon so viel erreicht und ich werde auch jetzt eine Lösung finden. Ich glaube an mich.«

Ohne weitere Zeit zu verschwenden, nahm ich den Vertrag aus der Schublade, riss ihn in der Mitte zweimal durch und warf ihn in den Papierkorb. Mein Herz jubelte, schickte mir ein riesengroßes Dankeschön und ich konnte endlich wieder befreit durchatmen. Da saß ich nun, ohne Buchvertrag, ohne Geld, ohne die berühmte Eine-Million-Dollar-Idee, atmete tief ein und fragte mich: Was willst du? Ich meine, was willst du denn nun wirklich?

ICH STELLE MIR EINE ZAHL VOR

Während ich nach einer Antwort suchte, nahm ich, ohne diese Handlung jedoch bewusst wahrzunehmen, alle weißen Blätter aus dem Drucker und begann mit einem roten Edding genau die Summe in großen Zahlen dick und fett aufzumalen, die ich als Vorschuss für mein nächstes Buch erhalten wollte – und zwar auf jedes einzelne Blatt Papier. Ich fing einfach an, ohne mir darüber Gedanken zu machen, die Blätter zu beschriften, um dann meine ganze Wohnung damit zu schmücken. Mein Herz wollte, dass diese Zahl ab sofort an jeder Wand in jedem Zimmer omnipräsent ist – in der Küche, im Schlafzimmer, sogar auf dem Klo. In welche Richtung ich auch sehen würde, ich sollte permanent daran erinnert werden. Eine andere Option? Ausgeschlossen! Diese Zahl würde es werden, und zwar für exakt das Buch, das ich wirklich schreiben wollte. Ich entschied es mit einer derart starken inneren Kraft und glaubte so fest daran, dass eine andere Möglichkeit für mich tatsächlich unmöglich wurde. Und dann? Ich starrte auf diese Zahl, lief in meiner Wohnung umher – selbst an meiner Waschmaschine klebte ein Blatt – und nichts passierte. Kein Anruf, kein Angebot, keine

Idee. Am nächsten Morgen blätterte ich durch die Zeitung und blieb »zufällig« bei einem kleinen Artikel über einen jungen Mann namens Mario Galla hängen, der als »einbeiniges Topmodel« gerade die internationale Modewelt durcheinanderwirbelte – und war sofort begeistert. Ich fand ihn bei Facebook, schrieb ihm eine Nachricht und es stellte sich heraus, dass er nur fünf Gehminuten von meinem Freund Matthias entfernt wohnte, den ich am Wochenende in Hamburg besuchen wollte. Wir trafen uns, verstanden uns auf Anhieb und als ich zurück in Berlin war, schrieb ich ein Exposé, schickte es meinem Agenten und blickte wieder auf die Zahl an meinen Wänden – drei Tage lang! Dann kam das erste Angebot. Ich schaute an meine Wand, verglich die Zahlen und antwortete: »Nein, das ist es noch nicht. Da geht noch was!«

Es folgten zwei weitere Angebote, aber auch die entsprachen nicht der Zahl an meiner Wand. Mit diesem Gefühl ging ich ins Bett und wachte am nächsten Tag auf. Das Erste, was ich sah, war die Zahl an meiner Schlafzimmerdecke. Ich kochte mir einen Espresso, öffnete meine E-Mails und sah eine Nachricht meines Agenten: »Lars, wir haben gerade ein viertes Angebot bekommen (…)« Ich sah an die Wand meines Arbeitszimmers, fing an zu grinsen und sagte genüsslich und hochzufrieden: »Ganz genau. Das ist es!«

Aber, und das ist von entscheidender Bedeutung, du darfst nicht an dir zweifeln und musst die alten Glaubenssätze, die dich von deinem Weg abbringen wollen, radikal aus deinem Leben löschen.

Ich weiß, es klingt völlig verrückt, und hätte ich es nicht persönlich erlebt, würde ich es vielleicht selbst nicht glauben. Aber es funktioniert. Die Kraft der Visualisierung ist unglaublich. Allerdings musst du wirklich daran glauben und darfst bei dem ersten Widerstand nicht sofort einbrechen. Es ist alles andere als einfach, vor allem, wenn du pleite bist und in zwei Wochen die nächste Miete fällig wird. Wenn du in diesen Augenblicken, in denen du getestet wirst, wie sehr du es wirklich willst, durchhältst, wirst du für deinen Mut großzügiger belohnt werden, als du es dir zurzeit vorstellen kannst. Eine neue Tür wird sich öffnen und Dinge werden geschehen, von denen du nicht einmal zu träumen gewagt hast.

Ich erzähle diese Anekdote oft auf meinen Seminaren und mir geht jedes Mal das Herz auf, wenn ich später Briefe und E-Mails von Teilnehmern bekomme, die es ausprobiert haben und deren Leben sich danach ebenfalls ins Positive gewendet hat.

HALLO LARS,

HERZLICHEN GLÜCKWUNSCH erst mal zu deinem unglaublichen Erfolg! Es freut mich von ganzen Herzen für dich. Durch Menschen wie dich habe ich wieder gelernt, zu 110 Prozent an mich zu glauben. Ich war in Berlin dabei, als du über die »verrückte« Geschichte gesprochen hast, dass du deine Zimmerwand mit deiner Vorstellung einer bestimmten Summe Geld tapeziert hast... Lars, dasselbe habe ich auch gemacht. Ich habe dringend 15 000 Euro benötigt! Ich hatte keine Ahnung, woher. Jetzt, nur ein Jahr später, befinden sich »plötzlich« 16 750 Euro auf meinem Konto. Und ich bin aufgeregt, erstaunt, zittrig, aber vor alledem unglaublich DANKBAR, dass du mir diesen wunderbar wertvollen Samen in meinen Kopf gepflanzt hast! Ich kann es noch immer nicht fassen und muss alle paar Minuten auf mein Konto blicken. Alle sagen, dass es Glück war. Das glaube ich NICHT! Danke, Lars.

Zusammenfassend kann man über negative Glaubenssätze folgendes sagen: Sie sind der Grund, warum in deinem Leben die Dinge nicht so laufen, wie sie laufen könnten und sollten. Sie blockieren und hindern dich daran, dein wahres Ich zur Entfaltung zu bringen. Sie befinden sich hinter der mächtigen Stimme in deinem Kopf, die dir permanent einredet, was du alles nicht bist und nicht kannst. All deine Probleme im Leben, sei es im zwischenmenschlichen, beruflichen oder familiären Bereich, basieren auf ihnen. Wann immer du dich im Zustand der Schwere befindest und zum Beispiel Wut, Angst, Neid, Hass, Stress, Ärger, Verbitterung oder Eifersucht empfindest, steckt der Ursprung deines Leidens stets in deinen negativen Glaubenssätzen. Nicht, dass wir uns falsch verstehen: Schicksalsschläge und deren Auswirkungen sowie Krankheiten, auf die du keinen direkten Einfluss hast, bilden selbstverständlich eine Ausnahme! Das sollte eigentlich jedem klar sein, aber um Missverständnisse gar nicht erst aufkommen zu lassen, ist es mir wichtig, das an dieser Stelle noch einmal deutlich hervorzuheben. Die Stimme hinter deinen negativen Glaubenssätzen ist ein Großmeister in der Kunst des Lügens. Sie hat es perfektioniert, dich glauben zu lassen, dass sie immer die Wahrheit spricht, du immer die Wahrheit denkst und immer die Wahrheit fühlst, dabei handelt es sich lediglich um deine subjektive Interpretation der Wahrheit. Anders gesagt: Du siehst die Welt nicht, wie sie wirklich ist. Was du siehst und fühlst, ist eine Welt, die vorher durch den Filter deiner Glaubenssätze lief. Wenn du aber diesen Filter wechselst, wirst du deine Welt in völlig neuen Farben sehen. Du kannst dir gar nicht vorstellen, wie froh ich bin, dass du jetzt weißt, wie das geht.

WANN BIST DU FERTIG?

Weihnachten stand vor der Tür und Christian hatte ein riesiges Problem, das ihm schon seit geraumer Zeit schlaflose Nächte bereitete: seine Familie. Jedenfalls glaubte er das, als er mir seine Situation schilderte.

»Wann bist du mit deinem Studium fertig?«, sagte er direkt zu Beginn unseres Treffens und äffte mit seiner Grimasse zuerst seinen Onkel, dann seinen Vater nach. »Argh, wie sehr ich diese Frage hasse! An Weihnachten, wenn ich nach Hause fahren muss, wird mir diese Frage wieder gestellt werden. Es ist immer so. Jeder fragt mich das. Irgendwelche Bekannte meiner Eltern, die ich gar nicht kenne, angebliche alte Freunde von mir und dann durch die Bank weg alle meine Verwandten. Am schlimmsten ist mein Onkel! Ich empfinde es oft als Zumutung und Anmaßung. Diese Frage versaut mir jedes Jahr mein Weihnachtsfest und ich überlege mir ernsthaft, einfach wegzubleiben. Ich habe es satt, immer der zu sein, auf dem herumgehackt wird.«

Ich habe Christian alles erzählt, was ich auch dir in diesem Buch erzähle, und nach einer Stunde war er wie ausgewechselt.

»Die Frage ist nur eine Frage«, sagte ich. »Sie ist weder gut noch schlecht. Die eigentliche Frage, die du dir beantworten solltest, lautet, warum diese Menschen, die du zum Teil nicht einmal kennst, so einen großen Einfluss auf dich haben. Wahrscheinlich liegt es daran, dass sie mit ihren Aussagen einen wunden Punkt in dir treffen, mit dem du selbst nicht ganz zufrieden bist. Du fühlst dich von ihnen persönlich angegriffen. Du hörst nicht nur die Frage, die am Ende nur eine Frage ist, sondern du glaubst vor allem, den durch die Blume formulierten Vorwurf zu hören. Durch den Filter deiner negativen Glaubenssätze hörst du etwas völlig anderes, zum Beispiel:

- ◇ Ich bin ein Versager!
- ◇ Ich kriege nichts auf die Reihe!
- ◇ Ich brauche für alles eine halbe Ewigkeit!
- ◇ Ich bin ein Verschieber!
- ◇ Ich werde die Prüfungen nicht bestehen!
- ◇ Ich habe Angst vor der Zukunft, Angst zu versagen, Angst davor, keinen Job zu finden!
- ◇ Die anderen sind schon längst fertig. Sie arbeiten, liegen keinem mehr auf der Tasche, aber ich schaffe das natürlich wieder nicht – typisch ich!

Diese von dir erschaffene subjektive Wirklichkeit führt nun dazu, dass du, wann immer du auf dein Studium angesprochen wirst, automatisch blockierst und auf Abwehrmodus wechselst, selbst wenn deine Oma, dein Vater oder der nette Nachbar von der anderen Straßenseite aus ehrlichem Interesse gefragt haben: »Und, Christian, wie läufts an der Uni?« Du wirfst diesen Menschen, die du liebst und die dich lieben, etwas vor, was nur in deiner Fantasie existiert. Ändere deine Sichtweise, tritt einen Schritt zurück, atme ruhig und gleichmäßig und analysiere die Situation neu: Ist diese Frage dann immer noch so schlimm oder wurde sie erst durch den Filter deiner negativen Glaubenssätze zu diesem Albtraum, der dich nachts nicht schlafen lässt? Du hast dieses Monster übrigens gerade besiegt, weil du verstanden hast, dass deine Familie und Freunde dir nichts Böses wollen. Aber selbst wenn deine Verwandten dich nur deshalb nach deinem Studium fragen, um dich öffentlich bloßzustellen, erinnere dich an das Wesentliche: ES IST DEIN LEBEN! Du lebst dein Leben, nicht sie. Antworte ihnen einfach das nächste Mal selbstbewusst und mit einem entspannten und zufriedenen Lächeln im Gesicht:

»Danke der Nachfrage. Es dauert so lange, wie es dauert.«

Den Filter ändern

Zwei kurze Sätze. Knock-out! Schon hat sich das Thema erledigt. Du allein hast durch deine Reaktion die Macht, dem Thema viel oder eben gar keinen Raum zu geben. Es ist tatsächlich deine Entscheidung. Ich möchte dir an dieser Stelle noch etwas mit auf den Weg geben: Nimm niemals etwas persönlich! Was andere Menschen tun oder sagen, hat in der Regel nichts mit dir persönlich zu tun. Ihre Handlungen sind lediglich eine Projektion ihrer eigenen Gedanken, ihrer eigenen verzerrten Wirklichkeit, ihrer eigenen aufgegebenen Träume, ihrer eigenen negativen Glaubenssätze. Wenn du dich von der Meinung und den Taten anderer unabhängig machst, wenn deren Sprüche wirkungslos an dir abprallen, weil du ehrlich erkannt hast, dass sie keinerlei Bedeutung haben, wirst du kein Opfer mehr sein und ab diesem Augenblick auch nie mehr leiden müssen.

Und jetzt, lieber Christian, sei brutal ehrlich zu dir selbst: Was hält dich davon ab, dein Studium schneller durchzuziehen? Was blockiert dich? Oder willst du gar nicht fertig werden, weil du nicht weißt, was danach auf dich wartet? Fühlst du dich ertappt, wenn du auf dein Studium angesprochen wirst, weil du Angst vor der Zukunft hast? Was auch immer es ist, schreib es auf und triff die Entscheidung eines wahren Kriegers: Ab sofort werde ich alles tun, was nötig ist, um mein Leben zu leben, wie ich es mir vorstelle: selbstbewusst und voller Tatendrang!«

Christian erlebte ein wunderbares Weihnachtsfest und eine echte Überraschung. Das Thema Uniabschluss kam während der Weihnachtsfeiertage nur ein Mal zur Sprache und da er darauf vorbereitet war und gelassen reagierte, blieb es auch dabei. Er signalisierte, dass alles gut laufen würde, übertrug diese positive Energie auf seine Familie und lenkte die Aufmerksamkeit aktiv auf jene Themen, über die er reden wollte, zum Beispiel seine neue Freundin. Damit belohnte er sich mit neuen wertvollen und POSITIVEN Erinnerungen an seine Familie, die sich sehr für ihn freute. So fuhr er mit dem Gefühl nach Hause: Meine Familie liebt mich!

»UND, WAS MACHST DU SO?«

Wenn wir schon dabei sind, über heikle Gesprächsthemen zu reden: Stell dir vor, du bist auf einer Party, einem Geburtstag, einer Hochzeit, einem Abendessen oder einem Empfang eingeladen, triffst auf viele neue Gesichter und die erste Frage, die du in der Regel zu hören bekommst, lautet:

»Und, was machst du so?«

Wer bin ich?

Fast alle Menschen definieren ihre Persönlichkeit, ihren eigenen Wert über die Arbeit, die sie täglich ausüben. Sie glauben tatsächlich, sie sind ihr Beruf, sie sind das Geld auf ihrem Konto, sie sind das große Haus, in dem sie wohnen, sie sind das Auto, mit dem sie zur Party gefahren sind. Ich möchte das an dieser Stelle gar nicht weiter kommentieren (erinnere dich einfach an die beiden Eckpfeiler eines erfolgreichen Lebens!), sondern dir viel lieber eine coole Antwort auf diese Frage ins Ohr flüstern. Anstatt nämlich das langweilige Spiel der anderen mitzuspielen und zu sagen, »Ich bin Krankenschwester« oder »Ich studiere BWL« oder »Ich bin gerade auf Jobsuche«, antworte das nächste Mal einfach: »Alles, was nötig ist!«

Erzähle von deinen Träumen

Sag es laut und kraftvoll und mit einem ansteckenden Lächeln im Gesicht, denn mit exakt dieser Einstellung wirst du ab sofort selbstbewusst durch dein Leben gehen. Sag es dir jeden Tag wieder und wieder: »Ich bin noch nicht dort, wo ich sein möchte, aber ich tue alles, was nötig ist, um mein Ziel zu erreichen.«

Und dann: Erzähle den Menschen von deinem Traum, schwärme davon, erschaffe kunterbunte Bilder in ihren Köpfen und nimm sie für einen Augenblick mit in deine Welt. Lade sie ein, dich kennenzulernen, und vor allem, dir helfen zu dürfen. Sobald du deine Angst vergisst und deine Sorge, was die anderen über dich denken könnten, deinen Mund öffnest, dabei authentisch bleibst und die Wahrheit sprichst, werden lauter kleine Wunder in dein Leben treten.

WIE DU ALS PERSÖNLICHKEIT WACHSEN KANNST

»Große Dinge passieren nicht durch einen einzigen starken Sprung, sondern durch eine Serie vieler kleiner Schritte.«

VINCENT VAN GOGH

Ich möchte dir eine einfache, aber sehr effektive Methode zeigen, wie du ab sofort mit Sorgen, Kritik, Feedback und generell neuen Informationen umgehen kannst, unabhängig davon, ob sie falsch oder wahr, schlecht oder gut für dich sind. Es funktioniert nach einem ähnlichen Prinzip, wie du es schon von deinen negativen Glaubenssätzen kennst.

ABSTAND HALTEN

Der erste Schritt, den du dir angewöhnen könntest, besteht darin, die neue Information (die Sorge, das Feedback, die Kritik) nicht durch deine Sicherheitstür zu lassen. Halte sie, bildlich gesprochen, erst einmal auf Abstand, nimm sie dann behutsam in die Hand und betrachte sie ausführlich von allen Seiten, drehe und wende die Information so lange, bis du herausgefunden hast, ob sie wahr oder falsch ist. Ist sie wahr, kannst du die Tür zu deinem Kopf öffnen, die Information hereinlassen und speichern. Dieses Mindset führt dazu, dass du von Grund auf nichts persönlich nimmst und dich nicht sofort mit dem neuen Gefühl identifizierst. Du kannst nun entscheiden, was du damit machst.

Möglichkeit 1

Hast du die neue Information sofort als Lüge enttarnt, zum Beispiel wenn es sich um einen alten Glaubenssatz handelt, der auf deine aktuelle Lebenssituation nicht mehr zutrifft, kannst du die Information, die noch immer vor dir schwebt, mit einem leichten Stoß von dir wegschieben. Es entsteht kein persönlicher Bezug zu dir, kein Leid, kein Schmerz. Der Angriff von außen wurde erfolgreich von innen abgewehrt.

Möglichkeit 2

Du wirst mit einer Situation konfrontiert, die dich im ersten Augenblick überfordert. Du kannst nicht sofort herausfinden, ob die neue Information richtig oder falsch ist. Du beginnst, deine Freunde, Familie oder Arbeitskollegen zu befragen, und ziehst Erkundigungen über sie ein. Du wartest ab, und die neue Information schwebt so lange in deinem unmittelbaren Radius, bis du neue Erkenntnisse gewinnst.

Möglichkeit 3

Du bekommst eine neue Information, beschäftigst dich kurz mit ihr, bezeichnest sie als ein »Nein« und schickst sie wieder weg. Wenig später unterhältst du dich mit jemandem und bekommst die gleiche Botschaft wieder. Du schaltest vielleicht den Fernseher ein, hörst einer politischen Debatte zu, beobachtest ein Pärchen in der S-Bahn, und wieder taucht diese Botschaft auf. Und in einer weiteren Situation wieder und wieder und wieder. Dann stellst du fest: Warte mal, was soll mir diese Botschaft sagen? Warum taucht sie immer wieder auf? Woran habe ich nicht gedacht? Was soll ich jetzt lernen? Wie lautet die Lektion hinter dieser Botschaft? Wovor habe ich Angst? Was verdränge ich? Was muss ich ändern? So wird aus einem »Nein« ein »Vielleicht« und letztlich ein »Ja«. Das ist der Moment, an dem du als Persönlichkeit tatsächlich gewachsen bist, weil du aufgehört hast, das Offensichtliche zu ignorieren. An dem Punkt tritt die Veränderung ein, weil du begriffen hast, dass nichts Neues passieren kann, wenn man das Alte ständig wiederholt. Du hast deine Grenzen verschoben und Raum für persönliches Wachstum geschaffen.

GEHE NICHT IN DIE BEWERTUNG

Wahre Macht besteht darin, sich zurücknehmen und jede Situation ohne persönliche Wertung beobachten zu können. Wenn alles, was zu dir gesagt wird, sofort eine emotionale Reaktion in dir auslöst, wirst du weiterhin leiden. Falls Worte dich kontrollieren können, bedeutet das, dass jeder dich kontrollieren kann.

Betrachte deine Sorgen und Ängste und negative Gedanken nicht als Begleiter, die für immer Teil deines Lebens sind, sondern lediglich als Gäste, die kurz zum Abendessen vorbeikommen. Und wie das mit Gästen so ist – sie verschwinden auch wieder. Kein Gast bleibt für immer. Es ist wie bei einer Party. Die Gäste bleiben nur so lange, wie du sie fütterst. So ist das auch mit deinen Gedanken. Du hast die freie Wahl, nur die Menschen auf deine Party einzuladen, die du wirklich gerne hast. Du würdest niemals auf die Idee kommen, einen ungeliebten Arbeitskollegen oder einen Menschen, der dir Böses will, zum Essen einzuladen. Warum also tust du es mit destruktiven Gedanken? Entscheide dich aktiv gegen sie, indem du sagst: »Okay, ihr seid jetzt gerade hier, und das ist auch in Ordnung. Aber ich weiß, dass ihr kein Teil meines Lebens werdet, und ich bin schon jetzt froh, dass ihr bald wieder fort seid. Aus diesem Grund entspanne ich mich jetzt.«

Atme in Ruhe ein, atme in Ruhe aus und erlaube den Dingen, die kein Teil deines Lebens sein sollen, friedlich an dir vorüberzuziehen.

Peter Pan und Pippi Langstrumpf: Warum das Kind in dir nicht sterben darf

Früher wurde ich für meinen Peter-Pan-Lifestyle oft belächelt. »Werde endlich erwachsen«, sagten die einen, »Du lebst in einer Traumwelt«, die anderen. »Das Leben ist so kompliziert, da gibt es keine einfachen Antworten auf komplexe Fragen.« Ist das so? Oder sind es nicht wir Menschen, die das Leben bewusst kompliziert gestalten, um unser egoistisches Handeln rechtfertigen zu können?

DIE WELT AUS DEN AUGEN EINES KINDES

*»Solange deine Kinder klein sind, gib ihnen Wurzeln,
wenn sie größer werden, schenke ihnen Flügel.«*
KHALIL GIBRAN

Ein kleines Mädchen hat einmal auf die Frage, warum Hunde nicht so lange leben wie Menschen, geantwortet: »Wenn Menschen auf die Welt kommen, müssen sie erst noch lernen, wie man ein gutes Leben lebt: wie man seine Mitmenschen bedingungslos liebt, wie man dankbar ist über frische Luft, leckeres Essen, sauberes Wasser und ein warmes Bett, und wie man immer freundlich ist, auch wenn es draußen regnet. Hunde wissen das ja alles schon, wenn sie geboren werden, deswegen müssen sie auch nicht so lange auf der Welt bleiben.«

WAS HEISST EIGENTLICH »ERWACHSEN SEIN«?

Eine wunderschöne Erklärung, die zugleich zum Nachdenken anregt. Wie sehen Kinder unsere Welt? Was denken sie, wenn sie die Erwachsenen in ihrem täglichen Wahnsinn beobachten? Vielleicht klingen ihre Gedanken in etwa so: »Wenn ich meine Mama und meinen Papa und andere Große sehe, dann besteht der Sinn des Lebens darin, sich an gewisse Regeln zu halten, die andere Menschen aufgestellt haben, gute Noten mit nach Hause zu bringen und jeden Tag so hart wie möglich zu arbeiten, wie es nur irgendwie geht. Wenn ich das tue, den anderen keine Probleme bereite und nicht aus der Reihe tanze, werde ich dafür auch sehr großzügig belohnt werden – mit noch mehr Regeln, noch mehr Schule und noch härterer Arbeit. Und dann, wenn ich mit der Schule fertig bin, natürlich mit einem guten Notendurchschnitt, erwartet mich das Allergrößte, was das Leben zu bieten hat: ein Arbeitsplatz und somit ein monatliches Einkommen, um meine Rechnungen bezahlen zu können, und eine Zukunft, die aus einer nie enden wollenden Jagd nach mehr besteht – bis ich eines Tages nicht mehr kann, meinen Job aufgebe, zu Hause sitze und tot umfalle. Ja, das ist wohl die Beschreibung eines glücklichen und erfolgreichen Lebens.« Vielleicht schütteln Kinder auch einfach nur mit den Köpfen und wundern sich, warum diese Erwachsenen mit dem Spielen aufgehört haben?

SEINER NATUR TREU BLEIBEN

Woran liegt das? Ein Mensch, der sich im Zustand der Schwere befindet, glaubt, ständig mehr sein, mehr leisten, mehr besitzen zu müssen. Aber: Wenn ein Baby geboren wird, ist es mit allen Funktionen ausgestattet, die wir als menschliche Wesen besitzen. Doch anstatt dieses Potenzial zu erkennen und kontinuierlich weiterzuentwickeln, tötet die Gesellschaft diese göttlichen Fähigkeiten Schritt für Schritt. Dabei steht schon in der Bibel geschrieben: »Lasset uns wie Kinder sein...«, denn die sind die Glücklichen. Frag dich einmal, warum unsere Kinder, je älter sie werden, umso unglücklicher und gestresster werden. Weil unser System Kinder permanent dazu zwingt, gegen ihre eigene Natur anzukämpfen. Sie gehen instinktiv spielerisch an das Leben heran, sie verkrampfen nicht, weil ihr Verstand sie noch nicht blockiert. Sie haben noch keine Angst vor ihrer Zukunft und können noch echten Spaß, Lebensfreude, Magie erleben. Wie viel Prozent der Erwachsenen können das von sich behaupten?

Vor vielen Jahren habe ich eine Situation beobachtet, die wunderbar beschreibt, wovon ich gerade erzählt habe. Ich stand an einem Bahnhof und eine alte Dampflok fuhr ein. Sie toste und schnaubte und blies jede Menge Dampf in die Luft. Sie machte all die Geräusche, die alte Dampfloks eben so machen. Für die Erwachsenen war dieser Moment nichts Besonderes. Für ein kleines Mädchen, das mit seinem Vater am Gleis stand, fand hingegen ein magischer Moment statt. Seine Augen glänzten und sein Gesicht strahlte vor Erstaunen, vor Neugierde, vor Bewunderung, vor Spannung, vor Aufregung, vor dem Unfassbaren, was es bisher noch nie gesehen hatte. Für das Mädchen war die Dampflok ein Wunder. So viele Erwachsene haben aufgehört, nach diesen Wundern in ihrem Leben zu suchen. So viele Erwachsene haben damit aufgehört, Dinge zum ersten Mal zu tun. Wieso eigentlich? Du kannst dich an dieser Stelle selbst überprüfen: Wann hast du das letzte Mal etwas zum ersten Mal gemacht? Wann hast du der Natur das letzte Mal die Chance gegeben, dich von innen heilen zu dürfen? Ein Tag am Meer, ein Wochenende in den Bergen, ein Ausflug an den See – wann hast du dir das letzte Mal erlaubt, einfach nur sein zu dürfen?

PFLEGE DEIN INNERES KIND

Die bittere Wahrheit lautet: Jeder dritte Deutsche leidet einmal im Jahr an einem Zustand, der die Diagnose einer psychischen Erkrankung rechtfertigen würde, und laut aktuellen Studien sind psychische Probleme bereits der zweithäufigste Grund für Fehltage am Arbeitsplatz. Vielleicht werden so viele Erwachsene ja deswegen so depressiv, weil sie keinen Zugang mehr zu dem Kind in sich finden, das einfach nur wieder spielen will und keinen Grund zum Glücklichsein braucht?

Wenn du ein erfolgreiches und vor allem wertvolles Leben führen willst, finde heraus, woran du Spaß hast. Es muss für die anderen keinen Sinn ergeben, was du tust. Wenn dein Herz aufgeht, weil du in deinem Keller eine Eisenbahn zusammenbaust und sie durch selbstgebaute Hügellandschaften fahren lässt, dann tue genau das. Und zwar jetzt und nicht morgen, und rechtfertige dich auch nicht dafür. Fang wieder an zu spielen!

Ich habe mich für diesen Weg der Freude entschieden. Wenn mein Herz mir Signale schickt, dann höre ich darauf. Heute weiß ich, dass es mir gut geht, wenn es meinem Herzen gut geht. Dein Kopf kann dich verwirren, dein Herz jedoch will intuitiv stets dein Bestes. Woher du sicher weißt, ob du eine richtige Entscheidung getroffen hast? Es ist ganz einfach: Wenn in deinem Herzen Frieden eingekehrt ist. Glaube mir, du wirst es spüren! Wenn du deinen inneren Kompass danach ausrichtest und dir vertraust, wirst du niemals mehr eine falsche Entscheidung treffen.

WIE DU IN FÜNF SCHRITTEN HERAUSFINDEST, WAS DU WIRKLICH WILLST

1. Nimm eine Münze.
2. Zahl bedeutet: Entscheidung A.
3. Kopf bedeutet: Entscheidung B.
4. Wirf die Münze in die Luft.
5. Richte deinen Fokus jetzt nicht auf das Ergebnis, also die Seite der Münze, deren Symbol nach oben zeigt, sondern auf die wenigen Sekunden, in denen sich die Münze in der Luft befindet. In diesem Moment wirst du intuitiv einen Wunsch verspüren, auf welcher Seite die Münze landen soll – genau das ist deine Entscheidung, was du wirklich willst!

ACHTUNG: NUR FÜR NICHT-ERWACHSENE!

*»Wer erwachsen wird und im Herzen Kind bleibt,
hat das Leben verstanden.«*

ERICH KÄSTNER

Du bist noch ein Kind, ein Teenager, gerade an der Schwelle zum Erwachsensein? Genieße diese Zeit und probiere dich aus. Die folgenden Punkte sind nur für dich bestimmt:

- Lass dich treiben und lache so lange, bis dir der Bauch wehtut.
- Benimm dich daneben, mache Blödsinn und probiere Neues aus. Breche die Regeln und bitte später um Entschuldigung.
- Wirst du deinen Traumprinz jetzt schon küssen? Vertraue auf deine Intuition!
- Gib dein Geld aus und stelle dich fremden Menschen vor: »Hi, ich bin ... und wer bist du?«
- Nutze die Chancen, die sich vor deiner Nase abspielen, sei fleißig und studiere aufmerksam.
- Konzentriere dich auf das Glück in deinem Leben und bedaure nichts, was dir im JETZT Freude bereitet hat. Lache nicht über die Träume anderer Menschen, sondern kümmere dich um deine eigenen.
- Warte bis 11:11 Uhr und wünsche dir dann etwas Zauberhaftes.
- Setze dir hohe Ziele und fordere dich heraus.

- ◇ Mache Fotos von besonderen Menschen und zeige sie ihnen mit den Worten: »Du bist ein besonderer Mensch, hat dir das schon jemand gesagt?«
- ◇ Wertschätze die kleinen Dinge (die die meisten Menschen übersehen), denn in Wahrheit sind sie die größten Schätze in deinem Leben.
- ◇ Sei froh, dass du nicht so bist wie die meisten. Dein Anderssein macht dich einzigartig und WUNDERSCHÖN!
- ◇ Nimm dir immer wieder genug Zeit, um mit deiner Lieblingsmusik im Ohr durch die Welt zu tanzen.
- ◇ Lerne aus den Fehlern deiner Vergangenheit, denn dann sind sie keine Fehler mehr, sondern die wertvollsten Erfahrungen. Sammle Erinnerungen.
- ◇ Überwinde die Müdigkeit, zieh dir deine besten Klamotten an und gehe auf die Party. Hab die Zeit deines Lebens. Hüpfe von Wolke zu Wolke.
- ◇ Und bitte, triff keine endgültigen Entscheidungen aufgrund von temporären Gefühlen. Wenn du verliebt bist, sei verliebt, aber ändere deine Richtung nicht für deinen Traumpartner oder deine Traumpartnerin. Lass für ihn oder sie keinesfalls die Möglichkeit verstreichen, dich weiterzuentwickeln, auf Reisen zu gehen oder für eine Weile im Ausland zu studieren. Erweitere deinen Horizont und gehe DEINEN WEG, denn nur du kannst ihn gehen. Erschaffe dein eigenes Leben. Auch wenn du mir jetzt nicht glaubst, aber dein Partner ist nicht deine Welt. Schaffe dir deine Welt und gestalte sie immer weiter! Wenn er oder sie dann darin seinen Platz findet, ist es perfekt, vorher nicht. Die Wahrheit ist: Wenn ihr wirklich Seelenverwandte seid, werden sich eure Wege wieder kreuzen. Und jetzt raus mit dir und zeig der Welt, dass es dich gibt!

Denke immer daran: In dir steckt so viel mehr. Du bist mein Superstar!

UND DU?

An alle Erwachsenen, die diesen Abschnitt gerade heimlich mitgelesen haben: Das ist okay, ich hätte es auch gemacht. Stellt euch einfach mal vor, eure Eltern hätten euch mit sechzehn oder siebzehn einmal zur Seite genommen und diese Worte laut ausgesprochen. Was für ein unglaublich schöner und besonderer Moment wäre das gewesen! Aber: Es ist noch nicht zu spät. Vielleicht bist du ja selbst Mutter oder Vater. Nimm meine Worte als Inspiration, schreib sie um oder lies sie genau so deinem Kind vor. Sprich es direkt mit seinem Namen an. Indem du deinem Kind erlaubst, Kind sein zu dürfen, ohne etwas anderes sein zu müssen, machst du ihm das größte Geschenk seines Lebens.

DER JUNGE, DER NICHT NORMAL SEIN WOLLTE

Ein Junge spielte in einem Krippenspiel seiner Schule mit. Diese Aufführung war eine große Sache für das Dorf, denn alle Eltern, Nachbarn und Verwandte kamen, um sie sich anzusehen. Die Turnhalle war bis auf den letzten Platz gefüllt. Im Laufe der Vorstellung kam nun die Stelle, an der die Heiligen Drei Könige den Stall betreten, um ihre Geschenke zu überreichen: Gold, Weihrauch und Myrrhe. Da standen die Kinder also mit ihren Geschirrtüchern um den Kopf gewickelt und stellten ihre Geschenke auf den Boden. Der erste Junge sagte brav: »Ich bringe dir Gold.« Der zweite Junge: »Ich bringe dir Weihrauch.« Doch der dritte Junge legte die Myrrhe auf den Boden und sprach mit betont tiefer Stimme: »Tony Soprano lässt dir das schicken!« Die Zuschauer krümmten sich vor Lachen. Auch noch Wochen später redeten die Leute aus dem Dorf von dem Jungen, der aus seiner Rolle brach und einfach so, weil er sich einen Spaß erlaubte, einen Satz aus der berühmten Mafia-Serie The Sopranos zitierte.

SEI FRECH UND WILD!

Kinder haben keine Angst davor, Fehler zu begehen oder sich zu blamieren. Sie scheren sich nicht darum, welche Auswirkungen ihr Handeln eventuell haben könnte.

Für ein kleines Kind gilt nur dieser Moment im Hier und Jetzt. Deswegen hat es auch keine Angst, etwas falsch zu machen. Doch wenn Kinder größer

Kinder sorgen sich nicht um die Zukunft, weil sie das Konzept von Vergangenheit – Gegenwart – Zukunft noch nicht ausreichend verstehen.

werden, desto mehr Befürchtungen entwickeln sie, Fehler zu begehen. In der Schule und von ihren Eltern lernen sie, dass ein Fehler etwas ist, das es zu vermeiden gilt. Also scheuen sie sich, Wege zu gehen, die vorher noch nie jemand gegangen ist, und Neues auszuprobieren, das die Welt aber vielleicht zum Positiven hin verändern könnte.

Auch du kannst deine Welt ab sofort verändern, sodass sie nicht nur für dich zu einer besseren wird. Du musst dich nur wieder daran erinnern, wie es ist, ein Kind zu sein. Hab dabei keine Angst, aus der Rolle zu fallen und etwas Neues, Wildes auszuprobieren. Genau das macht nämlich am meisten Spaß. Sei mutig. Oder wie Pippi Langstrumpf so schön sagte: »Lass dich nicht unterkriegen. Sei frech und wild und wunderbar.«

Mit einer 1 mit Sternchen nach Hause zu kommen ist wirklich eine schöne Sache und freut alle. Große Anerkennung! Aber wie toll wäre es, wenn du nach der Schule aufgeregt nach Hause liefest, weil du etwas ganz besonderes Neues gelernt hast, indem du Mut bewiesen und einem Mitschüler aus der Klemme geholfen hättest, der von anderen gemobbt oder bedrängt wurde?

Es gibt so viele unglaublich wundervolle Eltern, die ihre Kinder genau dazu ermutigen – Mut zu haben, Neues auszuprobieren! Ich habe eine Nachricht von Andrea bekommen, die ich gerne mit dir teilen möchte:

LIEBER LARS,

vieeelen Dank für deine Magic-Monday-Nachrichten, sie sind sooo schön und bewegen wirklich einiges. Ich lese sie auch ab und zu meinem fünfjährigen Sohn Simon vor. Eine kleine Erzählung zum Thema Angst, deshalb schreibe ich dir: Wir waren zusammen mit einer Freundin und deren Tochter auf dem Spielplatz. Simon ist von einem sehr hohen Turm gesprungen und hatte dabei viel Spaß. Seine Freundin wollte es auch probieren, traute sich aber nicht. Sie sagte: »Ich habe Angst.« Simon setzte sich neben sie und sagte: »Emilia, denke nicht an die Angst, denke an deinen Mut«. Es war so süß!

VOM MUT, AN SEINE TRÄUME ZU GLAUBEN

Antoine träumte schon immer davon, Fußballprofi zu werden. Da er in einer französischen Kleinstadt aufwuchs, in der es keinen professionellen Fußballklub gab, war schnell klar, dass er in eine größere Stadt ziehen müsse, wenn er eine echte Chance haben wolle. Mit 13 Jahren war er aber noch zu jung, um sich selbst für ein Probetraining anzumelden, also half ihm sein Vater dabei, ihm die Aufnahme in ein Nachwuchsförderzentrum zu ermöglichen – ohne Erfolg. Die Kernaussage aller Experten ließ sich auf einen Satz zusammenfassen: Antoine sei zu schmächtig und für den Profifußball nicht stark genug. Der kleine Antoine hatte nun zwei Möglichkeiten:

1. Den professionellen Scouts zu glauben und seinen Traum an den Nagel zu hängen.

2. Nichts auf sie zu geben und weiter an sich zu arbeiten.

Antoine entschied sich für die zweite Option und machte weiter. Ein Jahr später wurde er während eines unbedeutenden regionalen Jugendturniers zufällig von einem baskischen Coach beobachtet, der ihn daraufhin zu einem Probetraining nach San Sebastián einlud, einem mittelmäßigen Club der Primera División, der ersten spanischen Liga. Antoine, der kein Wort Spanisch sprach und vorher auch noch nie allein im Ausland war, nutzte seine Chance, spielte vor und durfte bleiben. Seine »Schwäche«, die fehlende körperliche Robustheit, glich er durch eine einzigartige Technik aus, die er über die Jahre hinweg konstant weiterentwickelt hatte. So stieg er intern immer weiter auf, bis er im Alter von 17 Jahren zum ersten Mal mit der 1. Mannschaft des Vereins, den Profispielern, auflaufen durfte. Ein Traum ging in Erfüllung. Im Jahr 2013, während der Play-off-Runde in der Champions League, spielte Antoine mit seiner Mannschaft von Real Sociedad gegen Olympique Lyon, einem jener Vereine, die ihn damals abgelehnt hatten. Olympique Lyon galt als klarer Favorit. Antoine war das egal. Er erzielte das wichtige 1:0 und schoss seine Mannschaft damit zum Sieg.

Einer der besten Fußballer der Welt

Heute spielt Antoine für Atlético Madrid, einem der besten und traditionsreichsten Fußballvereine der Welt. Er stand im Finale der Champions League, wurde spanischer Pokalsieger und ist der Star der französischen Nationalmannschaft, mit der er bei der EURO 2016 Torschützenkönig und 2018 Weltmeister wurde. Der aktuelle Marktwert des kleinen Antoine, den die Experten damals mit der Begründung ablehnten, er sei nicht stark genug, nicht groß genug, nicht stabil genug, liegt bei 100 Millionen Euro. Antoine Griezmann ist zurzeit einer der gefragtesten Fußballspieler der Welt.

Denke immer daran: Was andere über dich denken, ist bedeutungslos. Ihre Urteile über dich sind bedeutungslos. Was du über dich denkst, bedeutet hingegen die Welt – einfach alles! Es ist DEIN LEBEN, es sind DEINE TRÄUME. Solange du an dich glaubst, ist ALLES MÖGLICH! Wenn also jemand zu dir sagt, »Das kannst DU nicht!«, mach dir keine Sorgen. Was diese Person eigentlich meint, ist: »ICH kann das nicht!«

SEI DANKBAR

Es gibt diese Tage, an denen du morgens aufstehst und dir denkst, dass dieses verdammte Leben eine einzige Qual ist: Der Wecker klingelt viel zu früh, das Wetter ist grau und trüb, der Job oder die Schule macht dir keinen Spaß, du hast Ärger mit deinem Partner, zu wenig Geld – ein Problem jagt das andere!

Dabei ist dein Leben nicht so schlecht, wie du denkst. Du willst einen Beweis? Falls du Essen im Kühlschrank, Kleidung, ein Dach über deinem Kopf und einen sicheren Ort zum Schlafen hast, bist du reicher als 75 Prozent aller Menschen. Falls du etwas Geld hast, um dir damit »Kleinigkeiten« zu gönnen, gehörst du zu den Wohlhabendsten acht Prozent dieser Welt. Falls du heute morgen ohne Schmerzen aus dem Bett aufstehen konntest, geht es dir besser als eine Million Menschen, die diese Woche nicht überleben werden. Falls du noch nie Hunger oder Krieg miterleben musstest, bist du glücklicher als 500 Millionen Menschen, die jetzt ums Überleben kämpfen. Falls du diese Worte lesen kannst, hast du mehr Glück als drei Milliarden Menschen, die nie eine Schule besuchen konnten. An scheinbar schlechten Tagen sollte man sich einfach daran erinnern und laut zu sich sagen: »Mein Leben ist nicht perfekt, aber ich bin dankbar für alles, was ich habe.«

Erfolg: Du kannst alles schaffen, was du schaffen willst

Eine positive Lebenseinstellung zu haben bedeutet nicht, keine negativen Gedanken zu haben. Es bedeutet, diesen negativen Gedanken keine Macht und schon gar nicht die Kontrolle über sein Leben zu geben. Gib deinen Traum nicht auf, nur weil du jetzt noch nicht weißt, wie du ihn erreichen sollst. Die besten Dinge im Leben brauchen Zeit.

DIE GLÜCKSKINDER

*»Arbeite so lange an deinem Traum,
bis du dich nicht mehr vorstellen musst.«*
SEAN »PUFFY« COMBS AKA P.DIDDY

Denke nicht an morgen, ans Ziel, ans Finale, ans Ankommen, sondern nur an heute, was du in diesem Moment tun kannst, um deinem Traum einen weiteren Schritt näher zu kommen. Die Zeit vergeht sowieso. Ob du auf dem Sofa sitzen bleibst und Trübsal bläst oder raus in die Welt gehst, um ihr zu zeigen, wie wunderbar du bist, damit sie dich erkennen lässt, wie wunderbar du bist. Es ist deine Entscheidung, wie du deine Zeit nutzt.

VON DER KUNST DES BOGENSCHIESSENS

Ich bin davon überzeugt, dass die Träume eines jeden Menschen, und somit auch von dir, in Erfüllung gehen können, wenn man es schafft, sich mental in einen Zustand zu bringen, in dem sein gegenwärtiges Dasein und seine zukünftigen Ziele und Träume und Wünsche zu einer gedanklichen Einheit verschmelzen. Wie bei den ZEN-Mönchen, die die Kunst des Bogenschießens perfektioniert haben. Sie sagen: »Es gibt keinen Unterschied zwischen meinem Bogen, meinem Pfeil, meinem Körper, der den Bogen hält, und dem Ziel. Wir sind eine Einheit. Wir sind eins. Alles hängt mit allem zusammen. Alles ist mit allem verbunden. Wenn ich den Bogen spanne und den Pfeil auf seine Reise schicke, ist er bereits angekommen. In meinen Gedanken wurde alles vorbereitet. Ich musste nur noch loslassen.«

Dieses Bild habe ich immer im Kopf, wenn neue Aufgaben auf mich warten. Ich schließe meine Augen, ruhe in mir und visualisiere mein Leben. Ich habe mein Ziel fest vor Augen und muss letztlich nur noch den Weg gehen – mit Freude, Hoffnung und Zuversicht. Die Spanne zwischen Erfolg und Misserfolg ist so gering, dass jeder von uns die Möglichkeit hat, diesen einen Schritt nach links oder eben nach rechts zu gehen. Man muss nur den berühmten Schalter im Kopf finden und den Mut haben, ihn auch tatsächlich umzulegen. Oftmals beschließen wir aber unsere Situation zu verklären und nach Ausreden zu suchen, um eben nicht aktiv handeln zu müssen. Wir geben die Verantwortung über unser Leben ab, suchen nach Sündenböcken und sagen: »Ich habe keine Chance, guck doch mal, wo ich herkomme. Niemand hilft mir, nicht die Gesellschaft und die Politik schon gar nicht. Meine Eltern haben sich auch nie richtig um mich gekümmert. Sie hatten ja selbst genug Probleme, um gerade so über die Runden zu kommen. So ist das Leben eben: hart und ungerecht.«

> *Erinnere dich an den ZEN-Bogenschützen. Es ist alles schon da. Der Weg wurde längst für dich vorbereitet. Du musst ihn noch nur gehen.*

Weißt du, wer solche Sätze sagt? Du nicht! Nicht mehr. Aber du kennst die Antwort. Es ist die Stimme in den Köpfen der Menschen, die auf ihren alten negativen Glaubenssätzen beruht. Es stimmt schon, unsere Eltern und Erzieher haben durch ihr oftmals fehlerhaftes Verhalten dafür gesorgt, dass ihre Kinder heute als Erwachsene solche Glaubenssätze verinnerlicht haben, aber du weißt mittlerweile, dass sie alle nicht der Wahrheit entsprechen. Schieb die Verantwortung jetzt nicht weg! Du kannst in diesem Moment aktiv entscheiden, deine Vergangenheit dort zu lassen, wo sie hingehört, dich in die Rakete zu setzen, auf der schon dein Name steht, und all die Erinnerungen an deine Vergangenheit als Treibstoff zu nutzen, um in genau die Zukunft zu fliegen, die du dir wünschst.

AUCH DU BIST EIN GLÜCKSKIND

Aus jedem Kontinent, aus jedem Land, aus jeder Stadt, aus jedem Dorf, aus jeder sozialen Schicht und aus jeder Branche gibt es diese motivierenden Erfolgsgeschichten, die uns alle so sehr begeistern und inspirieren und vor Bewunderung strahlen lassen. Ich weiß schon, die Stimme in deinem Kopf hebt schon wieder die Hand. Sie sagt: »Lieber Lars, diese Glückskinder, von denen du so gerne sprichst, waren einfach nur zur richtigen Zeit am richtigen Ort.« Exakt! Sie waren einmal zur richtigen Zeit am richtigen Ort und haben die richtige Entscheidung getroffen. Aber vor diesem Augenblick waren sie genau wie du, ein Glückskind auf der Suche nach dem Glück. Doch wer sagt, dass du nicht auch eines von ihnen bist? Wenn du mir einen einzigen Beweis liefern kannst, dass du nicht auch das Beste aus deinem Leben machen kannst, werde ich nie mehr ein Wort darüber verlieren. Versprochen!

Glückskinder sind keine Opfer des Schickals

Die Glückskinder schaffen es deshalb immer wieder, auf die Beine zu kommen und neue Wege zu gehen, weil sie es leid sind, sich mit der Tatsache abzufinden, Opfer ihres persönlichen Schicksals zu sein. Jeder Mensch ist mit einer Gabe ausgestattet, jeder ist ein Unikat und schon deshalb etwas Besonderes. Auch du! Das Geheimnis besteht darin, deine Einzigartigkeit und dein Talent zu erkennen. Und bitte: Vergleiche dich nicht mit anderen! Sie leben ihr Leben, du deines. Sie haben ihre Talente, du deine. Stell dir vor, ein Fisch, der am Ufer eines Sees schwimmt und ein Eichhörnchen beobachtet, das wuselig von Baum zu Baum hüpft, würde sich mit ihm vergleichen. Es würde traurig umherschwimmen und sich denken: Oh, ich bin ja gar nichts wert. Ich kann gar nicht so wuselig durch die Bäume hüpfen. Ich bin echt ein Versager! Fische sind nicht auf der Welt, um Bäume hochzuklettern, sondern um unter Wasser ihre Bahnen zu ziehen. Dafür wurden sie erschaffen. Dort liegt ihr Talent. Das ist ihr Leben. Der Unterschied zwischen den Glückskindern und jenen, die glauben, nie die Sonnenseite des Lebens zu sehen, ist der, dass sie ihre Einzigartigkeit erkennen.

DU BIST ERFOLG!

Glückskinder hören auf ihr Herz und glauben nicht an destruktive Botschaften: »Du wirst das niemals schaffen! Ausgerechnet du? Was bitte ist an dir so besonders?« Bitte, bitte, bitte beachte diese Stimmen nicht. Du kannst mit Menschen, die über einen kleinen Horizont verfügen, nicht über große Träume reden! Sie werden dich nicht nur nicht verstehen, sie werden sogar alles versuchen, dir zu erklären, warum du falsch liegst. Wir haben alle diese »Hater« in unserer Umgebung. Ich meine damit jene Menschen, von denen diese spezielle, superzerstörerische negative Energie ausgeht; Menschen, die selten etwas gut finden, ständig schimpfen und schlecht über andere reden, die nie nach echten Lösungen suchen, aber Experten darin sind, stundenlang zu erklären, warum etwas nicht funktionieren kann. Wenn du ihnen dein Herz öffnest, füllen sie es nicht mit Liebe, sondern sie laden ihren Müll dort ab. Um deine Träume zu beschützen, musst du diese Menschen meiden. Konsequent.

Du bist so viel besser. Du weißt so viel mehr. Ich möchte nicht, dass du eines Tages auf dein Leben zurückblickst und sagst: »Ach, hätte ich damals doch den Mut gehabt, an mich zu glauben.« Ich glaube an dich. Denke immer daran: Erfolg ist keine Frage der Herkunft, es ist eine Frage des Bewusstseins. Die Welt reagiert auf dich so, wie du selbst glaubst zu sein. Wenn du also erfolgreich sein willst, beginne damit, dich als Erfolg zu betrachten. Rufe es laut und deutlich von den Dächern, sodass es jeder hören kann: »Ich bin Erfolg!«

ZEHN ANREGUNGEN, UM DEINE LEBENSQUALITÄT ZU STEIGERN

*»Denke nicht zu viel nach,
sondern schaffe Raum für deine Träume.
Wach auf, fahr los und lebe!«*
BOB MARLEY

1. MORGENSTUND HAT GOLD IM MUND

Unzählige Studien belegen, dass über 40 Prozent aller Menschen, die in unserer Gesellschaft als erfolgreich bezeichnet werden, drei Stunden vor ihrem offiziellen Arbeitsbeginn aufstehen. Allein durch die Tatsache, dass ihr Wecker früher klingelt, gewinnen sie eine Stunde Lebenszeit. Was man in dieser Stunde alles erledigen kann: joggen gehen, Yoga machen, ein Buch lesen, Zukunftspläne schmieden, ein Bild malen, eine neue Sprache lernen, die Küche streichen, am eigenen Businessplan arbeiten. Denk einfach mal darüber nach, wenn du das nächste Mal sagst: »Ich würde ja gerne, aber dafür habe ich keine Zeit.« Du hast sie.

2. REDEN, REDEN, REDEN!

Unterhalte dich mit anderen Menschen. Und zwar nicht nur über die sozialen Netzwerke oder am Telefon, sondern persönlich. Das Zauberwort heißt: netzwerken! Nimm dir wirklich ein bis zwei Stunden in der Woche Zeit dafür. Gerne auch mehr. Wenn du dich mit Menschen austauschst, die auf deiner Welle schwimmen und in deinem Metier arbeiten, wirst du immer etwas lernen, deinen Horizont erweitern und wichtige Kontakte knüpfen. Die besten Jobs werden öfter durch persönliche Empfehlungen vergeben, als du denkst. Sobald du anderen Menschen von dir und deinen Träumen, Ideen, Vorstellungen, Fähigkeiten und Plänen erzählst, wirst du immer an Informationen kommen, die dir nützlich sein werden.

3. LESEN, LESEN, LESEN!

Damit meine ich Bücher und Blogs, die dich inhaltlich tatsächlich weiterbringen. Lese, um zu lernen, und nicht, um deine Zeit totzuschlagen! Fast 90 Prozent der Menschen, die in finanzieller Freiheit leben, lieben es zu lesen, um ihre Persönlichkeit weiterzuentwickeln und ein zufriedenerer Mensch zu werden. Nicht verbissen, sondern weil sie erkennen, was für unglaubliche Ergebnisse sie durch Wissen erzielen. Denke immer daran: Je mehr du liest, desto mehr wirst du wissen – und Wissen ist bekanntlich Macht. Ein Tipp: Gehe sonntags auf Flohmärkte. Dort bekommst du für zehn Euro vier bis fünf gute Bücher.

4. ÜBERDENKE DEINEN FERNSEHKONSUM

Hier zeigt sich vielleicht der offensichtlichste Unterschied im täglichen Leben. Beinahe 70 Prozent aller erfolgreichen Menschen schauen nur eine Stunde oder weniger fern pro Tag und nur sechs Prozent von ihnen vergeuden ihre Zeit mit »Trash-TV«. Sie haben erkannt, dass der Fernseher der größte Zeitkiller ist, der jemals erfunden wurde. Versuche also, einen Zustand zu erreichen, in dem dein Leben und deine Träume spannender und interessanter als das Fernsehprogramm werden. Wenn du erst einmal ein Bewusstsein dafür entwickelt hast, was du dort eigentlich tust, wird dir das Fernsehen schon sehr bald sehr dämlich vorkommen. Vor allem aber wird es dir nicht mehr fehlen.

5. BETRACHTE ZEIT ALS DEIN HÖCHSTES GUT

Erfolgreiche Menschen versuchen, jegliche Form von Zeitverschwendung zu vermeiden. Sie surfen nicht stundenlang im Internet oder klicken sich planlos durch die sozialen Netzwerke, weil sie wissen, dass diese Zeit verloren ist und kaum einen Mehrwert besitzt. Wenn sie dort sind, dann kurz und gezielt und nie länger als ein paar Minuten.

6. GEHE KLEINE RISIKEN EIN

Wenn du niemals im Leben ein kalkulierbares Risiko eingehst, wirst du auch niemals etwas gewinnen, was augenblicklich noch unerreichbar zu sein scheint. Anders gesagt: Wenn du immer davor Angst hast, deinen Status quo zu verlieren, selbst wenn dieser dich nicht glücklich macht, wird das auch das Maximum sein, was du jemals erreichen wirst.

7. SORGE FÜR DEINE WORK-LIFE-BALANCE

Ich weiß, für viele ein absolutes Hasswort! Sie sagen: »Wie soll ich mich um mein Leben kümmern, wenn ich Schichtdienst habe und nach meinem Job so kaputt bin, dass ich mich nur noch auf mein Bett freue?!« Ich antworte dann: »Wenn du deinen Job so sehr hasst, dass du wegen ihm deine Freude am Leben verloren hast, vielleicht sogar krank bist deswegen und nur noch überlebst, statt zu leben, dann könntest du darüber nachdenken, ob es nicht besser wäre, an deiner beruflichen Situation etwas zu ändern. Eines muss dir nämlich bewusst sein: Wenn du nichts änderst, wird genau so der Rest deines Lebens aussehen. Und zwar an jedem verdammten Tag. Ist diese Vorstellung nicht unendlich viel grauenhafter, als jetzt kurzfristig ins kalte Wasser zu springen und einen neuen Weg einzuschlagen?«

Es müssen nicht gleich die großen Veränderungen sein. Du musst nicht sofort deinen Job kündigen und nach Kanada auswandern (außer es ist das, was du wirklich willst!). Kleine Unterbrechungen der täglichen Routine bewirken schon echte Wunder. Lerne zum Beispiel durch gezielte Atemübungen und Meditationstechniken, während der Mittagspause oder im Bus auf der Rückfahrt nach Hause in nur zehn Minuten neue Kraft zu tanken. Diese Energie nutzt du, um dich mit Freunden zu treffen, zum Sport oder zum Abendkurs zu gehen, anstatt müde und erschöpft auf dem Sofa einzuschlafen. Und wenn dir dein Job keine persönliche Erfüllung bringt, suche dir eine Beschäftigung für die Zeit davor und danach, die genau das tut. Durch Aktion kommt auch die Motivation (die dir vielleicht gerade fehlt) und nicht umgekehrt. Wichtig ist der erste Schritt.

8. INVESTIERE IN DEINE GESUNDHEIT

Erfolgreiche Menschen erkennen die Zusammenhänge zwischen gesunder Ernährung, sportlicher Betätigung und beruflichem Erfolg. Studien zeigen, dass weit über 70 Prozent der Menschen, die finanziell unabhängig sind, an mindestens vier Tagen in der Woche Sport treiben, während dieser Anteil bei nicht erfolgreichen Menschen nur bei etwa 20 Prozent liegt. Knapp 60 Prozent der erfolgreichen Menschen achten auf die Menge an Kalorien, die sie zu sich nehmen, während nur fünf Prozent der weniger erfolgreichen Menschen das tun. Ebenfalls interessant: 70 Prozent der Erfolgreichen essen weniger als 300 Kalorien an Junkfood pro Tag, da sie wissen, dass sie es mit diesem »schweren Essen« auch schwerer haben werden, ihre Ziele zu erreichen. Es ist eben verdammt schwer zu fliegen, wenn einen das Gewicht am Boden hält.

Dein Körper ist dein Kapital

Stell dir für einen Augenblick vor, du würdest mit fünf Bällen jonglieren und jeder Ball repräsentiert dabei einen wichtigen Teil deines Lebens:

- ◇ Gesundheit
- ◇ Familie
- ◇ Glück und Zufriedenheit
- ◇ Freunde
- ◇ Arbeit

Vier Bälle bestehen aus dünnem, extrem empfindlichen Glas und nur einer aus Hartgummi. Erinnere dich immer wieder daran, dass dein Arbeitsplatz dieser robuste Gummiball ist, während deine Familie, deine wahren Freunde, dein eigenes Glück und vor allem deine Gesundheit sehr zerbrechliche Gebilde sind, die schnell unwiederbringlich beschädigt oder gar völlig zerbrochen werden können, sobald du sie fallen lässt. Die Erkenntnis, dass ein Job (so wichtig er dir auch zu sein scheint!) stets ersetzbar ist, wird dir helfen, die richtige Balance in deinem Leben zu finden. Kein Geld der Welt wird dir Lebensqualität geben können, wenn dein Körper nicht mehr mitspielt. Nichts ist wichtiger als deine Gesundheit. Was sind schon beruflicher Erfolg und Geld und sozialer Status, wenn dir am Ende die Kraft fehlt, all das genießen zu können? Folge deinen Träumen, aber nicht um jeden Preis. Manchmal musst du stehen bleiben, um deiner Seele die Möglichkeit zu geben, um in Ruhe durchzuatmen. Das

Tempo der Welt, deiner Stadt, deiner Freunde ist nicht automatisch dein Tempo.

9. HÖRE AUF DEIN HERZ (UND DAS DER ANDEREN)

Die wirklich reichen Menschen wissen, dass gute Beziehungen das A und O des Erfolges sind (nicht zu verwechseln mit Vitamin B). Sie haben einen Bezug zu ihren eigenen Gefühlen, was bedeutet, dass sie sich sehr gut in die Situationen anderer Menschen hineinversetzen können. Sie haben verstanden, dass ihre eigene Sicht der Dinge nicht unbedingt die einzig richtige sein muss, weswegen sie neuen Ideen oftmals offener gegenüberstehen. Sie hören den Menschen zu und versuchen permanent, ihren Horizont zu erweitern. Sei auf der Suche nach Menschen, von denen du lernen kannst, und lass dich von ihnen inspirieren. Fülle dein Herz mit Informationen, die dich weit hinauf ins Universum fliegen lassen.

10. TEILE DEIN GLÜCK

Wenn du wirklich reich sein willst, musst du die Bedeutung des Teilens verstehen. Wie hat Albert Einstein so schön gesagt? »Nur ein für andere gelebtes Leben ist lebenswert.« Das bedeutet: Teile deinen Reichtum, dein Glück, dein Wissen, deine Zeit. Du wirst erkennen, dass das Gefühl des Gebens unglaublich befriedigend ist. Es gibt kaum etwas Schöneres, als wenn du jemandem hilfst, von dem du weißt, dass er nichts für dich tun kann. Was allerdings noch als Sahnehäubchen obendrauf kommt: Man fühlt sich dabei unendlich gut, denn wenn man anderen Menschen Freude schenkt, beschenkt man in Wahrheit sich selbst. Zu teilen heißt zu lieben!

DER TAG, AN DEM DEINE GELDSORGEN AUFHÖREN

»Setze dir ein Ziel, das so groß ist, das ein enormes Maß an persönlichem Wachstum erfordert, um es zu erreichen. Warum? Weil es nicht das Ziel ist, das dich glücklich machen wird, sondern die Meisterschaft über dein Leben.«

JACK CANFIELD

Mir fällt immer wieder auf, dass viele Menschen ihr persönliches Glück und Wohlbefinden von ihrem finanziellen Status abhängig machen. Sie glauben, dass die Dramen ihres Lebens, das Leid und die Kämpfe aufhörten, wenn eine bestimmte Summe auf ihren Konten liegen oder monatlich zur Verfügung stehen würde. Der Mangel an Geld und dessen falsche Verwendung dominiert oft das komplette Leben, weswegen unterbewusst schon jegliche Form von privater und beruflicher Veränderung, Neuorientierung und positiver Aufbruchsstimmung mit dem Satz totgeschlagen wird: »Wenn es doch nur so einfach wäre ... also, ich würde ja gerne ... aber das kann ich mir nicht leisten.«

NUTZE DEINE ZEIT

Mit diesem Satz wird das Thema dann beendet! Anstatt alte Denkmuster und Strukturen über Bord zu werfen und sich auf etwas Neues einzulassen, resignieren sie und verweilen im Zustand der Schwere, weil sie glauben, die Hürde sei ohnehin so unfassbar groß, dass sich nicht einmal der Versuch lohnen würde. Aus diesem Grund habe ich dir im letzten Kapitel zehn

Anregungen mit auf den Weg gegeben, die glückliche und erfolgreiche Menschen verinnerlicht haben. Erfolg kommt selten über Nacht und finanziellen Wohlstand erreicht man auch nicht »einfach so«, wie viele es sich wünschen. Es kommt maßgeblich darauf an, wie man die 24 Stunden, die jeder Tag für jeden von uns bereithält, für sich nutzt.

Wenn du ab sofort erfolgreich sein willst, erinnere dich an diese drei Dinge:

◇ Sei dir stets im Klaren darüber, was du tust.
◇ Liebe, was du tust.
◇ Glaube an das, was du tust.

Denke immer daran: Jede noch so kleine Handlung ist in der Summe dein Leben.

WAS BEDEUTET FINANZIELLE FREIHEIT EIGENTLICH WIRKLICH?

Die meisten Menschen hier in Deutschland haben Schwierigkeiten damit, über Geld zu reden. Vor allem, wenn im eigenen Geldbeutel in diesem Moment (noch) nicht so viel davon vorhanden ist. Ein heikles Thema, weil das Ego sich sofort zu Wort meldet und am eigenen Selbstwertgefühl kratzt. Ich bin mir dessen voll und ganz bewusst. Dazu kommt, dass Erfolg etwas höchst Subjektives ist.

Wenn du es schaffst, schlechte Gewohnheiten durch gute zu ersetzen, und dich auf das konzentrierst, was dir wirklich wichtig ist und was du erreichen möchtest, bist du schon einen großen Schritt weiter.

Es geht also einzig und allein darum, was du für dich ganz individuell als solchen definierst. Wenn du nicht jeden Abend daran denken musst, ob die nächste Miete bezahlen werden kann, wenn du zufrieden in den Armen deines Partners einschlafen kannst, kann das ein Beispiel für Erfolg und finanzielle Freiheit sein. Nach oben sind jedoch keine Grenzen gesetzt. Erfolgreiche Menschen haben sich Gewohnheiten antrainiert, die oft den Unterschied ausmachen.

Wahrer Reichtum kommt von innen

Damit wir uns bitte richtig verstehen: Finanzielle Freiheit zu erlangen ist nichts, was dich automatisch zu einem besseren Menschen macht. Sie kann nicht all deine Probleme lösen und oftmals trifft es auch nicht die Menschen, die es wirklich verdient hätten. Aber sie ist eine Belohnung dafür, dass du für deinen Traum gekämpft und dein Ziel nie aus den Augen verloren hast. Letztendlich ist wahrer Reichtum nicht die Ansammlung von Besitztümern, sondern die Anzahl der Herzen, die du berührt hast. So lebe ich und vielleicht ist das auch ein Weg für dich. Gib dir einen Ruck und versuche es. Dein Leben findet jetzt statt und nicht an einem fernen Punkt einer noch nicht existierenden Zukunft. Lass die Ausreden für einen Augenblick in der Schublade. Hab den Mut, zu dir zu stehen, und lass dich von äußeren Umständen nicht weiter klein halten. Erfolg kommt, wenn du damit aufhörst, ein Leben zu leben, um anderen zu gefallen. Erfolg kommt, wenn du damit aufhörst, auf den Krach dieser Welt zu hören, und beginnst, dich auf das zu konzentrieren, was dir wirklich wichtig ist. Erfolg kommt, wenn du damit aufhörst, die Welt mit dieser vorgefertigten Vorstellung zu sehen, wie man es dir als Kind beigebracht hat. Hör damit auf, realistisch sein zu wollen. Greif nach den Sternen!

Mach dir keine Sorgen!

Und bitte: Hör endlich damit auf, dir ständig Sorgen zu machen. Sie lügen! Das weißt du doch mittlerweile. Deine Sorgen sind wahre Meister im Lügen-Verbreiten, aber ich verrate dir jetzt mal was über die Volkskrankheit »sich Sorgen machen«. Die Wahrheit ist: Wenn du dir Sorgen machst, hinderst du die schlechten Dinge nicht daran, dass sie passieren. Es hält dich nur davon ab, all die schönen Dinge zu erkennen, die jetzt gerade um dich herum sind. Es ist eine klassische Loose-loose-Situation. Und du bist kein Loser, kein Verlierer. An jedem Morgen, an dem du die Augen öffnest, hast du zwei Möglichkeiten: weiter im Bett liegen zu bleiben und an deine Träume zu denken oder aufzustehen und voller Zuversicht einen Schritt auf sie zuzugehen. Worauf wartest du? Vielleicht versucht deine innere Stimme dich ja gerade wieder zu demotivieren und flüstert dir den bekannten Spruch ein: »Geld macht nicht glücklich (also versuche es gar nicht).« Antworte ihr mit dem breitesten Lächeln, das du anzubieten hast: »Das stimmt, Geld allein macht nicht glücklich, aber pleite zu sein ebenso wenig.«

Denke immer daran: Für die besten Dinge des Lebens braucht man selten viel Geld, aber den Mut, eine echte Entscheidung zu treffen.

IM WINDSCHATTEN DER SIEGER

Ich bin ein leidenschaftlicher Läufer. Wenn es möglich ist, laufe ich jeden Tag. Ich habe eine tägliche Routine entwickelt, die mir hilft, positiv in den Tag zu starten: aufstehen, einen Espresso trinken, eine halbe Stunde meditieren, eine Stunde laufen. Dieser geregelte Ablauf hilft mir, in der Spur zu bleiben, weil ich ein Bewusstsein dafür entwickelt habe. Ich weiß, dass mir dieser Ablauf guttut, obwohl auch meine innere Stimme immer mal wieder anklopft und mir andere Optionen anbieten möchte: im Bett liegen bleiben, den Fernseher anstellen, E-Mails checken, schlechte Laune haben und so weiter. Wenn ich unterwegs bin und nicht zu Hause schlafe, sieht diese Routine natürlich anders aus. Ich habe zwar meine Laufsachen fast immer dabei, aber oftmals muss man sich den neuen Begebenheiten anpassen. Ich laufe zum Beispiel immer allein, habe meine feste Streckenlänge und meine eigene Geschwindigkeit. Und ich stoppe die Zeit. Ich versuche, mich immer zu verbessern, schneller zu werden, stärker zu werden, konstanter zu werden. Mir ist aufgefallen, dass ich mich mehr anstrenge, wenn ich mir Notizen mache und Listen über meine sportlichen Aktivitäten anlege. Also tue ich das. Weil es mir hilft.

Die Kunst der Verstärkung

An einem schönen warmen Morgen im Sommer – ich hatte die Nacht in einem Hotel in Hamburg verbracht – lief ich die Außenalster entlang. Dabei ist mir etwas Interessantes aufgefallen. Immer wenn mich ein anderer Läufer überholte, wurde ich schneller. Wenn neben mir ein anderer Läufer auftauchte und langsam an mir vorbeizog, da er eine etwas höhere Geschwindigkeit lief, wurde auch ich schneller. Ich erhöhte automatisch mein Tempo und ließ mich eine Weile von ihm mitziehen. Nicht bei Läufern, die sehr viel schneller waren als ich, sondern bei jenen, die eben nur ein bisschen schneller waren. Sie waren es, die mich gepusht haben, die mich mitgezogen haben, die mich besser werden ließen. Durch sie habe ich, ohne darüber nachzudenken, meine eigene Geschwindigkeit erhöht und bin am Ende länger und schneller gelaufen, als ich es getan hätte, wenn ich alleine auf der Strecke gewesen wäre.

Für mich war dieses Erlebnis ein schönes Beispiel, wie das Leben funktioniert. Es ist wunderbar, wenn man Menschen in seinem Umfeld hat, die einen antreiben. Menschen, die in einem bestimmten Metier ein bisschen besser sind als wir, ein bisschen erfolgreicher, erfahrener, stärker. Wir sind soziale Wesen und wir reagieren unmittelbar auf die Dinge, die wir sehen und fühlen, auf die Menschen, mit denen wir reden, trainieren und mit denen wir unsere Gedanken austauschen.

So ist es in allen Bereichen. Als ich an der Alster meine Runde drehte, wurde mir das klar, weil es so ein deutliches Beispiel war. Sobald mich ein Läufer überholte, hatte mich seine Geschwindigkeit inspiriert, auch schneller zu werden.

Lass dich von Menschen, die besser sind, inspirieren

Was mir ganz wichtig ist: Es geht hier nicht um den Vergleich. Es geht nicht darum, der Beste sein zu wollen oder besser als sein Mitstreiter, sondern einzig und allein darum, seine eigenen Grenzen immer wieder etwas nach vorne zu verschieben und sich selbst herauszufordern. Wenn es jemanden in deinem Umfeld gibt, der besser, schneller, stärker ist, nutze diesen Menschen als Motivation. Und wenn es niemanden gibt, suche sie. Lerne von ihnen, stelle ihnen Fragen und sei wieder der Schüler, der vom Wissen seines Lehrers profitieren kann. Anstatt neidisch oder eingeschüchtert auf Menschen zu blicken, von denen du glaubst, dass sie mehr haben als du, erfolgreicher sind als du, deren Geschäfte besser laufen als deine oder die mehr Follower haben als du, lass dich von ihnen inspirieren. Sag nicht: »Das werde ich nie schaffen«, sondern: »Was muss ich ändern, um dorthin zu kommen? Was kann ich tun? Welche Verhaltensweisen muss ich ablegen?« Gehe zu diesen Menschen und gratuliere ihnen zu ihrem Erfolg. Sie sind es, die dich im Leben weiterbringen. Wenn du sie beneidest und ihnen ihren Erfolg nicht gönnst, wirst du im Leben nirgendwohin kommen, weil dich diese Energie immer im Zustand der Schwere halten wird. Erfolgreiche Menschen orientieren sich immer an denen, die den Weg, der vor ihnen liegt, schon gegangen sind, und lassen sich von deren Erfolgen anspornen.

> *Du bist der Durchschnitt der fünf Menschen, mit denen du die meiste Zeit verbringst.*

13 WERTVOLLE GEWOHNHEITEN

1. Schreibe deine Ziele auf ein Blatt Papier. Sei dabei so genau wie möglich.
2. Entscheide dich, aktiv auf deine Ziele zuzugehen.
3. Lerne aus den Methoden, die für dich nicht funktionieren, und ersetze sie durch neue.
4. Erschaffe und kultiviere gute Gewohnheiten.
5. Verpflichte dich zu täglichen Verbesserungen.
6. Fälle niemals Urteile über dich (und andere).
7. Achte auf deine Gesundheit.
8. Gib negativen Gedanken keinen Raum.
9. Wenn es um dein Geld geht, beachte folgende Regel: nicht geizig, sondern weise.
10. Sei ein guter Zuhörer! Wir haben zwei Ohren und einen Mund. Habe dieses Verhältnis immer im Hinterkopf, wenn du dich unterhältst.
11. Verbringe deine Zeit mit Leuten, die dich inspirieren, motivieren und zu einem besseren Menschen machen.
12. Tue stets ein bisschen mehr als notwendig. Nach diesem Prinzip ist Dwayne »The Rock« Johnson vom einfachen Wrestler, den kaum jemand ernst genommen hat, zum bestbezahlten Schauspieler der Welt avanciert. Orientiere dich an seinem Lebensmotto: »Always be the hardest worker in the room!«
13. Wenn du eine Situation nicht ändern kannst, ändere die Art, wie du über sie denkst.

Neues probieren: Wie du dich von deinen Ängsten befreist

Angst ist der Zustand, der uns davon abhält, großartig zu werden: die Angst zu versagen, vor Ablehnung, vor falschen Entscheidungen, vor dem Alleinsein – dieses lähmende Gefühl, nicht gut genug zu sein. Wenn du Angst hast zu springen, musst du springen! Tust du es nicht, wirst du an dieser Stelle für den Rest deines Lebens festhängen. Und deine Angst wird immer größer.

DER TREIBSTOFF
FÜR DEINE TRÄUME

»Ich hätte mit 16 gern gewusst, dass das Einzige, was zwischen uns und dem Leben steht, die eigene Angst ist, und dass man sie nicht füttern darf, indem man ihr nachgibt. Ich hätte gern gewusst, dass es keine Veränderung gibt, ohne dass man dafür mit Angst bezahlen muss, und wie wunderbar glücklich und frei es macht, Dinge zu tun, vor denen man sich fürchtet.«

CORNELIA FUNKE

Die Angst selbst ist nichts Schlimmes. Im Gegenteil, sie schützt dich vor Gefahren und sorgt für dein Überleben. Sie ist ein normaler Bestandteil des Lebens. Der entscheidende Faktor ist der, welche Beziehung du mit deiner Angst führst. Du kannst ihr viel Raum geben oder wenig oder gar keinen. Sie kann dich im Gefängnis der Bequemlichkeit gefangen halten (das berühmte Sofa) oder dich zu großartigen Meisterleistungen (das Erreichen deiner Träume) antreiben. Angst kann dich lähmen. Sie hat aber auch die Kraft, dir dabei zu helfen, die Mauer der Frustration zu durchbrechen, die oftmals unüberwindbar zu sein scheint, um genau das Leben zu führen, nach dem du dich so sehr sehnst.

Wenn du es aktiv angehst und ehrlich zulässt, kann die Angst zu einem mächtigen Verbündeten werden und zu deinem täglichen Motivator.

Wenn du in deinen Gedanken keine andere Option zulässt, als wertvoll und somit per definitionem bereits ein Erfolg zu sein, wenn das Erreichen deines Ziels eine unabdingbare Notwendigkeit für dein Leben darstellt, wenn dein Traum für dich ebenso wichtig ist wie die Luft, die du zum Atmen brauchst, dann ist für dich nichts anderes von Bedeutung. In diesem Moment werden Entbehrungen nicht einmal infrage gestellt. Ausreden fliegen ohne Widerrede aus dem Fenster. Du tust alles, was nötig ist, um den Weg deines Traums zu gehen.

Mit dieser Art zu denken haben einige der erfolgreichsten Menschen der Welt ihre Ängste zu ihrem Vorteil genutzt. Anstatt ihnen zu erlauben, wie Vampire das Leben aus ihren Träumen auszusaugen, haben diese Menschen begriffen, dass eine noch viel größere Angst der Preis wäre, den sie bezahlen müssten, falls sie für ihre Ziele nicht alles tun würden. Erfolgreiche Menschen wissen, dass die wahre Angst darin besteht, ein Leben voller fauler Kompromisse zu führen, in dem ihre wahren Träume keine Rolle mehr spielen.

ÜBER DIE KUNST, EINE ECHTE ENTSCHEIDUNG ZU TREFFEN

Stell dir vor, wir schreiben das Jahr 1969, du bist 21 Jahre alt, kommst aus einem verschlafenen Dorf in Niedersachsen, hast gerade deine Lehre als Starkstromelektriker abgeschlossen und stehst vor der wichtigsten Entscheidung deines Lebens: Mache ich, wovon ich schon immer geträumt habe, oder mache ich, was von mir erwartet wird? Deine Idole heißen Elvis Presley, *The Rolling Stones* und *The Beatles*, ihre Poster hängen in deinem Zimmer, ihre Songs ziehen dich vor dem Küchenradio deiner Eltern magisch in ihren Bann und beflügeln deine Fantasie derart, dass du vor Aufregung nachts kein Auge mehr zubekommst. Du träumst davon, auf der großen Bühne zu stehen, Gitarre zu spielen, mit einer eigenen Rockband, einer »Gang«, wie du sie nennen wirst, durch die Welt zu ziehen und Abenteuer zu erleben, die nur für Rockstars reserviert sind. Stell dir vor, dieser Wunsch wird so groß, dass du alles dafür tun würdest.

Und jetzt stell dir vor, deine 18-jährige Freundin reißt dich ohne Vorwarnung aus diesem Traum heraus, bringt dich auf den Boden der Realität zurück und verkündet, dass sie schwanger ist. Deine Mutter erwartet, dass du Verantwortung übernimmst, mit der Musik aufhörst und weiter in deinem Beruf arbeitest, um deine Familie zu ernähren. Du bist ein einfacher Arbeiterjunge, verdienst nicht viel Geld, hast nur diesen Traum im Gepäck und jeder, dem du davon erzählst, hält dich für verrückt.

Gegen jede »Vernunft«

Stell dir für einen Moment vor, du machst es trotzdem. Du kündigst deinen Job, gibst deiner Freundin und dem Baby das Versprechen, immer für sie zu sorgen, und versuchst einen Weg zu finden, weiterhin die Musik zu machen, die du so sehr liebst. Du wirst kreativ, klopfst an jede Tür, die sich auf deinem Weg befindet, bringst immer Essen für deine Familie auf den Tisch und sparst, wenn es um dich persönlich geht, an allen Fronten – nur um deinen Traum am Leben zu erhalten. Mit viel Willenskraft und Durchhaltevermögen schaffst du es irgendwann, mit deiner Band ein Album aufzunehmen, wirst aber von den Medien gnadenlos zur Schnecke gemacht. Du wirst rigoros ignoriert und wenn doch einmal ein Musikmagazin über dich berichtet, dann sind die Kritiken so schlimm, wie es schlimmer nicht geht. Wieder stellt dich das Universum vor die Wahl – weitermachen oder aufgeben? Du steigst mit deinen Freunden in den alten klapprigen VW-Bus und versuchst dein Glück in der Ferne. Aus der kollektiven Ablehnung deines Heimatlandes entwickelt sich plötzlich innerhalb deiner Band eine Gruppendynamik, die unzerstörbar zu sein scheint. Ihr steht mit einer Euphorie und Kraft für euch und eure Träume ein und mit jedem Auftritt, den ihr im angrenzenden Europa und später auch in Amerika absolviert, werdet ihr besser und lauter und klarer und entwickelt euren einzigartigen Stil.

EINE LEGENDE ENTSTEHT

Aus unzähligen kleinen Auftritten in der Provinz werden so Stadiontourneen, Welthits entstehen und aus dir und deinen Jungs, die in Deutschland niemand hören wollte, werden Legenden. Du spielst mit deiner Band dreimal nacheinander im ausverkauften New Yorker Madison Square Garden (mit Bon Jovi im Vorprogramm), Shakira trägt in einem Werbespot als Fashion-Statement ein T-Shirt deiner Band, ebenso Kanye West für ein Shooting mit Kim Kardashian, Pink dreht durch, als du ihr eine deiner handsignierten Gitarren schenkst, einer deiner Welthits taucht in einer Folge der *Simpsons* auf, Helmut Newton fotografiert eines eurer Album-Cover, in den 1980er-Jahren gibt es Überlegungen an einer Zusammenarbeit mit Andy Warhol, das Büro von Barack Obama fragt an (als er noch US-Präsident war), ob du mit deiner Band bei seinem Staatsbesuch in Deutschland auftreten könntest, und James Hetfield, Frontmann bei *Metallica*, antwortet auf die Frage, welche Musiker ihn als Gitarristen am meisten geprägt haben, mit dem Satz: »Malcom Young von AC/DC, Johnny Ramone von *The Ramones*, Tony Iommi von *Black Sabbath* und Rudolf Schenker von den *Scorpions*.«

Vorbild, Rockstar, Multimillionär

Stell dir vor, dieser Rudolf Schenker bist du. Ein Junge aus Deutschland, der so ziemlich die schlechtesten Voraussetzungen hatte, um sich seinen Traum zu erfüllen. Doch er hat es geschafft, weil er wusste, dass ihm keine Wahl blieb. Er wusste, dass er nichts anderes in seinem Leben wollte. Er wollte kein Rockstar werden, sondern Musiker. Er wollte kein Multimillionär werden, sondern mit einer Tätigkeit, die er liebte, seine Familie ernähren. Aus diesem Grund wurde er Rockstar. Aus diesem Grund wurde er Multimillionär. Aus diesem Grund wurde er zu einer Legende.

VERWANDLE DEINE SCHWÄCHE IN STÄRKE

*»Wenn du alles gibst,
kannst du dir
nichts vorwerfen.«*
DIRK NOWITZKI

Wie kannst du nun dieses Mindset, also die Art und Weise zu denken, auf dein Leben übertragen? Wie schaffst du es, den Blickwinkel auf dein Leben so zu verändern, dass du wieder Neues sehen und fühlen kannst? Wie lebst du ein glückliches Leben, in dem Angst zu deinem Verbündeten wird und nicht zu deinem schlimmsten Feind?

Ich möchte dir gerne fünf Tipps mit auf deinen Weg geben. Wenn du diese durchliest und anschließend beherzigst, kannst du sofort damit beginnen, jede deiner Ängste zu deinem Vorteil zu nutzen.

1. FINDE HERAUS, WAS DU WIRKLICH (TIEF IM HERZEN) WILLST

Frag dich, wie hoch der Preis wäre, wenn du deine Angst nicht besiegen würdest. Wenn du diesen einen letzten Schritt, der dringend notwendig ist für deine Weiterentwicklung und dein besseres Leben, nicht gehen würdest. Diese Antwort wird dir dabei helfen herauszufinden, ob dein angestrebtes Ziel tatsächlich eine unabdingbare Notwendigkeit für dich darstellt (wie die Luft zum Atmen) oder lediglich etwas, das du nur ganz gerne hättest (aber wofür du nicht alles tun würdest). Nachdem du das gemacht hast, stelle dir bitte folgende Situation vor: Du bist 80 Jahre alt und dein Leben neigt sich langsam dem Ende entgegen. Du schaukelst in deinem Wohnzimmerschaukelstuhl und denkst darüber nach, wie du dein Leben gelebt hast. Kannst du dich sehen? Sehr gut. Und jetzt blicke so auf deine vergangenen Jahrzehnte zurück, als ob du das Ziel nicht erreicht hättest, welches gerade ein derart wichtiger Teil deines aktuellen Lebens ist:

- ◇ Wie hat es die Richtung deines Lebens beeinflusst?
- ◇ Was bedauerst du?
- ◇ Wofür hättest du dir gerne mehr Zeit genommen?
- ◇ Was hättest du versucht, wozu du nicht mutig genug warst?
- ◇ Fühlst du Traurigkeit und Verbitterung?
- ◇ Stellst du dir die berühmte Frage: »Was wäre passiert, wenn ich damals … ?«

2. ERINNERE DICH AN DEINE AUSREDEN

Es ist wirklich nicht schwer, unsere Hoffnungen, Wünsche und Träume während des lärmenden Alltags zu verdrängen. Die meisten Menschen tun es ständig und reden sich immer wieder ein:

- ◇ Dafür fehlt mir leider die Zeit.
- ◇ Dafür habe ich kein Geld.
- ◇ Ich habe eine Familie.
- ◇ Ich bin nicht sportlich / attraktiv / gut genug.
- ◇ Das könnte / schaffe / erreiche ich nie.
- ◇ Ich bin einfach zu beschäftigt.

Sie beginnen, sich hinter ihren eigenen Rechtfertigungen zu verstecken. Das ist einfach, weil jeder sie versteht, weil es so schön bequem ist, weil es keinen Aufwand kostet. Ausreden, die jeder nachvollziehen kann, geben Sicherheit. Aber sie bringen dich keinen Schritt weiter, sie werfen dich immer wieder zum Anfang zurück. Deswegen erinnere dich daran, wenn das nächste Mal eine dieser Ausreden durch deinen Kopf geistert. Sei dir darüber im Klaren, dass die Stimme deiner alten Glaubenssätze eine Vorliebe für diese Ausreden hat, weil du so für deine Taten auch nicht verantwortlich gemacht werden kannst. Je schneller du dich von deinen Ausreden verabschiedest und aktiv wirst, desto schneller wirst du Resultate erzielen und stolz auf dich sein.

3. WACHSE IN DEINER PERSÖNLICHKEIT

So viele Menschen geben auf, wenn sie an den Punkt gelangen, an dem sie glauben, dass ihr großes Ziel jenseits ihrer tatsächlichen Fähigkeiten liegt. Es fallen Sätze wie »Seien wir realistisch: Ich bin dafür einfach nicht gut genug.« Erfolgreiche Menschen denken völlig anders. Sie haben sich ein Mindset erschaffen, das ständig wächst und den Status quo niemals als finales Ergebnis anerkennt. Sie betrachten ihre eigenen Fähigkeiten nicht als abgeschlossen und unveränderlich, sondern als flexibel und zu allen Seiten dehnbar. Wenn sie mit Rückschlägen, Niederlagen oder Ablehnung zu kämpfen haben, überlegen sie, wie es dazu kam, und machen den gleichen Fehler nicht ein zweites Mal.

Erfolgreiche Menschen suchen permanent nach neuen Ansätzen, neuen Wegen, neuen Möglichkeiten und geben schlichtweg niemals auf. Anstatt sich zu sagen: »Ich bin nicht gut genug«, entwickeln sie eine neue Strategie, um besser zu werden. Zum Beispiel finden sie Partner, die jene Bereiche für sie übernehmen, die sie selbst überfordern. Im Kern liegt darin der Hauptunterschied. Erfolgreiche Menschen suchen nach Lösungen für ihre Probleme und nicht nach Ausreden, warum etwas nicht funktioniert. Wie entscheidest du dich?

4. WERTVOLLE EINSICHTEN DURCH SCHMERZ

Die schmerzhaftesten Erfahrungen können oftmals die wertvollsten sein, denn sie helfen dir zu erkennen, was du in deinem Leben wirklich willst (und was du nicht willst). Scheitern, Enttäuschungen, Sackgassen – all das kann dazu führen, dass du über deine Handlungen reflektierst und dir sagst: »Okay, diese Methode hat nicht funktioniert, diese Person, diese Firma, dieses Projekt hat nicht zu mir gepasst. Woran lag es? Und was will ich eigentlich? Ich meine, was will ich wirklich?«

Denke immer daran: All deine Fähigkeiten sind ausbaufähig. Nutze diese Stärke und betrachte jede Erfahrung – positiv wie negativ – als Baustein, der dir dabei hilft, mehr über dich zu lernen. Dieses Mindset wird dich direkt zu deinem echten Traum führen und all die anderen Dinge, die du nur ganz nett findest und in der Vergangenheit so viel deiner Zeit und Energie gestohlen haben, augenblicklich eliminieren.

5. VERSTEHE, DASS SCHEITERN UNUMGÄNGLICH IST

Ich sage es, wie es ist: Du wirst scheitern! Das ist nicht schlimm, das gehört schlichtweg dazu. Es ist ein Teil des Prozesses und somit unumgänglich. Paulo Coelho, Rudolf Schenker, Jay-Z, Oprah Winfrey, frag, wen du willst, jede Person, die in ihrem Gebiet erfolgreich und gut ist, wird dir genau das erklären.

Fehlschläge sind deswegen so unglaublich wichtig, weil sie dir wertvolle Erkenntnisse und Einsichten liefern, wie etwas nicht funktioniert, wie man etwas verbessern oder ein Problem nachhaltig lösen kann. Kein Lehrer der Welt ist so gut wie der Schmerz des Scheiterns. Und keine Lektion in Ausdauer und Durchhaltevermögen ist so wirksam wie das persönliche Erleben von Ablehnung und Niederlage. Wenn du diese Erfahrungen nun positiv für dich verwertest und nutzt, wirst du gegenüber deinen Mitstreitern immer im Vorteil sein.

Ein Leben ohne Fehler ist nicht möglich. Noch einmal: Einen Fehler zu machen bedeutet nicht, dass man etwas nicht gut kann. Im Gegenteil. Fehler sind die Sprungbretter zu neuen Ideen. Um neue kreative Lösungen für alte Probleme zu finden, kommt man an einer hohen Anzahl an Fehlern gar nicht vorbei.

Die Gleichung ist einfach: Ärgere dich nicht über die Ergebnisse, die du nicht erzielt hast mit der Arbeit, die du nicht getan hast!

Um als Mensch in seiner Persönlichkeit zu wachsen, muss man immer wieder Fehler machen. Um zu lernen. Um zu begreifen. Um zu leben. Wenn du einen Fehler machst, dann räume ihn ein. Keine Ausreden. Steh dazu! Sag es laut: »Ja, mir ist das passiert!« Und dann versichere dich, dass dir genau dieser eine Fehler kein zweites Mal passieren wird.

6. SCHENKE DIR DEIN WUNSCHLEBEN

Was auch immer du dir vom Leben wünschst, es kann dir nur von einer Person geschenkt werden: von dir selbst. Also höre auf, darum zu bitten, zu betteln, zu flehen. Steh auf und hol es dir! Du allein bist für dein Leben verantwortlich. Und bitte, warte nicht darauf, dass du bereit bist. Du wirst niemals hundertprozentig bereit sein und es wird auch niemals den richtigen Zeitpunkt geben, um damit anzufangen. Im Umkehrschluss bedeutet es nämlich, dass jeder Zeitpunkt der richtige ist. Ja, ich weiß, es ist so einfach! Die traurige Wahrheit ist aber, dass die meisten Menschen niemals diesen ersten Schritt wagen. Warum? Weil sie von anderen nicht gesehen werden wollen, wie sie ganz unten als Anfänger beginnen. Sei bitte nicht wie die meisten Menschen. Jeder Profi war einmal ein Anfänger. Jeder Mensch hat einmal bei null angefangen – ohne Erfahrung, ohne Selbstbewusstsein

und ohne die Gewissheit, dass es funktionieren wird. Auf Selbstbewusstsein zu warten bedeutet, für immer zu warten. Aber ich verspreche dir: Dein Selbstvertrauen wächst parallel mit deinem ersten Schritt und deiner Verpflichtung, täglich zu lernen und besser zu werden.
Außerdem muss man kein Profi sein, um etwas Wunderbares zu erschaffen.

Zum Thema Profis kannst du dir übrigens folgenden Satz merken: Die Titanic wurde von Profis gebaut, die Arche Noah von Amateuren.

Manchmal ist es sogar von Vorteil, nicht »perfekt« ausgebildet zu sein, weil du so neue Sichtweisen mitbringst, die nur du hast, weil du eben nicht den Standardweg gegangen bist.

Du musst wirklich keine Angst davor haben, Neues auszuprobieren. Auch wenn du vielleicht glaubst, nicht gut genug zu sein und es offenbar unendlich viele Menschen zu geben scheint, von denen du annimmst, dass sie viel talentierter, jünger, hübscher, besser oder stärker seien als du, lass sie all das sein, richte deinen Fokus nur auf dich, vertraue dir und deinen Fähigkeiten und just do it!

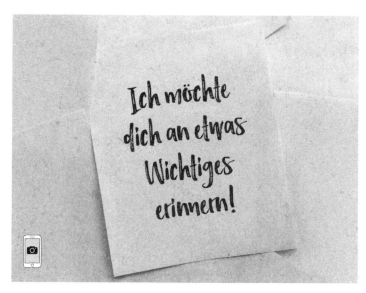

ACHTE AUF DIE ZEICHEN!

»*Erfolgreiche Frauen und Männer gehen immer weiter.
Sie machen Fehler.
Aber sie geben niemals auf.*«

CONRAD HILTON

Als ich im August 2014 als Talkgast in die Fernsehsendung *Planet Wissen* nach Baden-Baden eingeladen wurde und dort Prof. Dr. Sven Gottschling kennenlernte, wurde ich in eine interessante Situation gebracht. Nach unserem gemeinsamen Auftritt gingen wir mit dem Redaktionsteam in die Kantine und aßen zu Mittag. Sven und ich saßen uns gegenüber, verstanden uns prächtig und aus einer Laune heraus sagte er zu mir: »Weißt du was? Wir sollten auch zusammen ein Buch schreiben!«

WHY NOT?

Ich hatte ihn erst wenige Stunden zuvor kennengelernt und wusste zu diesem Zeitpunkt nicht viel über ihn, außer dass er Chefarzt an einer Klinik und einer der führenden Schmerztherapeuten und Palliativmediziner Europas war. Es lag nun ganz bei mir, wie ich mit seiner Aussage umgehen würde. Ich hätte antworten können: »Ach, ein Buch über ein medizinisches Thema ist nicht gerade das, was mir aktuell vorschwebt.« Damit hätte ich die Angelegenheit elegant im Keim erstickt und jeder wäre wieder seines Weges gegangen. Meine Antwort lautete aber: »Hmm, ein solches Buch mit wissenschaftlichem Background wäre eine ganz neue Herausforderung für mich. WHY NOT? Warum nicht? Erzähl mal, woran denkst du?«

Wir tauschten unsere Nummern aus und nach einigen sehr unterhaltsamen Telefonaten (Ärzte haben wirklich den besten Humor!), war mir klar: Genau das will ich machen! Ich möchte ein Buch übers Sterben schreiben, um an die Bedeutung des Lebens zu erinnern. Ich möchte sterbenskranken Menschen und deren Angehörigen helfen, ein besseres Leben zu führen. Genau das haben wir dann gemacht. Und wir haben nicht nur ein sehr erfolgreiches Buch zusammen geschrieben, sondern direkt ein zweites nachgelegt.

CHANCEN WOLLEN ERGRIFFEN WERDEN

Überall verstecken sich diese Zeichen, die auch dein Leben in eine völlig neue Richtung lenken können. Das Geheimnis liegt darin, offen für diese Zeichen zu sein, sie wirklich sehen zu wollen und nicht alles, was auf den ersten Blick neu und ungewohnt ist, aus Angst oder Unsicherheit zu ignorieren. Streiche den Satz »ICH KANN DAS NICHT!« aus deinem Wortschatz und ersetze ihn durch »ICH WERDE ES BALD KÖNNEN!«. Wenn du die schöne Chance bekommst, Teil eines neuen und spannenden Projektes zu werden, sag sofort zu und überlege dir erst später, wie du diese Aufgabe dann meistern kannst. Diese wichtige Weisheit habe ich von Sir Richard Branson gelernt, einem der erfolgreichsten Unternehmer der Welt, den ich im Jahr 2013 während einer Leadership-Konferenz in Litauen persönlich kennenlernen durfte.

> *Wenn du dein Herz für all diese tollen Möglichkeiten öffnest und den Mut hast, sie auch wahrzunehmen, wird sich dein Leben mit vielen aufregenden Erinnerungen füllen ... oder du machst es nicht und verpasst vielleicht die Chance deines Lebens!*

ZEIG DER WELT, DASS ES DICH GIBT

Große Träume erreicht man nicht vom Sofa aus! Zeig der Welt, dass es dich gibt, nimm die Einladungen an, die an dich gesendet werden, lasse dich blicken und stelle dich vor. Klopfe an Türen, erzähle von deinen Ideen und wecke Begeisterung! Wieder und wieder. Gib den Menschen da draußen die Möglichkeit, dir helfen zu dürfen und dich auf deinem Weg zu unterstützen.

Tim rief in der Late-Night-Show der ARD *Blue Moon* an, zu der ich als Studiogast eingeladen war. Radio Fritz, der übertragende Radiosender, nannte die Sendung »Die große Motivationsshow«. Der junge Mann erzählte von seinen Schwierigkeiten, einen Job zu finden. Tim ist krank. Er leidet unter Epilepsie. Seine Erfahrungen mit potenziellen Arbeitgebern war die, dass alles gut läuft, bis zu dem Moment, in dem sie von seiner Krankheit erfahren. Und da er seine Krankheit leider nicht ausschalten kann, sei er nun kurz davor aufzugeben, weil er einfach keine Lösung seines Problems erkennt, obwohl er schon alles probiert habe. Tim hatte bis zu jenem Abend noch nie bei einer Call-in-Show angerufen. Als er mich aber im Radio sagen hörte »Zeig der Welt, dass es dich gibt!«, griff er ohne lange darüber nachzudenken zum Hörer und wählte die Telefonnummer des Senders.

Es liegen Welten zwischen einem »NEIN!« und einem »NOCH NICHT!«.

Genau das meine ich. Das ist der Unterschied. Du musst es versuchen. Immer und immer wieder. Du musst aufstehen, dich daran erinnern, dass heute der Tag sein könnte, an dem ein Wunder geschieht, und den nächsten Versuch starten.

Veränderung kommt nicht, indem du wartest – nicht auf bessere Zeiten, nicht auf andere Menschen. Alles beginnt mit dir. Du musst den ersten Schritt gehen. An jenem Mittwochabend hat Tim diesen Schritt gemacht. Ein erster kleiner Schritt. Eine erste kleine Veränderung, die aber sofort neue Energien freigesetzt hat. Raus aus der lähmenden Routine. Alte Muster aktiv und entschieden durchbrechen. Das Ergebnis: Tim fühlte sich schon während des Anrufs merklich erleichtert, einfach nur deshalb, weil er in seinem Sinne und nach seinem Wunsch gehandelt und etwas Neues ausprobiert hat. Er hat Mut bewiesen und wie wir ja mittlerweile wissen und an vielen Beispielen gesehen haben, zahlt sich Mut immer aus.

Begegnungen, die Leben verändern

Am nächsten Morgen bekam ich über meine Facebook-Seite eine Nachricht:

»Lieber Lars Amend,

ich hatte gestern deinen Part auf Radio Fritz gehört, der echt total interessant und bewegend war... dafür danke ich dir schon mal. Es hatte ein Herr angerufen, der unter Epilepsie leidet, jedoch trotz dessen meiner Meinung nach ein großes kommunikatives Potenzial hat. Ich hätte da eventuell eine Jobmöglichkeit für diesen Mann und würde ihn gerne zu einem Vorstellungsgespräch einladen. Liebe Grüße ... «

Für Tim war dieser Abend lebensverändernd. Er hatte erkannt, dass die Zukunft in seinen Händen lag, wenn er in der Gegenwart gute Entscheidungen treffen würde. Sein Anruf war so eine Entscheidung. Obwohl er Angst hatte, öffentlich über seine Situation zu reden, machte er diesen einen Schritt, verschob damit seine alte Grenze und erschuf Raum für Neues. Und er wurde für seinen Mut augenblicklich mit einem Vorstellungsgespräch belohnt. Falls du in einer ähnlichen Situation steckst: Aufgeben ist keine Option! Es gibt immer einen Weg, du siehst ihn vielleicht nur noch nicht.

Die Herzensbotschaften:
Fühl dich lebendig!

Lieber Lars,

vor etwa zwei Wochen wache ich gegen vier Uhr morgens auf... während ich wieder versuche einzuschlafen, erhalte ich die Eingebung, all die schönen Worte, die ich in den letzten Wochen von dir im MAGIC MONDAY Newsletter gelesen habe und mich zum Umdenken inspiriert und motiviert haben, mit anderen Menschen teilen zu wollen. Also mache ich mich ans Abtippen und Verpacken – Endprodukt sind drei Gläser mit jeweils 51 kleinen Botschaften. So, wie nenne ich das Ganze jetzt? Es ist Montagmorgen, ich mache mir einen Choco-Tee und auf dem kleinen Pappetikett steht: »Mache Dir und anderen Mut!« Super Headline, dachte ich mir, nehme ich. Als Zusatz habe ich mir am Dienstag noch folgenden Satz überlegt: »Kleine Herzensbotschaften zu verschenken – einfach zugreifen!« Heute habe ich mir vorgenommen, meine »Herzensbotschaften« zu verteilen. Ich gehe in den ersten Laden, schlendere so herum und traue mich am Ende doch nicht zu fragen, ob ich mein Glas mit den Herzensbotschaften aufstellen darf. Dann stehe ich in der Fußgängerzone und denke mir: Also Kathrin, wovor hast du eigentlich Angst? Neben einer Menge Zweifel, die gerade in meinem Kopf hin und her wandern, sagt eine Stimme, die so klingt, wie du, ruhig, aber bestimmend: »Kathrin, du brauchst vor gar nichts Angst zu haben!«
Ich bin zwar nicht zurück in den Laden, habe mich aber auf den Weg zu Laden Nummer 2 gemacht. Dort angekommen, nehme ich all meinen Mut zusammen und sage: »Hi, ich bin Kathrin. Ich habe mir vorgenommen, ganz viel gute Laune an die Menschen zu verteilen, und habe

»Herzensbotschaften« gesammelt, die ich gerne verschenken möchte.« Nach langem Hin und Her konnte ich Laden Nummer 2 leider nicht begeistern. Ich möchte doch nur was verschenken und nichts verkaufen, denke ich mir. Schade, aber gut, auf zu Laden Nummer 3! Hier ist man von meiner Idee voll begeistert und ich darf mein Glas auf der Theke aufstellen. Top motiviert gehe ich in Laden Nummer 4. Leider besteht auch hier kein Interesse, doch durch die Hilfe eines süßen kleinen Mädchens, lerne ich deren Papa aus Laden Nummer 5 kennen, der sich mit meiner Idee wiederum anfreunden kann – geschafft! Ein Glas habe ich noch. Auf zu Laden Nummer 6. Nach 20 Minuten kommt der Geschäftsführer, der mir für mein Glas sofort den besten Platz direkt neben der Kasse anbietet. Fazit: Alles ist möglich; von Rückschlägen nicht entmutigen lassen; machen, wozu mein Herz mich leitet; auf die Leute zugehen und so vieles mehr, was du uns eh schon immer mitteilst… Es war ein unglaublich cooler Tag!*

Alles Liebe, Kathrin

Liebe Kathrin,
woohoo – genau so! Du hast es verstanden. Gratuliere! Ich wette, du hast dich so lebendig wie lange nicht gefühlt.

Dein Lars

Hi Lars,

es war einfach so ein verdammt großartiges Gefühl – beziehungsweise es ist immer noch verdammt großartig! Lebendig ist gar kein Ausdruck (…)

Alles Liebe, Kathrin

Ein Jahr später:

Lieber Lars,

wir Mädels von der »Zauberschön – Die Herzensbotschaften«-Front wollten uns noch einmal bei dir melden… Es ist fast ein Jahr her, als du die Geschichte mit meinen Gläsern voller Herzensbotschaften in deinem Newsletter veröffentlicht hast… und es ist so wahnsinnig viel passiert… Nicht nur, dass Stefanie auf mich aufmerksam wurde und wir unsere »Zauberschön – Die Herzensbotschaften«-Kollektion an den Start gebracht haben… Nein, auch mit mir ist so viel passiert! Ich bin endlich wieder bei mir angekommen; bin so, wie ich schon immer war – nur mit dem Unterschied, dass ich jetzt zu mir stehe und mich nicht durch andere verändern beziehungsweise verunsichern lasse… Und das Leben und einfach alles macht so richtig Spaß (…) einfach Wahnsinn!

Alles Liebe ❤
Die Mädels von »Zauberschön – Die Herzensbotschaften«

Du siehst also, es ist gar nicht viel nötig, um wieder neue Energie in dein Leben zu bringen. Kathrin wollte anderen Menschen eine Freude machen. Sie hat ihre Ängste überwunden, die Initiative ergriffen, Mut bewiesen und wurde augenblicklich dafür belohnt – mit neuem Lebensmut, neuer Lebensfreude und neuen Freundinnen. Und mittlerweile wurde aus dieser spontanen Idee sogar ein kleines Business. Ist das nicht wunderbar? Nimm dir Kathrin als Vorbild. Mach es wie sie. Beginne!

Aufgeben ist keine Option!

Worin liegt der Schlüssel zu einem erfolgreichen und wertvollen Leben? Ist es soziale Intelligenz, gutes Aussehen, eine gute Ausbildung, körperliche und geistige Gesundheit, ein hoher Intelligenzquotient, die Herkunft? Alles wichtige Faktoren, aber am Ende des Tages werden all diese Eigenschaften und Tatsachen durch eine einzige ausgestochen: Durchhaltevermögen!

HALTE (EINFACH) DURCH

> *»Ich mache Fehler.*
> *Ich bin nicht perfekt.*
> *Ich bin kein Roboter.«*
> JUSTIN BIEBER

Durchhaltevermögen bedeutet, eine unbändige Leidenschaft und Ausdauer für ein langfristiges Ziel zu entwickeln, sich an einen Plan zu halten, nicht nur für einen Tag, eine Woche, einen Monat oder ein Jahr, sondern solange es nötig ist, um diesen Plan zu verwirklichen.

Durchhaltevermögen bedeutet, wahrhaftig an seinen Traum zu glauben und vor allem den Weg zu lieben, unabhängig vom Ausgang.

Erinnere dich an die Worte meines Mentors am Anfang des Buches, als er zu mir sagte: »Es ist alles möglich! A-L-L-E-S! Man muss es nur selbst glauben. Ich bin sicher nicht der versierteste Gitarrist der Welt, aber ich habe das Beste aus meinem Talent gemacht. Ich hatte einen Traum und habe ihn bis heute nicht aufgegeben. Dabei gab es so viele Tiefpunkte in meiner Karriere, bei denen andere längst das Handtuch geworfen hätten. Das ist der Unterschied. Gott testet dich nämlich: Hältst du durch oder gibst du auf?«

DRANBLEIBEN IST ALLES

Fast alles, was im Leben äußerlich von Bedeutung ist, lässt sich erlernen. Talent hingegen ist angeboren, deswegen gibt es auch immer nur sehr wenige Menschen, die in einer Disziplin außergewöhnlich begabt sind. Können hingegen ist das Ergebnis von Training. Wenn nur ein Mensch in der Lage ist, eine neue Fähigkeit zu erlernen und durch Anstrengung, Durchhaltevermögen und Training in einer Sache richtig gut zu werden, gibt es keine Ausreden mehr. Wenn ein Mensch es kann, können es auch zwei und somit auch du. Natürlich gibt es bestimmte Kunstfertigkeiten, die für talentierte Menschen einfacher zu erlernen sind. Und natürlich kann es auch sein, dass du nicht die Zeit und Energie investieren willst, um jene neue Kunstfertigkeit zu lernen. Aber zu wissen, dass du könntest, wenn du nur wirklich wolltest, ist von enormer Wichtigkeit, denn diese Erkenntnis öffnet dir unendlich viele Türen an neuen Möglichkeiten. Jetzt liegt es an dir, was du bereit bist, in dein neues Leben zu investieren. Was wirst du also als Nächstes lernen? Wie wirst du dich entscheiden?

Denke immer daran: »Ich kann das nicht« und »Ich habe es noch nie versucht« sind zwei völlig unterschiedliche Dinge.

Talent allein reicht nicht aus, um nachhaltigen Erfolg zu haben. Auf lange Sicht wird derjenige mit dem größeren Durchhaltevermögen immer auch den größeren Erfolg erzielen. Es gibt Millionen supertalentierte Menschen auf der Welt, die ihrer Leidenschaft aus den unterschiedlichsten Gründen nicht treu bleiben. Oft ist es jedoch eine Mischung aus Trägheit, mangelnder Zielstrebigkeit und fehlendes Durchhaltevermögen. Somit machen sie Platz für all jene, die vielleicht nicht so viel Talent, dafür aber einen ungebrochenen Willen haben, es bis ganz nach oben zu schaffen. Erinnere dich an das Mindset der Champions, die ihren Status Quo niemals als abgeschlossene Tatsache betrachten, sondern jeden Tag lernen wollen und nach neuen Lösungen suchen. Ihre Gedanken sind wachstumsorientiert. Es geht also darum, zu erkennen, dass sich deine Fähigkeiten parallel zu deinem persönlichen Einsatz verändern. Studien haben gezeigt, dass Kinder, wenn sie über die Funktionsweise des Gehirns lesen und lernen, wie es sich bei schwierigen Herausforderungen verändert und mit der Aufgabe wächst, später in Krisensituationen sehr viel wahrscheinlicher durchhalten, weil sie eben nicht glauben, dass Versagen ein permanenter Zustand ist. Sie sagen sich nicht: »Ich bin gescheitert«, und geben auf, sondern zünden viel mehr ihren inneren Turbo, weil sie wissen: »Ich habe mein Ziel noch nicht erreicht, aber wenn ich mich jetzt noch etwas mehr anstrenge, werde ich schon bald dafür belohnt werden.«

VOM HINFALLEN UND WIEDER AUFSTEHEN

Ich möchte dir von Pia erzählen. In der Betreff-Zeile ihrer E-Mail an mich stand folgender Satz und mein Lebensmotto: »AUFGEBEN IST KEINE OPTION!«

Lieber Lars,

einen Monat ist es heute her, einen Monat seit meiner Herz-OP. Die vierte, aber die erste seit zehn Jahren. Wie schnell die Zeit doch vergehen kann. Dieser Monat kommt mir vor wie gestern und doch wie schon ewig her. Voller Hoffnung auf bessere Tage, etwas mehr Kraft und weniger Schmerzen, ging ich auf den Tag zu. Eine Woche vorher hieß es: »Jetzt ist es wieder so weit«... und plötzlich kam auch schon die Schwester ins Krankenhauszimmer und sagte, in zehn Minuten werde ich abgeholt. Schneller als gedacht ist dieser Moment da, ein letzter Blick in die Augen, ein letztes »Ich liebe dich«, ein letztes Mal denken: Das ist es wert, es wird nachher besser. Am nächsten Tag: Ich bin wach, aber nicht »hier«... Schmerzen... kaum in der Lage, auch nur einen Finger zu bewegen... kein Zeitgefühl... ich weiß, wo ich bin, aber alles andere ist weg... kein klarer Gedanke...

Eine unruhige Nacht führt zu einem der schlimmsten Tage mit den schlimmsten Schmerzen, die ich je erfahren musste. Ich habe Schwierigkeiten zu atmen… Schmerzen… dieser Druck… nur noch Chaos in meinem Gehirn… plötzlich stehen zehn Menschen vor mir, doch ich sehe sie nicht wirklich… jemand sagt: »Dringend zum Röntgen!«… und der Gedanke: Was ist los? Was passiert mit mir? Ich will noch nicht gehen. Ich kann noch nicht gehen. Dann heißt es von ganz weit weg: »CT und eventuell in den OP!« Was passiert? Was ist los? Minuten vergehen, viele oder wenige? Ich weiß es nicht. Dann geht alles ganz schnell. Den Raum kenne ich. Vor zwei Wochen war ich schon einmal hier. Es braucht fünf Menschen, um mich und mein Equipment auf den OP-Tisch zu hieven. Mit jeder noch so kleinen Bewegung steigen die Schmerzen. Was ist los? So sollte das alles doch nicht laufen. So sollte das Leben nicht sein. Wieso bin ich trotz der vielen Menschen hier im Raum so allein? Wie eingeschlossen. Ohne Zeitgefühl liege ich da. Dieses ohrenbetäubende Geräusch nimmt ein Ende. Wie geht's weiter? Wo bleiben alle? Die OP war doch erst. Oder nicht? Plötzlich stehen wieder alle bei mir und ich werde zurückgehoben und ich frage dieses Mal laut: »Was passiert mit mir?« Alles, was ich wahrnehme, ist das Wort eines Arztes: »Jetzt!«
Eine Welt bricht zusammen. Nein, das schaffe ich nicht. Das muss ein Irrtum sein. Wo ist er? Wer sagt ihm das? Ich muss ihn wiedersehen. Ich muss! Das kann nicht das Ende sein. Ich will diese blauen Augen wiedersehen. Ich muss! Wir stehen schon vor dem OP-Saal. »Bitte, ihr müsst es ihm sagen!«, bringe ich unter Tränen hervor. »Es muss jemand anrufen. Bescheid geben. Bitte.« Man versucht, mich zu beruhigen. Es geht los. Ich sehe das Innere des OP-Saals. Dann wirkt die Narkose.
Er steht neben mir! Es ist vorbei. Es ist geschafft. Dieser

Albtraum hat ein Ende! Das muss es jetzt gewesen sein! Blaue Augen schauen mich an, ein schwaches Grinsen voller Erleichterung. Es ist vorbei. Die nächsten Tage wollen nicht enden, aber auch sie sind irgendwann vorbei.
Normale Station. Ein Fortschritt. Das erste Mal Aufstehen, trotz sieben Schläuchen. Ich stehe. Ein Erfolg! Nach und nach werden die Schläuche weniger. Ich kann mich etwas bewegen. Alles ist weg. Ich fühle mich fast besser als vorher. Wie schlecht es mir doch gegangen ist, ohne dass ich mir dessen bewusst war.
Es wird besser. Tag für Tag. Zehn Tage nach der ersten OP darf ich gehen. Das war heute vor drei Wochen. Eigentlich unglaublich! Ich werde jetzt noch etwas Kraft sammeln, dann geht es in zwei Wochen mit der Umsetzung meines Traums los: Ich beginne ein Studium. Es war ein harter Weg hierher, ein verdammt hartes Jahr, voller Entscheidungen, harter Arbeit, Schmerzen und Angst. Aber das war es wert, weil ich heute meinem Traum wieder ein Stück näher bin.

AUFGEBEN IST KEINE OPTION!
NIEMALS!
EGAL, WAS IM WEG STEHT!
NIEMALS AUFGEBEN!

Danke, Lars! Der Glaube daran, dass man seine Ziele erreichen kann, wenn man kämpft, an sich arbeitet und sich nicht unterkriegen lässt, hat mich motiviert, das durchzustehen und zu kämpfen. Ich bin meinem Traum wieder etwas näher. Du hast mich gelehrt: AUFGEBEN IST KEINE OPTION!
Danke!

Deine Pia

WENN DU GLAUBST, DU KANNST NICHT MEHR

*»If you had one shot or one opportunity
to seize everything you ever wanted, one moment,
would you capture it or just let it slip?«*
EMINEM

Es ist doch interessant, dass immer dann, wenn man glaubt, wirklich am Ende seiner Kräfte zu sein, plötzlich alles ganz anders kommt und man überrascht feststellt: Hoppla, es geht ja doch noch weiter – und wie! Die meisten Grenzen befinden sich nur im Kopf, der Körper kann noch viel weiter.

DIE 40-PROZENT-REGEL

Es gibt eine alte Theorie der amerikanischen Eliteeinheit U.S. Navy SEALs, die besagt, dass wir selbst dann, wenn wir glauben, absolut erschöpft und am Ende unserer Kräfte zu sein, immer noch ein gigantisches Potenzial in uns tragen, um weiterzusuchen, zu kämpfen, bis ins Ziel zu laufen und letztlich zu gewinnen. Bekannt wurde diese Theorie als die »40-Prozent-Regel«: Wenn dein Kopf dir das erste Mal signalisiert, dass du nicht mehr kannst, dass der Moment der Aufgabe naht, dann hast du erst 40 Prozent deiner tatsächlichen Kräfte aufgebraucht. Du hast also noch weit mehr als die Hälfte deiner Reserven übrig! Ist das nicht unglaublich? Seine Willenskraft zu steigern bedeutet nicht nur, belastbar und widerstandsfähig zu sein – es geht vor allem darum, in einer schwierigen Situation, wenn du schon darüber nachdenkst, aufzugeben, Zugang zu diesem riesigen Ersatzkanister an Energie zu bekommen. Mir hat diese Erkenntnis schon oft in meinem Alltag geholfen. Es ist absolut beruhigend zu wissen, dass man auch in harten Zeiten noch lange nicht am Ende seiner Möglichkeiten ist. Du wirst überrascht sein, wie weit du ab dem Zeitpunkt kommst, von dem du zuerst dachtest, er sei dein Ende. Ich verwende diese Methode – dieses Mindset – oft beim Sport. Wenn ich nicht mehr kann beziehungsweise wenn mein Kopf mir suggerieren möchte, dass mein Limit demnächst erreicht ist, denke ich an Daniel, meinen kleinen herzkranken Bruder. Dann weiß ich: Er würde alles dafür geben, nur einmal in seinem Leben so laufen zu können. Dieses Bild gibt mir Energie. Wie könnte ich jetzt einfach so aufgeben? Und siehe da, zehn Extrarunden sind plötzlich kein Problem mehr. Wenn die richtige Motivation da ist, ist ALLES möglich.

RIESENKATASTROPHENALARM – UND ES GEHT WEITER

Ich bekam einen Anruf. Ein befreundeter Künstler steckte in der Klemme. Da sein Lieblingswort am Telefon »Riesenkatastrophe« lautete, das er in etlichen Varianten ständig wiederholte und er weder in der Lage war, meinen beruhigenden Worten zu folgen, noch mir irgendetwas mitzuteilen, was für mich einen nachvollziehbaren Sinn ergab, entschloss ich mich kurzerhand, mich ins Auto zu setzen und zu ihm zu fahren. Eine Stunde später, es war 19 Uhr, klingelte ich bei ihm.
»Was ist denn los?«, fragte ich.
»Alles eine Riesenkatastrophe«, brüllte er.
»Das weiß ich bereits«, lächelte ich.
»Ich bin am Arsch«, antwortete er, ohne zurückzulächeln.
Ich ging durch den langen Flur, begrüßte seinen Hund mit ein paar Streicheleinheiten und setzte mich aufs Sofa. Er humpelte,

immer noch vor sich hin schimpfend, hinter mir her.
»Jetzt erzähl mal«, sagte ich und öffnete die Bierflaschen, die ich mitgebracht hatte. »Und zwar in Ruhe und von Anfang an.«
»Danke, nicht für mich«, winkte er ab. »Hab gerade die fünfte Schmerztablette eingeschmissen. Ich kann nicht mehr. So eine Katastrophe, so eine…«

Er wischte sich die Tränen aus dem Gesicht. Ich lehnte mich zurück, nippte an dem Bier und hörte seiner Geschichte zu.

Der Auftrag seines Lebens

Tom war sechs Wochen zuvor an einer fiesen Gelenkentzündung erkrankt, die zwar mit Medikamenten behandelt wurde, er aber seitdem Höllenqualen erleiden musste, nicht mehr schlafen und keine 30 Sekunden ruhig auf einem Stuhl sitzen konnte. Als Selbstständiger verdiente er seit knapp zwei Monaten kein Geld mehr, was ihm zusätzlich schlaflose Nächte bereitete. Seine Nerven lagen blank. Sorgen über Sorgen.
»Ich bekam vorhin, kurz bevor ich dich angerufen habe, eine Nachricht«, erzählte er weiter. »Ein Meeting, das erst in einem Monat stattfinden sollte, ist vorverlegt worden – auf morgen!«
»Ein wichtiges Meeting?«
»DAS MEETING«, sagte er. »Der Auftrag meines Lebens. Das ist der Job, auf den ich all die Jahre gewartet habe. So eine Chance bekommst du nicht oft und jetzt diese Katastrophe. Ich muss bis morgen früh eine Präsentation fertig haben, mir verschiedene Kampagnen überlegen und und und… unmöglich!«

Ich wartete einen Augenblick, bis er sich wieder beruhigt hatte, und sagte: »Erstens: Es ist nicht unmöglich, und zweitens, und das ist gerade viel entscheidender, stell dir nur eine Frage: Wirst du morgen nun diese Präsentation halten oder wirst du sie absagen und zu Hause bleiben?«
»Ich will ja, aber ich schaffe das nicht. Da kommen superwichtige Leute aus Amerika. Was sollen die denn von mir denken?

Ich kann nicht mal mit denen an einem Tisch sitzen. Du hast keine Vorstellung von diesen Schmerzen. Und wie ich aussehe. Ich schaff es nicht mal, mich für zehn Sekunden zu konzentrieren. Es geht nicht ...«

»Okay, auch wenn das jetzt hart klingt, aber wir haben keine Zeit zu verlieren. Deine Situation ist, wie sie ist. Du kannst daran nichts ändern. Du musst jetzt eine Entscheidung treffen: es machen oder es nicht machen. Ganz einfach. Was nichts bringt, ist, hier herumzusitzen, zu jammern und 1000 Gründe zu finden, warum es nicht klappen wird und warum diese ach so wichtigen Menschen aus Amerika dich und deine Ideen scheiße finden könnten. Das ist vergeudete Zeit. Du sagst, es ist dein großer Traum?«

»Ja.«

»Auf den du dein ganzes Leben gewartet hast?«

»Ja.«

»Weißt du, was Eminem in *Lose Yourself* sagt?«

»Weiß nicht mehr.«

»Would you capture it or just let it slip?«

Ich holte mein iPhone aus der Hosentasche, suchte das Lied und spielte ihm die Stelle vor. »Du hast diesen einen Moment jetzt«, sagte ich. »Es gefällt dir vielleicht nicht, dass er ausgerechnet jetzt kommt, aber anstatt dich darüber zu ärgern, solltest du dich freuen, dass er überhaupt gekommen ist. Willst du aufgeben und dich für immer darüber ärgern oder willst du es probieren? Wenn du aufgibst, hast du schon verloren. Wenn sie dich morgen nicht wollen, hast du es wenigstens probiert. Du hast die Wahl. Ich sag dir jetzt was: Wenn du das morgen hinbekommst, bekommst du alles hin. Das garantiere ich dir. Also, ich höre!«

»Okay, ich mach's ja. Aber kannst du mich morgen fahren und morgen früh für mich zum Copyshop und die Unterlagen ausdrucken und binden lassen, also nur, wenn ich es schaffe in der

Nacht, und …«

»Du wirst es schaffen«, unterbrach ich ihn.

»Meinst du? Und meine Krücken?«

»Was soll damit sein?«

»Ohne die kann ich nicht laufen. Aber es ist mir peinlich, dort damit aufzutauchen. Die halten mich garantiert für schwach und unprofessionell und denken, ich schaff das nicht, und finden mich dann scheiße und entscheiden sich dann bestimmt für einen anderen und …«

»STOPP!«, rief ich, so laut ich konnte. Ich musste Tom so schnell wie möglich aus diesem entsetzlichen Zustand der Schwere rausbekommen, was ich mit diesem Zwischenruf auch schaffte, denn er sah mich ganz überrascht hat. »Zurück zur Eingangsfrage«, fuhr ich in normaler Stimmlage fort. »Willst du das morgen durchziehen oder nicht?«

»Ja, aber …«

»Hast du Zeit zu verlieren?«

»Nein, aber …«

»Und wieder zurück zum Anfang. Du kannst weiterhin deine kostbare Zeit damit verschwenden, nach Gründen zu suchen, warum ALLES SCHEISSE ist und warum du den Job morgen nicht bekommen wirst. Das wird zu keinem Ergebnis führen, außer dass du dich noch schlechter fühlen wirst. Oder du fängst endlich an, den Job zu erledigen und dir einen Traum zu erfüllen. Glaubst du etwa, supergute Superdinge passieren einfach so? Glaubst du, man wird einfach so Weltmeister, Box-Champion, Bestsellerautor? Jeder, der sich seinen großen Traum verwirklicht hat, wird dir das Gleiche sagen, nämlich: ›Tom, mir ging es wie dir. Ich hätte niemals gedacht, dass ich es schaffe … bis der Tag kam, an dem ich es doch geschafft habe.‹ Du stehst kurz davor, gib jetzt nicht auf. Denke immer daran: Wäre es einfach …«

»… könnte es jeder!«

Tom kannte meine Sprüche nur zu gut. Endlich lächelte er wieder.

»Pass auf, du machst morgen Folgendes: Schäm dich nicht für deine Erkrankung, auch nicht für deine Krücken und deine zugegeben sehr vampirmäßige Gesichtsfarbe. Scheiß drauf, geh in die Offensive und ballere dich für die paar Stunden ruhig ordentlich mit Schmerzmittel voll. Dein Körper wird es dir verzeihen, weil er weiß, wie wichtig es für deinen Seelenfrieden ist. Und erzähle ihnen ruhig von dir und warum du nicht mit ihnen am Tisch sitzen kannst. Hab keine Angst davor. Mach deine Erkrankung zum Thema. Wandle deine Schwäche in eine Stärke um! Erzähle ihnen von deinem großen Traum und von deinen tollen Ideen. Begeistere sie durch deine Euphorie, und sie werden dir am Ende ganz bestimmt sogar dir Türen aufhalten. Amerikaner lieben Heldengeschichten, weißt du? Zeig ihnen, dass du so ein Held bist, der jetzt die Chance seines Lebens bekommt. Let's go, bro!«

Wenn du in ähnliche Situationen kommst, denke an Tom und seine Geschichte. Zu scheitern ist nicht schlimm. Es nicht versucht zu haben hingegen schon. Die Gleichung ist supereinfach: Wenn du es nicht probierst, wirst du auch niemals stolz auf dich sein können.

Tom arbeitete die ganze Nacht. Am nächsten Morgen fuhr ich ihn ins Hotel, in dem das Meeting stattfinden sollte.

Fünf Stunden später schickte er mir eine Nachricht.

Tom: »Sie lieben mich. Unfassbar!!!!!!!!!!!!!«

Ich: »Hammer. Ich wusste es. Gratuliere.«

Tom: »Aber es gibt ein neues Problem.«

Ich: »Das da wäre?«

Tom: »Die Produktion beginnt in fünf Tagen.«

Ich: »Und wo liegt das Problem?«

Tom: »Das schaffe ich nicht.«

Ich: »Du meinst, genauso wie du es nicht geschafft hast, heute die Show zu rocken? :-)«

Tom: »Du hast recht, also …«

Ich: »Let's go!«

FANG AN, DEIN LEBEN ZU LEBEN!

Nach einer Lesung in Düren kam ein Mann auf mich zu, um sich sein Buch signieren zu lassen. Als ich es ihm unterschrieben zurückgab, sagte er mit Tränen in den Augen: »Mir fehlen die Worte. Es ist so viel. Ich habe euer Buch verschlungen und konnte es kaum glauben. Lars, das ist meine Geschichte: Ich habe auch nur ein halbes Herz, so wie Daniel. Seine Ängste, die Gefühle, die Träume, das Verlorensein ... genau so habe ich meine Kindheit und Jugend auch erlebt. Auch zu mir sagten die Ärzte damals, dass mir nicht mehr viel Zeit bleiben würde.«

Der Mann hielt kurz inne und zeigte auf eine kleine Gruppe in der Mitte des Saales. »Das ist meine Familie«, strahlte er. »Meine Frau, meine Geschwister, mein Cousin, meine Mama, mein Papa.« Sie winkten mir zu. Ich winkte zurück.

»Heute bin ich 33 Jahre alt, habe eine wunderschöne Frau, bin selbst Vater eines kleinen Sohnes. Niemand hätte je auch nur ansatzweise davon zu träumen gewagt, dass ich heute hier stehe. Bitte richte deinem kleinen Bruder aus, dass es diese Wunder gibt. Bitte sag ihm, dass sich der Kampf lohnt. Bitte sag ihm, dass er nicht alleine ist. Und bitte sag ihm, dass jeder Tag ein Geschenk ist. Ich weiß, dass du das selbst alles weißt, aber sag es ihm bitte trotzdem. Man kann es nicht oft genug tun.«

Deine Zukunft beginnt jetzt

In der folgenden Nacht bekam ich kein Auge zu. Was dieser junge Mann erzählte und welche motivierenden Bilder er in mir entstehen ließ, war einfach zu schön. Letztlich ist es doch so, dass es keinen Unterschied gibt, welchen Traum man verfolgt. Ob du einen bestimmten Beruf erlernen, in einer bestimmten Stadt leben, eine bestimmte Reise unternehmen, einen bestimmten Lebensstil führen oder einfach »nur« den nächsten Tag erleben möchtest, die Gesetzmäßigkeiten sind immer die gleichen.

Wie lange dieses Leben dann sein wird, steht auf einem anderen Blatt, aber fürchte dich nicht davor. Mach den ersten Schritt, stürz dich ins Leben, nimm alles mit, was die 24 Stunden eines Tages für dich bereithalten, und höre nicht darauf, was die anderen über dich sagen. Erschaffe dir deine Zukunft, so wie du sie gerne hättest.

DEINE 28 000 TAGE

Hast du gewusst, dass jeder Mensch im Durchschnitt 28 000 Tage auf dieser Erde verbringt? Was tust du mit deinen? Nutzt du sie, um deinem Traum ein Stück näher zu kommen oder um dich von ihm zu entfernen? Wie viele Tage liegen noch vor dir? Rechne es aus! Du hast exakt die gleiche Anzahl von Sekunden am Tag zur Verfügung wie all die Menschen, die du bewunderst. Hab den Mut zu träumen! Verbringe deine Tage mit Menschen, die du liebst und die dich inspirieren, weiter an dich und deinen Weg zu glauben. Ergreife die Chancen, die dir das Leben bietet.

Ich finde, heute ist ein ziemlich guter Tag, um damit anzufangen.

- ◇ Es ist dein Leben.
- ◇ Es sind deine Entscheidungen.
- ◇ Es sind deine Träume.

Denke immer daran: Das Leben ist wunderbar, auch in schwierigen Zeiten! Jeder Tag bietet dir eine neue Gelegenheit, deine Geschichte umzuschreiben. Du bist der Autor deines Lebens, der Architekt deiner Wirklichkeit. Dein Happy End ist möglich.

Über Rückschläge und Niederlagen

Im Jahr 1976 ging eine 27-jährige unbekannte junge Schauspielerin voller Zuversicht zu einem Vorsprechen für den Hollywoodfilm *King Kong*. Doch bevor sie sich präsentieren und ihr Talent vorführen konnte, schickte der Produzent sie wieder weg mit der Begründung, sie sei zu hässlich.

DIE MERYL-STREEP-STORY

»*Du wirst in allen Dingen einen Riss finden,
damit das Licht hineinkommen kann.*«
LEONARD COHEN

Diese Erfahrung sei ein Schlüsselerlebnis in ihrer Karriere gewesen, erzählte Meryl Streeep fast vier Jahrzehnte später, denn damals stand sie vor der wichtigsten Entscheidung ihres Lebens. Sie hatte zwei Optionen. Entweder hätte sie sich von der unfreundlichen und vor allem unprofessionellen Aussage des Filmproduzenten ihren Traum zerstören lassen oder sie als Motivation nutzen können, um noch härter zu arbeiten und noch mehr an sich zu glauben. Ihre Entscheidung klang folgendermaßen: »Ich hole tief Luft und antwortet ihm: ›Es tut mir leid, dass ich für Ihren Film zu hässlich bin, aber Sie sind nur eine Meinung im Meer von Tausenden und ich verlasse Sie nun, um mir eine freundlichere Strömung zu suchen‹.«

EINE DER BESTEN

1977, also ein Jahr später, gewann sie mit der TV-Serie *Holocaust – Die Geschichte der Familie Weiss* einen Emmy als beste Hauptdarstellerin und eine einzigartige Karriere folgte, die bis heute anhält. Insgesamt erhielt sie für ihre Rollen 20 Oscar-Nominierungen, 16 davon in der Königsdisziplin »Beste Hauptdarstellerin« und vier in der Kategorie »Beste Nebendarstellerin«. Niemand wurde jemals häufiger nominiert. Sie steht damit noch vor Katharine Hepburn und Jack Nicholson mit je zwölf Nominierungen. Dreimal gewann sie den Oscar: 1979 als »beste Nebendarstellerin« für *Kramer gegen Kramer*, 1983 als »beste Hauptdarstellerin« für *Sophies Entscheidung* und 2012 für ihre Rolle in *Die Eiserne Lady*. Sie gewann acht Golden Globe Awards bei dreißig Nominierungen. Damit ist sie die am häufigsten mit einem Golden Globe prämierte Schauspielerin aller Zeiten. Sie ist eine weltweite Ikone.

PHARRELL WILLIAMS: BECAUSE I'M HAPPY!

Als ich Pharrell das erste Mal traf, war er noch nicht der Megastar wie heute, aber schon ein außergewöhnlich erfolgreicher Musiker und Produzent. Er hatte schon etliche Grammys gewonnen, unzählige weltweite Nummer-eins-Hits produziert und ein Multi-Millionen-Dollar-Imperium aufgebaut. So ziemlich jeder Popstar dieses Planeten hätte sich einen Arm ausgerissen, um einen Song mit ihm aufnehmen zu dürfen.

Erfolg und Niederlagen

Ich sprach mit ihm über Erfolg und im Zuge dessen auch über eines meiner Lieblingsthemen, über jene Phase, in der sich jeder Mensch einmal befindet, diesem ganz bestimmten Moment im Leben, in dem man sich entscheiden muss: Gehe ich diesen einen Schritt weiter und folge meinem Traum oder trete ich zurück und gehe auf Nummer sicher? Lasse ich mich von einer Niederlage oder einer Abweisung beeindrucken oder nutze ich sie als Extraportion Motivation? Ich rede von dem einen entscheidenden Augenblick, in dem sich die Spreu vom Weizen trennt, in dem 99 von 100 Menschen eben nicht weitergehen. Pharrell sah mich mit leuchtenden Augen an und sagte:

»Weißt du, Lars, genau diese Momente machen das Leben so spannend. Wenn dich alle ablehnen, wenn niemand deine Musik gut findet, wenn dir alle Experten aus dem Business sagen, dass dein Sound nicht zeitgemäß sei und du damit keinen einzigen Dollar verdienen wirst. Wenn du vor der Frage stehst: Höre ich auf diese Menschen oder höre ich auf mein Herz? Verrate ich meine Träume und tue etwas, um eine Rolle zu erfüllen, oder gehe ich, so wie du gesagt hast, DIESEN EINEN SCHRITT weiter und bleibe konsequent auf meinem Weg? Ich habe mich damals nicht beirren lassen und habe weiter meinen Sound produziert… und bin heute, wo ich bin.«

Der Weg des Genies, das seiner Zeit voraus war

In seinem Fall sollten die Experten sogar recht behalten. Pharrells Musik war tatsächlich nicht zeitgemäß, sie war ihrer Zeit um Jahre voraus. Als er in den 1990er-Jahren seine Musik bei den großen Plattenfirmen und Musikverlagen anbot, wurde er immer wieder abgelehnt, aber anstatt aufzugeben oder einem Trend zu folgen, blieb er seinem Stil treu und machte weiter – ohne Bezahlung, ohne Aussicht auf Erfolg, einfach aus dem einen Grund, dass er es so sehr liebte. Mit seinem Partner Chad Hugo, mit dem er das Produzententeam *The Neptunes* bildete, saß er Tag und Nacht im Studio und produzierte einen Song nach dem anderen – jahrelang für die Schublade. Bis 1998 ein Rapper namens Noreaga einen seiner Beats pickte, den Song *Superthug (What! What!)* nannte und die Nummer ein Riesenerfolg wurde. Pharrell erlebte den Durchbruch, auf den er fast zehn Jahre gewartet hatte. Sein Unglück von einst sollte sich nun als großes Glück erweisen, denn die Anfragen von Mu-

Solange du deine Träume hast, hast du alles, was du brauchst. Wenn du aber nichts für deine Träume tust, wenn du aufgibst, warum sollst du es dann verdienen, dass sie in Erfüllung gehen?

sikern wie Madonna, Britney Spears, The Rolling Stones oder Gwen Stefani prasselten nur so auf ihn ein. Da seine Schublade jedoch voller fertiger Songs war, konnte er alle bedienen und landete einen Welthit nach dem anderen. Im Jahr 2003 stammten 43 Prozent aller Songs, die im amerikanischen Radio liefen, und 20 Prozent aller Songs, die in England im Radio gespielt wurden, aus seiner Feder.

GLAUBE AN DICH, HALTE DURCH!

Lerne von all diesen Menschen! Es geht nicht darum, berühmt zu werden. Ich habe es schon einmal gesagt: Erfolg ist das, was du für dich als Erfolg definierst. Bewahre Ruhe, finde heraus, wie ein wertvolles Leben für dich auszusehen hat, und höre auf die Stimme deines Herzens. Ich weiß ja, wie du dich fühlst.

Der Erfolgsdruck, der auf dir lastet, ist enorm und wird von Tag zu Tag größer, wenn die sichtbaren Ergebnisse ausbleiben. Die gute Nachricht lautet: Du bist nicht alleine damit. Wir sind so viele. Nicht nur Pharrell hat zehn Jahre gebraucht, um seinen Durchbruch zu schaffen. Auch Picasso musste viele Jahre warten, bis seine Bilder Anerkennung fanden. Es dauerte über ein Jahrzehnt, bis *Der Alchimist* von Paulo Coelho das erste Mal in der *New York Times*-Bestsellerliste auftauchte (und dort bis heute alle Rekorde bricht). In den seltensten Fällen kommt Erfolg über Nacht.

WAS HABEN SIE ZU DIR GESAGT?

Beantworte dir zwei Fragen:

1. Was haben sie zu dir gesagt?
2. Was wirst du jetzt unternehmen?

Und bitte komm nicht wieder mit der Ausrede: »Ich würde ja gerne, aber dafür ist es spät. Ich bin einfach zu alt«. Zu jung, zu alt. Pah! Manche Menschen sind mit 18 schon spießig, müde und steinalt, andere sind 90, aber noch jung, fröhlich und voller Tatendrang. Was bedeutet schon Alter? Es ist nur eine Zahl. Harrison Ford arbeitete, um seine Schauspielerei zu finanzieren und seine Familie zu ernähren, mit 30 immer noch als Tischler in einer Schreinerei. Die berühmte Modedesignerin Vera Wang entwarf ihr erstes Kleidungsstück mit 40 und John Pemberton war bereits 55 Jahre alt, als er Coca-Cola erfand.

Niemand auf der Welt ist wie du, ob jung oder alt, und genau das macht deine Stärke aus. Wenn sie dich belächeln, für verrückt erklären und deine Träume nicht ernst nehmen, lass sie ruhig. Sie müssen dich nicht verstehen. Es ist doch so: Sobald du etwas tust, was andere Menschen involviert, wirst du kritisiert werden. Mach dir keine Gedanken darüber. Kritik musst du dir erarbeiten. Wenn dich Menschen kritisieren, heißt das lediglich, dass du wahrgenommen wirst. Das ist ein gutes Zeichen! Wie diese Kritik dann ausfällt, liegt nicht in deiner Macht. Kanye West hat einmal gesagt: »Ich verstehe, dass mich viele Menschen nicht leiden können, aber diese Menschen müssen auch verstehen, dass mir das völlig egal ist.« Zu ihm sagten die Experten übrigens auch, er habe als Rapper kein Talent – seine Alben sind allesamt Klassiker und in seinem Schrank befinden sich über 20 Grammy Awards.

WAS BEDEUTEN ABSAGEN EIGENTLICH?

Heißt das etwa: »Ich kann nichts? Ich bin nichts Besonderes? Ich bin als Mensch nicht wertvoll?« Oder ist es nur die subjektive Meinung einer einzelnen Person, die irgendwo in einem Büro sitzt und nichts von dir kennt, außer der Bewerbung, dem Demo oder dem Manuskript, das vor ihm auf dem Schreibtisch liegt? Vielleicht ist dieser Mensch, der zu dir »Ja« oder »Nein« sagen kann, selbst in einem Konstrukt gefangen, das ihm gar nicht ermöglicht, dir weiterzuhelfen. Alles, was diese Person machen kann, ist, dir eine vorgefertigte Absage zu erteilen. Wenn das passiert, hast du zwei Möglichkeiten, damit umzugehen:

Option 1: Du nimmst es persönlich

Du beziehst die Absage auf dich als Menschen, erschaffst dadurch Schmerz und entscheidest dich aktiv dazu, traurig zu sein und im Zustand der Schwere zu versinken. Du wertest die Absage als persönlichen Angriff auf dein Ego und Selbstwertgefühl. Mittlerweile müsstest du wissen, wer dahintersteckt: deine alten Glaubenssätze! Zum Glück bist du jetzt perfekt auf diesen Moment vorbereitet und weißt, was dann zu tun ist.

Option 2: Du betrachtest die Situation, wie sie ist: Eine Absage ist nur eine Absage

Du wirfst sie ohne Verbitterung in den Papierkorb und sagst dir: Vielen Dank für diese neue Information. Jetzt weiß ich, wohin mich meine Reise nicht führen wird. Ich gehe in eine andere Richtung und probiere dort wieder mein Glück.

Denke immer daran: Ein »Nein!« bedeutet nicht immer komplette Ablehnung. Es kann auch »Noch nicht!«, »Streng dich mehr an!« oder »Willst du das wirklich?« bedeuten.

DEINE REISE GEHT WEITER

Ich habe für mein erstes Buch mit Bushido über 30 Absagen bekommen. Ich saß also da mit meinem Manuskript und hatte keine Ahnung, was zu tun war. 30 Absagen lagen vor mir mit dem gleichen Tenor: »Es tut uns leid, aber Ihr Buch passt nicht in unser Programm!« Bis eines Tages der Anruf eines kleinen Verlages kam, der an uns glaubte. Eine Woche nach Erscheinungstermin standen wir auf Platz eins der SPIEGEL-Bestsellerliste. Zur Erinnerung: 30 Absagen! 30 Menschen haben gesagt: »Das passt nicht zu uns!«

Lebe dein Leben und tue Dinge, die dir Freude bereiten, mit Menschen, die dich inspirieren. Ersetze deine Angst vor Ablehnung, durch Neugierde vor dem Unbekannten. Diese Spannung wird dich antreiben und direkt zu deiner wahren Bestimmung führen.

Was bedeuten also Ablehnung, Zurückweisung oder ein einfaches »Nein« wirklich? Ganz einfach: Ein einziger Mensch versteht dich nicht, kann dich nicht verstehen oder will dich nicht verstehen. Das ist alles! Und auch, wenn es sich merkwürdig anhört, aber Absagen sind total okay. Die Menschen, die dich ablehnen, passen einfach nicht zu dir und du wärest mit ihnen auch niemals glücklich geworden. Bewahre die Ruhe und warte auf die richtigen Menschen. Darin liegt das Geheimnis!

Und was ist mit all jenen, die es nicht geschafft haben?, höre ich dich gerade denken und gebe dir auch direkt eine Antwort: Sie haben es nicht geschafft, weil sie nicht durchgehalten haben. Weil es Dinge gab, die ihnen während dieser Zeit voller Prüfungen wichtiger waren: Urlaube, ein Auto, eine eigene Wohnung, neue Klamotten, Restaurantbesuche, oder einfach nur die Sicherheit, zu wissen, wie sie am Ende des Monats ihre Miete bezahlen können. Weil es letztlich eben doch nicht ihr großer Traum war, sondern lediglich eine Wunschvorstellung. Ich weiß, es klingt hart, aber genau darin liegt der Unterschied.

DAS ENDE DER PERFEKTION ODER DER BEGINN DEINES TRAUMS

*»Die größte Angst, die es gibt auf der Welt,
ist die Meinung anderer Menschen über uns.
In dem Augenblick, in dem du vor dieser fremden Masse
keine Angst mehr hast, bist du nicht länger ein Schaf,
sondern verwandelst dich in einen Löwen.
Ein kräftiges Gebrüll erwacht in deinem Herzen,
das Gebrüll der Freiheit.«*

OSHO

Die Amerikaner sagen: »Don't try too hard!« Du musst nicht perfekt sein. Niemand wird dich auslachen, wenn du den Spaß deines Lebens hast und deiner Bestimmung folgst.

Wartest du hingegen, bis du perfekt bist, wirst du für immer warten. Denn die Suche nach Perfektion wird niemals aufhören, weil du niemals in deinem Leben etwas perfekt machen wirst. Gewisse Dinge kann man eben nicht erzwingen. Strebe nach persönlichem Wachstum, nicht nach Perfektion. Versuche, besser zu werden, nicht perfekt! Daran muss man sich immer wieder erinnern. Lerne, experimentiere, probiere.

Ich habe es schon mehrfach gesagt und werde es wieder tun: Deine täglichen Entscheidungen bilden in der Summe dein Leben. Und wenn du nicht aufpasst, kann es zu einer Gewohnheit werden, die Dinge, die dir wichtig sind, permanent aufzuschieben. Es kann zu einer Gewohnheit werden, deiner Angst die Kontrolle über dein Leben zu geben. Es kann zu einer Gewohnheit werden, keine Entscheidungen zu treffen. Dann kommt wieder die alte Stimme in deinem Kopf ins Spiel, die dir einredet, dass noch so viel Zeit bleibt, dass du diese eine Sache besser noch einmal überdenken und die Entscheidung auf morgen verschieben solltest. Bis du aufwachst und schockiert feststellst, dass du dein halbes Leben auf morgen verschoben hast.

DER WEG IST DAS ZIEL

Wie viele Schriftsteller gibt es da draußen, die seit Jahren ein unveröffentlichtes Manuskript in der Schublade liegen haben? Warum ist es unveröffentlicht? Weil sie Angst vor Kritik oder Ablehnung haben, weil sie es immer weiter überarbeiten, um es noch besser, noch perfekter zu machen. Die Wahrheit ist: Es wird nie besser, nur anders. Die erste Version deines Traumes, selbst wenn du zu dem Zeitpunkt der Abgabe glaubst, es sei perfekt, wird ohnehin niemals die endgültige Version bleiben. Du wirst permanent Updates durchführen, Ergänzungen vornehmen, ganze Passagen streichen und während dieses Prozesses auf Erkenntnisse stoßen, die dir damals noch gar nicht klar waren. Das Leben verändert sich permanent. Alles ist ständig im Fluss. Den perfekten Moment, nach dem du suchst, gibt es nicht. Du hast zwei Möglichkeiten: zu beginnen oder für immer zu warten.

Gib dein Bestes, sei mit vollem Herzen dabei, und du wirst sehen, wie deine Welt jeden Tag ein bisschen interessanter wird: Durch Erfahrung und Übung.

Schäme dich nicht dafür, kein perfektes Produkt auf den Markt gebracht zu haben. Drück den Knopf, auf dem »Veröffentlichung« steht, lass dein Baby frei und lerne aus dieser Erfahrung. Genau dafür wurden ja Updates und neue Versionen erfunden. Das erste iPhone war alles andere als perfekt, trotzdem wurde es zu einem gigantischen Erfolg. Nimm also das Feedback, das du für deine Arbeit bekommst, freue dich darüber, lerne daraus und arbeite weiter an deinem Traum.

WENN DU GLAUBST, KLEINE DINGE REICHEN NICHT AUS

Ein Freund hatte mir von einem indischen Poeten und Philosophen namens Rabindranath Tagore erzählt. Ich hatte noch nie von ihm gehört, aber als ich kurz darauf las, dass Rainer Maria Rilke und Albert Einstein große Fans seiner spirituellen Weisheiten waren und Tagore im Jahr 1913 für seinen Gedichtband *Gitanjali* als erster Asiate sogar den Nobelpreis für Literatur erhielt, wurde ich neugierig. Ich ging zur Buchhandlung in meinem Kiez und bestellte das Buch. Ehrlich gesagt konnte ich es kaum erwarten, darin zu lesen. Als die Verkäuferin es mir am nächsten Tag überreichte, war ich irritiert, denn das Buch war winzig. Ein so großes Meisterwerk konnte unmöglich so klein sein, dachte ich. Das Buch passte genau in meine Handfläche und hatte das Format einer Zigarettenschachtel: 9 Zentimeter hoch, 4 Zentimeter breit, 2 Zentimeter schmal. Als ich dann darin las, wurde mir wieder einmal klar, wie belanglos Äußerlichkeiten sind. Was sich unter der Oberfläche befindet, darauf kommt es an.

Wunder können winzig sein

Wenn Rabindranath Tagore es schaffte, mit nur wenigen Seiten die ganze Welt zu verzaubern, dann kannst auch du es schaffen – in deiner Welt, mit deinen Mitteln, auf deine Weise. Es gibt keinen Unterschied zwischen ihm, mir und dir. Auch wenn dein Ziel unendlich groß zu sein scheint und die Aufgabe kaum zu schaffen ist, schreibe den ersten Satz deines neues Lebens. Ich verspreche dir, dass überall kleine Wunder deinen Weg kreuzen werden. Und bitte, tu es für dich und nicht, um andere Menschen beeindrucken zu wollen. Es kommt nicht darauf an, dass dein Leben für die anderen gut aussieht, sondern dass es sich für dich, tief in deinem Herzen, gut anfühlt.

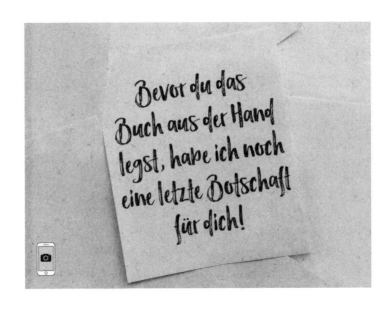

Lars Amend im Internet:

Homepage: www.lars-amend.de

Facebook:
www.facebook.com/ichbinlarsamend

Instagram:
www.instagram.com/larsamend

Twitter: www.twitter.com/larsamend

You Tube:
www.youtube.com/larsamendcoaching

Der kostenlose MAGIC MONDAY Newsletter für mehr Erfolg, Glück & Seelenfrieden: www.lars-amend.de

Freunde, Quellen und Inspirationen:

Saskia Ketz: www.awomensthing.org

Rudolf Schenker:
www.the-scorpions.com

Paulo Coelho:
www.paulocoelhoblog.com

Thich Nhat Hanh: www.plumvillage.org

Neil Strauss: www.neilstrauss.com

Maria Popova: www.brainpickings.org

Malcom Gladwell:
www.twitter.com/gladwell

Dr. Wayne Dyer:
www.drwaynedyer.com

Oprah Winfrey: www.oprah.com

Shawn »Jay-Z« Carter:
www.lifeandtimes.com

Dwayne »The Rock« Johnson:
www.instagram.com/therock

Michel Vincent: www.michelvincent.de

Sean »P.Diddy« Combs:
www.instagram.com/diddy

Tony Robbins: www.tonyrobbins.com

Ellie Goulding:
www.instagram.com/elliegoulding

ZEITmagazin: www.zeit.de/zeit-magazin

Tenzin »Seine Heiligkeit« Gyatso, der 14. Dalai Lama: www.dalailama.com

Nele Neuhaus: www.neleneuhaus.de

Shep Gordon: www.supermensch.com

Pharrell Williams:
www.pharrellwilliams.com

TED Ideas worth spreading:
www.ted.com

Marie Forleo: www.marieforleo.com

Tim Ferris: www.tim.blog/podcast

Elizabeth Gilbert:
www.elizabethgilbert.com

Jeff Walker: www.jeffwalker.com

Bruce Lee: www.brucelee.com

Cornelia Funke:
www.corneliafunke.com/de

Eckhart Tolle: www.eckharttolle.com

IMPRESSUM

© 2017 GRÄFE UND UNZER
VERLAG GmbH, München

Alle Rechte vorbehalten. Nachdruck, auch auszugsweise, sowie Verbreitung durch Bild, Funk, Fernsehen und Internet, durch fotomechanische Wiedergabe, Tonträger und Datenverarbeitungssysteme jeder Art nur mit schriftlicher Genehmigung des Verlages.

Projektleitung: Birgit Reiter

Lektorat: Anna Cavelius

Layout & Umschlaggestaltung:
independent Medien-DesignGmbH, Horst Moser, München

Herstellung: Petra Roth

Satz: Uhl + Massopust, Aalen

Repro: Repro Ludwig, Zell am See

Druck und Bindung: C.H. Beck, Nördlingen

Bildnachweis:
Coverabbildung: stocksy
Autorenfotos: Melanie Koravitsch, Berlin

ISBN 978-3-8338-6170-3

5. Auflage 2018

 www.facebook.com/gu.verlag

LIEBE LESERINNEN UND LESER,
wir wollen Ihnen mit diesem Buch Informationen und Anregungen geben, um Ihnen das Leben zu erleichtern oder Sie zu inspirieren, Neues auszuprobieren. Wir achten bei der Erstellung unserer Bücher auf Aktualität und stellen höchste Ansprüche an Inhalt und Gestaltung. Alle Anleitungen und Rezepte werden von unseren Autoren, jeweils Experten auf ihren Gebieten, gewissenhaft erstellt und von unseren Redakteuren/innen mit größter Sorgfalt ausgewählt und geprüft.
  Haben wir Ihre Erwartungen erfüllt? Sind Sie mit diesem Buch und seinen Inhalten zufrieden? Haben Sie weitere Fragen zu diesem Thema? Wir freuen uns auf Ihre Rückmeldung, auf Lob, Kritik und Anregungen, damit wir für Sie immer besser werden können. Und wir freuen uns, wenn Sie diesen Titel weiterempfehlen, in Ihrem Freundeskreis oder bei Ihrem online-Kauf.
  Sollten wir Ihre Erwartungen so gar nicht erfüllt haben, tauschen wir Ihnen Ihr Buch jederzeit gegen ein gleichwertiges zum gleichen oder ähnlichen Thema um.

KONTAKT
GRÄFE UND UNZER VERLAG
Leserservice
Postfach 86 03 13
81630 München
E-Mail: leserservice@graefe-und-unzer.de
Telefon: 00800 / 72 37 33 33*
Telefax: 00800 / 50 12 05 44*
Mo-Do: 9.00-17.00 Uhr
Fr: 9.00-16.00 Uhr (*gebührenfrei in D,A,CH)

Die **GU Homepage** finden Sie im Internet unter **www.gu.de**.

GRÄFE UND UNZER

Ein Unternehmen der
GANSKE VERLAGSGRUPPE